KB169839

긴축은 죽음의 처방전인가

긴축은 죽음의 처방전인가

불황, 예산 전쟁, 몸의 정치학

데이비드 스터클러, 산제이 바수

안세민 옮김

까치

THE BODY ECONOMIC : Why Austerity Kills
by David Stuckler and Sanjay Basu

역자 안세민(安世民)
고려대학교 경제학과를 졸업하고 동 대학원에서 석사학위를 받았으며, 미국
캔자스 주립대학교에서 경제학 박사과정을 수학했다. 대외경제정책연구원,
에너지관리공단, 현대자동차 등을 거쳐 현재는 번역가로 활동하고 있다. 옮
긴 책으로는『패권경쟁』,『카툰 길라잡이 경제학』,『자본주의 사용설명서』,
『혼돈을 넘어 위대한 기업으로』,『회색 쇼크』,『중국이 세계를 지배하면』,
『그들이 말하지 않는 23가지』등 다수가 있다.

편집 교정 _ 이인순(李仁順)

긴축은 죽음의 처방전인가 : 불황, 예산 전쟁, 몸의 정치학

저자 / 데이비드 스터클러, 산제이 바수
역자 / 안세민
발행처 / 까치글방
발행인 / 박종만
주소 / 서울시 마포구 월드컵로 31(합정동 426-7)
전화 / 02 · 735 · 8998, 736 · 7768
팩시밀리 / 02 · 723 · 4591
홈페이지 / www.kachibooks.co.kr
전자우편 / kachisa @ unitel.co.kr
등록번호 / 1-528
등록일 / 1977. 8. 5
초판 1쇄 발행일 / 2013. 11. 5

값 / 뒤표지에 쓰여 있음

ISBN 978-89-7291-556-0 03320

이 도서의 국립중앙도서관 출판시도서목록(CIP)은 서지정보유통지원시스템 홈페
이지(http://seoji.nl.go.kr)와 국가자료공동목록시스템(http://www.nl.go.kr/kolisnet)
에서 이용하실 수 있습니다. (CIP 제어번호: CIP2013021419)

정치학은 광의의 의학일 뿐이다.

— 루돌프 피르호, 1848년

차례

서문

우선 독자 여러분이 이번 임상 실험에 참여해준 것에 대해서 감사의 말을 전하고 싶다. 당신은 참여 의향서에 서명한 적이 없지만, 대불황 (大不況, Great Recession)이 시작되던 2007년 12월에 서명한 것이나 다름이 없다. 이 실험은 의료 사고에 관해서 충분한 설명을 듣고 동의서에 서명하는 절차를 밟는 방식으로 진행되지 않는다. 당신의 치료를 담당하는 사람은 의사나 간호사가 아니라 정치가, 경제학자, 재무장관이다.

이 연구를 진행하는 동안에, 전 세계의 수십억 명에 달하는 사람들과 함께 당신에게는 두 가지 실험적 치료 중의 하나가 할당된다. 그것은 바로 재정 긴축(財政緊縮, austerity)과 경기 부양(景氣扶養, stimulus) 실험이다. 긴축은 불황을 치유하기 위해서 부채와 적자라는 증세를 완화하려는 목적으로 처방한 약으로서, 의료 보장, 실업자 지원, 주택 지원을 위한 정부 지출을 줄이도록 한다. 실험을 시작할 시점에는 긴축에 잠재된 부작용은 잘 알려져 있지 않았다.

긴축 실험이 시작될 때 당신의 예후는 두렵고도 불확실했다. 2007년 미국의 주택시장 거품이 붕괴되면서 세계 경제를 강타했다. 영국 총리 데이비드 캐머런과 같은 정치인들은 적자를 줄이기 위해서 긴축을 추진하기로 결심했다. 유럽의 다른 곳에서는 IMF(International Monetary Fund, 국제통화기금)와 유럽 중앙은행(European Central Bank : 유로 존의 금융 정책을 담당하는 중앙은행/역주)이 그리스, 스페인, 이탈리아 정부에 긴축 정책을 실험하도록 압박했다. 사회보장 지출을 수십억 달러씩이나 감축하라는 것이었다. 만약 당신에게 긴축이라는 실험적 처방이 주어졌다면, 당신 주변에서 심각한 변화가 일어나는 모습을 보았을 것이다.

다른 한편으로는 보건과 사회 안전망의 확충에 투자하는 것을 선택했던 정치인들이 있었다. 당신이 경기 부양을 추진하는 사회의 구성원이라면, 즉 당신이 지금 스웨덴이나 아이슬란드나 덴마크에서 살고 있다면, 실업과 불황으로 커다란 영향을 받기는 했겠지만, 긴축 정책으로 인한 험한 꼴을 당하지는 않았을 것이다. 이런 곳에서는 불황 기간에 경기를 부양하기 위한 자금을 조성하여 공중보건을 뒷받침하고 사회 안전망을 확충하는 데에 사용했다. 만약 당신이 이런 국가에서 살고 있었다면, 당신 주변에서는 많은 변화가 일어나지 않았을 것이다. 예를 들면, 병원의 대기실, 식료품 가격, 노숙자(露宿者, homeless)의 비율이 예전과 비교하여 크게 달라지지는 않았을 것이다.

재정 긴축과 경기 부양을 비교하는 실험은 이번 말고도 또 있었다. 비교 실험 중 가장 큰 실험이 80년 전 미국에서 시행되었다. 프랭클린 루스벨트 대통령은 대공황(大恐慌, Great Depression)에서 빠져나오기 위해서 뉴딜(New Deal)이라고 불리는 프로그램을 제안했고, 의회가 이를 승인했다. 뉴딜 정책은 일자리를 창출하고 사회 안전망을 강화했다. 그러나 미국의 많은 주(州)들이 뉴딜 프로그램을 추진했지만, 거부했던 주도 있었다. 이에 따라서 당시 미국의 주들은 크게 다른 결과를 경험했다. 뉴딜 정책을 지지했던 주에서는 공중보건(公衆保健, public health)이 개선되었지만, 이에 반대했던 주에서는 그렇지 않았다. 20년 전 공산 정권이 붕괴되고 나서 러시아가 긴축 정책을 실험했고, 이후로는 동아시아 국가들이 긴축 정책을 실험했는데, 놀라울 정도로 유사한 결과가 나왔다.

실험들은 이 책이 강조하는 핵심적인 결론에 관해서 중요한 통찰을 제공했다. 이 책의 결론은 바로 경제적 선택은 성장률과 적자의 문제이기도 하지만, 삶과 죽음의 문제이기도 하다는 것이다.

『긴축은 죽음의 처방전인가(*The Body Economic: Why Austerity Kills*)』는 데이터에 관한 책이기도 하고, 데이터 뒤에 숨어 있는 이야기에 관한 책이기도 하다. 지난 10년 동안 우리는 대불황과 같은 경제 위기 이후로 사람들의 건강이 어떻게 영향을 받게 되는가를 두고 고민했다. 우리의 관심은 학문적인 것이기도 하지만 개인적인 것이기도 했다.

우리 두 사람은 모두 재정적인 어려움과 함께, 그로 인해서 나타나는 건강 문제로 힘든 시절을 겪었다. 데이비드는 고등학교를 중퇴하고 자신의 음악적 열정에 따라서 밴드 활동을 했다. 음악은 큰돈을 벌게 해주지 않는다(그리고 돌이켜보면 그 밴드는 아주 뛰어나지도 않았다). 따라서 데이비드는 생활비를 벌기 위해서 서빙도 하고 아파트에서 허드렛일도 했다. 그러나 갑자기 해고를 당하고 나서는 월세를 낼 형편이 되지 않았다. 텐트에서 자기도 하고 자동차에서 자기도 하고 친구 집 소파에서 자기도 했다. 겨울이 되자, 데이비드는 아프기 시작했다. 어릴 때부터 천식에 시달려왔던 그는 일을 하지 않는 동안에 기관지염을 앓았고, 기관지염은 폐렴으로 발전했다. 그에게는 의료보험도 없었고 돈도 없었고 혼자 힘으로 거처를 마련할 수도 없었다. 결국 부모님의 지원을 받아서 다시 자립할 수 있는 기반을 다지고 대학을 다니기로 했다. 그리고 보건 경제학과 통계학을 전공하면서, 자신의 상황이 특별하지 않다는 사실을 알게 되었다. 미국에서는 과거에 데이비드 자신이 그랬던 것처럼 많은 사람들이 노숙자 생활을 면하기 위해서 근근이 살아가고 있었다.

산제이도 어릴 때부터 질병의 영향을 받았다. 산제이의 어머니는 콕시디오이데스진균증(coccidiomycosis : 미국 남서부 지방에서 유행했으며, "계곡열[Valley Fever]"이라고도 부른다)이라는 폐질환으로 여러 해 동안 고생했다. 그의 아버지는 생활비를 벌기 위해서 일자리를 찾아서 미국 여러 주를 옮겨다녔다. 산제이 가족은 병원을 자주 들락거렸으며, 매주마다 산소통이 차고로 배달되곤 했다. 산제이는 수학을 잘했다. MIT 학부 시절에 그는 삶과 죽음의 수학, 즉 통계학이 산 사람과 죽은 사람의 배후에서 작용하는 원인을 어떻게 설명하는가를 알게 되었다.

우리 두 사람은 대학원 시절에 만났다. 우리는 다른 사람들에게 도움이 되는 삶을 살고 싶었기 때문에, 한 사람은 공중보건학을 전공했고 한 사람은 의학을 전공했다. 그후로 우리는 사회 정책과 경제 정책이 국민들의 건강에 어떻게 영향을 미치는가를 연구했다. 약, 수술, 의료보험보다 정책이 궁극적으로는 개인의 삶과 죽음에 더 커다란 영향을 미칠 것이라고 생각했기 때문이다. 좋은 건강은 병원이나 진료소에서 출발하는 것이 아니다. 그것은 우리의 가정과 이웃, 우리가 먹는 음식, 우리가 마시는 공기, 우리가 걷는 거리의 안전에서 비롯된다. 실제로 당신의 수명을 가장 잘 예측하는 요소는 당신이 살고 있는 지역의 우편번호이다. 우리가 건강하게 살아갈 수 있도록 해주는 요소가 바로 우리의 사회적 환경과 관련이 있기 때문이다.[1]

이 책에 나오는 공중보건과 사회 정책에 관한 모든 연구 결과는 전문가의 종합적인 검토를 거쳤다. 경제학자, 전염병학자, 의사, 통계학자들이 우리의 데이터, 방법론, 결론을 자세히 검토했는데, 그들 모두가 자기 분야의 권위자이면서 독립적인 연구자들이었다. 우리는 보건과 사회 정책에 관한 우리 자신의 연구 결과를 포함하여 가장 최근의 연구 결과를 활용해서 이 책을 썼다. 우리의 연구 결과는 경제학을 비롯한 사회과학 저널뿐만 아니라 『더 랜싯(*The Lancet*)』, 『브리티시 메디컬 저널(*British Medical Journal*)』, 『플로스 메디신(*PLoS Medicine*)』과 같은 권위 있는 과학 저널과 의학 저널에 게재되었다.

그러나 학술 저널은 일반인들이 이해하기가 어렵다. 따라서 이 책은 학술 저널에 나오는 내용을 일반인들이 이해하기 쉽게 전달하기 위한 시도이기도 하다. 우리의 목표는 일반인들에게 그들이 알고 있어야 할 정보를 전달하는 일이다. 그것은 바로 개인의 경제와 건강에 관한 민주적 선택을 위한 정보를 의미한다. 우리는 이 책에서 사실보다는 이데올로기에 좌우되는 긴축에 관한 논쟁에서 확실한 증거를 제시하려고 한다.

대불황에 관한 정치적 논쟁은 격렬하게 진행되어왔다. 자유시장론자와 긴축옹호론자는 어떤 희생을 치르더라도 부채를 완전히 갚을 것을 주장한다. 이에 반대하는 이들은 성장률이 떨어지더라도 강력한 사회 안전망을 유지할 것을 주장한다. 이런 기본적인 원칙을 가지고 오랫동안 대립한 이들이 날카로운 목소리로 불협화음을 일으켜왔다. 그리고 양쪽은 이 논쟁에서 잘못된 이분법을 인식하지 못했다.

똑똑한 정책 선택은 사람들에게 희생을 요구하지 않으면서 성장을 증진시킬 수 있다. 대개 이런 선택은 처음부터 공중보건 프로그램에 대한 투자를 요구한다. 이런 프로그램은 제대로 관리된다면, 장기적으로 혜택을 줄 뿐만 아니라 단기적으로도 성장을 증진시킬 수 있다. 다시 말해서, 우리의 데이터는 우리가 사회를 건강하게 만들 수 있고 이와 함께 부채 문제도 해결할 수 있다는 사실을 보여준다. 그러나 이런 조화는 합당한 정부 프로그램에 예산을 지원할 것을 요구한다.

의사들은 최선의 약을 사용하고 최선의 치료를 하고 있는지를 확인하기 위해서 대규모의 임의통제 실험(randomized controlled trial)을 한다. 그러나 최선의 사회 정책을 추진하고 있는지를 확인하기 위해서 사회 전체를 대상으로 임의통제 실험을 하는 것은, 아예 불가능하지는 않지만 어려운 일이다. 따라서 우리는 정책이 우리의 건강에 어떻게 영향을 미치는가를 이해하기 위해서 "자연적 실험(natural experiment)"이라고 알려진 엄격한 통계적 방법을 사용한다. 예를 들면, 이 실험은 정책 담당자들이 대규모 불황과 같은 비슷한 문제에 부딪히면서 서로 다른 방식으로 반응할 때에 모습을 드러낸다. 차이는 우리 연구자들에게 정치적 선택이 궁극적으로 우리의 건강에 어떤 방식으로 영향을 미치는지, 좋은 영향을 미치는지 혹은 나쁜 영향을 미치는지에 관한 단서를 제공한다.

정부는 엄청난 부채를 떠안고도 보건(保健, health care) 서비스와 정신건강 프로그램, 푸드 스탬프(food stamp : 저소득층을 위해서 연방정부가 발행하는 식권/역주), 주택 프로그램과 같은 사회보장 프로그램을 위해서 지출할 수 있는가? 우리의 연구 결과는 경기 부양을 위한 공중보건 프로그램 지출은 실제로 새로운 경제 성장을 견인하여 부채 감소에 도움이 된다는 사실을 보여주었다. 이런 프로그램에 1달러를 투자하면 경제 성장을 통해서 3달러를 돌려받을 수 있고, 이것을 가지고 부채를 갚을 수 있다. 이에 반해서, 단기적으로 정부 지출을 크게 삭감했던 국가에서는 장기적으로 경기 침체를 경험했다. 불황 기간에 정부가 지출을 줄이면, 이미 감소된 수요를 한층 더 감소시킨다. 사람들은 지출을 줄이고 기업은 어려움을 겪고 궁극적으로는 더 많은 일자리가 사라져서, 수요는 더욱 줄어들고 실업은 더욱 늘어나는 악순환이 발생한다. 아이러니하게도, 긴축 정책은 의도와는 정반대의 효과를 발생시킨다. 경제가 침체되면서 부채를 줄이기는커녕 더욱 늘어나도록 한다. 그리고 우리가 경제 성장을 견인하지 못한다면 부채는 장기적으로 더욱 늘어나게 된다.

긴축에 따른 경제적 결과는 미국과 영국이 경험했던 실험을 통해서도 볼 수 있다. 〈그림 1〉에서 알 수 있듯이, 월스트리트 금융시장이 붕괴되면서 미국과 영국은 엄청난 불황을 맞이했다. 2009년 오바마 대통령이 취임하면서, 미국은 경기 부양을 위한 정책을 추진하기 시작했다. 이 선택은 불황에 빠진 미국 경제의 전환점이 되었다. 이후로 미국 경제는 회복하기 시작했고, 이제 미국의 GDP는 불황 이전보다 더 높아졌다. 이에 반해서 2010년 보수당 연립정부가 들어선 영국에서는 정부 지출을 수십억 파운드나 감축했다. 영국 경제의 회복 속도는 미국 경제의 절반에도 미치지 못하고 있으며, 영국의 GDP는 아직도 불황 이전 수준에 도달하지 못하고 있다. 그리고 이제는 염려하던 "트리플 딥 불황(triple-dip recession : 경기가 일시적으로 회복되었다가 침체되는 현상이 세 번 반복되는 것/역주)"에 빠져든 듯한 조짐까지도 보이고 있다.

이런 패턴(경기 부양의 혜택과 재정 긴축의 피해)은 전 세계 모든 국

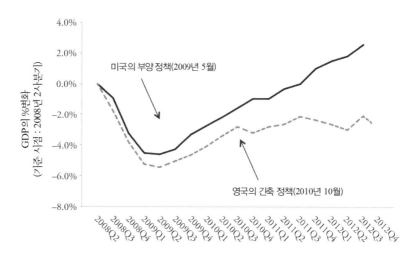

〈그림 1〉 미국 경제는 경기 부양 정책 이후로 회복하고 있지만, 영국 경제는 긴축 정책 이후로 여전히 불황에서 벗어나지 못하고 있다(Q = Quarter[사분기])[2]

가의 불황과 경제 회복에 관한 거의 한 세기에 걸친 데이터에서 나타난다.

일반적인 통념에 따르면, 불황은 사람들의 건강에 악영향을 미칠 수밖에 없다고 알려져 있다. 따라서 우리는 불황의 여파로 우울증, 자살, 알코올 중독, 전염병이 늘어나고 그밖의 건강 문제들이 발생하리라고 예상한다. 그러나 이것은 잘못된 생각이다. 불황은 공중보건에 위협과 동시에 기회가 되기도 하며, 때로는 국민들의 건강 문제를 훨씬 더 향상시킬 수도 있다. 스웨덴은 1990년대 초반에 대불황보다 더 심한 불황을 겪었다. 그러나 자살률 혹은 알코올 중독과 관련된 사망률이 증가하지는 않았다. 마찬가지로 최근의 불황에도 노르웨이, 캐나다, 심지어는 미국의 일부 국민들에게서 건강이 개선되는 현상을 볼 수 있었다.[3]

우리는 공중보건에 진정한 위험 요인은 불황 그 자체가 아니라 긴축

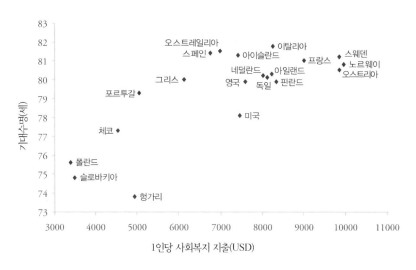

〈그림 2〉 사회복지 지출은 출생 당시의 기대수명을 늘려준다(2008년)[4]

정책이라는 사실을 알게 되었다. 사회 안전망을 유지하기 위한 예산이 줄어들면, 직장이나 집을 잃게 되는 경제적 충격이 건강을 위협할 수 있다. 〈그림 2〉에서 알 수 있듯이, 강력한 사회 안전망이 우리의 건강을 결정하는 가장 중요한 요인이다. 정부가 주택 지원, 실업 프로그램, 노인 연금, 보건 서비스와 같은 사회보장 프로그램에 지출을 늘리면, 앞으로 우리가 설명하게 될 이유 때문에 국민들의 건강은 개선된다. 그리고 이는 단순한 상관관계가 아니라 전 세계적으로 나타나는 인과관계이다.

역사상 최악의 은행 위기로 흔들렸던 아이슬란드가 대불황 시기에 사망률이 높아지는 현상을 겪지 않았던 이유가 바로 여기에 있었다. 아이슬란드 정부는 사회보장 프로그램을 유지하고 더욱 확대하기로 결정했다. 이에 반해서, 유럽에서 긴축 정책의 실험 재료가 되었던 그리스는 정부 지출을 엄청나게 감축할 것을 요구받았다. 이는 제2차 세계대전 이후로 가장 큰 규모의 감축이었다. 그리스의 불황은 처음에는 아이슬란드에 비해서 심각하지 않았지만, 지금은 긴축 정책으로 인해서 더욱 악화되었다. 그리스 국민들이 입은 피해는 실로 엄청나게 컸다. HIV(human immunodeficiency virus, 인간 면역결핍 바이러스) 감염자는 52퍼센트 증가했고 자살률은 2배로 늘어났고 살인 사건도 크게 늘었고 말라리아가 되돌아왔다. 이 모든 현상이 공중보건 프로그램 예산이 감축되었기 때문에 나타났다.

긴축으로 인한 위험은 심각한 만큼이나 일관적으로 나타난다. 우리는 지난 역사와 오랜 기간 동안의 연구 결과를 통해서 긴축에 따른 대가를 사망 통계와 인명 피해로 파악할 수 있다.

대불황을 둘러싼 논의의 상당 부분은 인간의 건강과 행복이 아니라 GDP의 하락, 정부 적자, 부채 감소에 초점을 맞추고 있었다. 1968년 3월에 로버트 케네디 상원 의원은 성장을 맹목적으로 숭배하는 자세를 비판했는데, 새겨들을 만한 가치가 있으므로 여기에 소개한다.

지금 미국의 연간 GNP는 8,000억 달러가 넘는다. 그러나 미국을 GNP를 기준으로 평가한다면, GNP에는 공해를 일으키거나 담배 광고물을 만들거나 고속도로에 널려 있는 시체를 치우기 위해서 앰뷸런스를 출동시키는 행위가 포함되어 있다. 또한 문을 잠그기 위한 특수 자물쇠를 만들거나 이 자물쇠를 부숴버린 사람을 교도소에 가두는 행위, 삼나무 숲을 파괴하거나 무질서한 배열이 주는 자연의 경이로움을 파괴하는 행위, 네이팜 탄(彈) 혹은 핵탄두를 생산하거나 경찰의 시위 진압용 장비를 생산하는 행위, 우리 아이들에게 장난감을 팔기 위해서 폭력을 미화하는 텔레비전 프로그램을 제작하는 행위도 포함되어 있다.

그러나 GNP는 아이들의 건강, 교육의 질, 놀이의 즐거움은 반영하지 않는다. 또한 아름다운 시, 결혼의 장점, 공공 토론을 위한 지식, 공무원의 도덕성, 우리의 기지, 용기, 지혜, 학문, 연민, 국가를 위한 헌신도 반영하지 않는다. 간단히 말해서, GNP는 모든 것을 반영하지만, 우리 삶을 가치 있게 만드는 것을 제외한다. 그리고 GNP는 우리가 미국인이라는 사실을 자랑스럽게 여기는 이유를 제외하고, 미국에 관한 모든 것을 우리에게 알려준다.[5]

우리는 로버트 케네디의 이 주장을 심각하게 받아들이려고 한다. 우리는 이 책 『긴축은 죽음의 처방전인가』에서 정부의 선택과 그 선택이 가지는 의미를 우리의 경제뿐만 아니라 우리의 몸과 관련하여 초점을 맞추어볼 것이다. 지금 우리는 어떤 정책이 국민을 죽일 것인지 혹은 살릴 것인지를 보여줄 광범위한 데이터를 가지고 있다. 우리는 국민의 자격으로서 정부가 올바른 결정을 하도록 요구할 수 있다. 어려운 시기에 우리의 건강을 지켜줄 결정을 말이다.

서론

올리비아는 지금도 그날 밤 화재를 또렷이 기억하고 있다.

여덟 살 때, 올리비아는 부엌에서 그릇 깨지는 소리에 놀라서 깼다. 부모님이 또 싸우고 계셨다. 올리비아는 위층의 자기 방으로 달려가서 베개 밑에 머리를 파묻었다. 그리고는 울다가 지쳐서 잠이 들었다.[1]

잠에서 깨보니, 오른쪽 얼굴이 찢어질 듯이 아팠다. 올리비아의 방은 연기로 앞이 보이지 않았다. 침대 시트는 불에 활활 타올랐다. 올리비아는 비명을 지르면서 방을 달려나왔고, 때마침 위층으로 달려온 소방관 아저씨 팔에 안긴 채로 구조되었다. 소방관 아저씨는 올리비아를 담요에 칭칭 감은 채로 안고 나왔다. 나중에 올리비아는 간호사들이 서로 속삭이면서 하는 이야기를 엿듣게 되었는데, 아버지가 술김에 화가 나서 집에 불을 질렀다고 했다.

그때는 대불황이 한창이던 2009년 봄이었다. 건설 노동자로 일하던 올리비아의 아버지는 일자리를 잃었다. 수백만 명의 미국인들이 실업자 신세가 되었다. 그리고 올리비아의 아버지처럼 알코올 중독자가 되거나 약물 중독자가 되었다.[2]

올리비아의 아버지는 결국 감옥 신세를 지게 되었다. 물론 올리비아에게는 그날 밤 끔찍한 화재로 입은 화상뿐만 아니라 정신적인 상처를 치료하기 위해서 수년 동안의 집중적인 관리가 필요했다.

어쨌든 올리비아는 목숨을 구했다. 그 점만 빼면 올리비아는 확실히 불행한 아이였다.

그로부터 3년이 지난 2012년 4월 4일 아침이었다. 지구 반 바퀴를 돌아서 그리스에서 벌어진 일이었다. 디미트리스 크리스툴라스라는 노인이 아테네 중심가에 있는 의회 건물을 향해서 권총을 쏘았다. 당시 일흔일곱 살이던 그는 더 이상 출구가 보이지 않았다. 크리스툴라스는 1994년에 퇴직한 약사였지만, 자신의 의료비조차 지불할 형편이 되지 못했다. 이전까지 그는 남부럽지 않게 살았지만, 그리스의 새로운 정부가 연금을 삭감하면서 삶이 팍팍해지기 시작했다.[3]

그날 아침, 크리스툴라스는 아테네의 중심부에 위치한 신타그마 광장으로 향했다. 의회 건물 계단을 밟고 올라가서는 권총을 꺼내 자신의 머리에 대고는 이렇게 외쳤다. "나는 지금 자살을 하는 것이 아닙니다. 그들이 나를 죽이고 있습니다." 그리고는 방아쇠를 당겼다.

나중에 그의 손가방에서 쪽지가 나왔다.[4] 그 쪽지에는 자신은 새로운 정권을 제2차 세계대전 당시 나치에 협력하여 많은 사람들로부터 증오의 대상이 되었던 게오르기오스 촐라코글루 정권과 동일시한다는 내용이 적혀 있었다.

촐라코글루 정권은 내가 살아가기 위한 기반을 뿌리째 뽑아버렸다. 나는 지난 35년 동안 국가의 도움을 받지 않고 혼자 힘으로 연금보험료를 납부해왔다. 따라서 나는 연금을 받을 자격이 충분히 있다. 그리고 지금 이 나이에 내가 활동적으로 나설 수는 없기 때문에(누군가가 AK소총을 쥐고 있다면, 그를 따르겠지만 말이다), 먹을거리를 찾아서 쓰레기통을 뒤지면서 사느니 차라리 인생을 품위 있게 마무리짓는 것이 더 낫다는 생각이다. 나는 미래가 없게 된 젊은이들이 언젠가는 무기를 들고 일어나서 신타그마 광장에서 역적 놈들을 반드시 처형하리라고 확신한다. 1945년 이탈리아인들이 무솔리니를 처형했듯이 말이다.

시위대 중 한 사람이 말했다. "그는 자살하지 않았습니다. 살해당한 것입니다." 한 추모객은 크리스툴라스가 죽은 장소에서 가까운 곳에 서 있는 나무에 다음과 같은 내용이 적힌 종이를 못으로 박아놓았다. "계속 이대로 둘 수는 없다. 다음 희생자는 누가 될 것인가?"

올리비아와 크리스툴라스는 8,000킬로미터가 넘게 떨어진 곳에서 살았다. 그러나 그들의 삶은 모두 대공황 이후 최악의 경제 위기에 의해서 규정되었다. 공중보건을 전공한 우리(한 사람은 스탠퍼드 대학교에서, 다른 한 사람은 옥스퍼드 대학교에서 근무한다)는 최근의 대불황이 사람들의 신체에 피해를 줄 것이라는 우려를 가지게 되었다. 우리는 우리가 아는 환자, 친구, 이웃으로부터 의료보험 자격을 잃었을 뿐만 아니라 병원과 약국을 제대로 이용하지 못하는 것 이상의 피해를 겪고 있다는 이야기를 많이 들었다. 다시 말하면, 그들의 삶 자체가 순식간에 뒤바뀌게 되었다. 그들은 먹는 문제를 해결하고 실직으로 인한 스트레스를 극복하고 거주하고 있는 집을 계속 유지해야 한다. 우리는 대불황이 심장병, 자살, 우울증, 심지어는 전염병의 전파에 어떤 영향을 미치는가에 관심을 가져왔다.

우리는 질문에 대한 답을 찾기 위해서 전 세계를 대상으로 대공황 이후 수십 년에 걸친 데이터를 조사했다. 그 결과, 공중보건은 경제적인 충격으로부터 커다란 영향을 받는다는 사실을 알게 되었다. 우리가 찾아낸 결과의 상당 부분은 예상과 일치했다. 일자리를 잃게 된 사람들은 약물 중독자 혹은 알코올 중독자가 되거나 자살을 선택할 가능성이 높았다. 집을 잃거나 빚에 시달린 사람들 중에는 단순히 돈을 절약하기 위해서 혹은 스트레스를 풀기 위해서 인스턴트 식품이나 패스트푸드에 의존하는 이들이 많았다.

그 당시는 비극 그 자체였기 때문에 올리비아나 크리스툴라스와 같은 사람의 불행도 크게 놀랄 일은 아니었다. 2012년 한 해에만 600명이 넘는 그리스 국민들이 자살했다. 그리스 국민들의 자살률은 대불황 이전까지 유럽에서 가장 낮았다. 그러나 지금은 그 두 배가 되었다.[5] 그리스만 그런 것이 아니었다. 유럽 연합(European Union, EU)의 다른 국가들의 자살률도 대불황이 발생하기 전까지 20여 년에 걸쳐서 지속적으로 감소하다가 대불황 이후로 급증했다.

그러나 우리는 전 세계를 대상으로 연구하면서 몇 가지 놀라운 사실을 발견했다. 일부 지역은 국가 전체의 국민들의 건강이 경제 위기 이후에 이전보다 더 나아졌다는 사실이었다. 최악의 은행 위기를 겪었던 아이슬란드의 경우, 국민들의 보건 지표가 실제로 향상되었다. 스웨덴과 캐나다도 마찬가지였다. 노르웨이 국민들의 기대수명은 사상 최고치를 기록했다. 그러나 이는 추운 기후와는 아무런 관련이 없었다. 지속되는 불황으로 "잃어버린 10년(lost decade)"을 겪었던 일본은 지금은 일부 보건 지표에서 세계 최고 수준을 자랑한다.

어떤 경제학자들은 이런 데이터를 살펴보고, 불황이 사람들의 건강을 증진시켜서 "삶의 방식 측면에서 전화위복"이라는 결론을 내린다. 그들은 사람들이 대불황 이후로 소득이 줄어든 덕분에 건강해진다고 주장한다. 술을 덜 마시고, 담배를 덜 피고 자동차를 타는 대신에 걸어 다닌다는 것이다. 또한 그들은 여러 나라에서 불황은 사망률의 저하와 관계가 있다는 사실도 발견했다. 미래를 냉혹하게 바라보면서, 미국의 경제 회복은 6만 명에 달하는 미국인들의 죽음을 의미할 것이라고 예상하는 경제학자도 있었다. 이처럼 직관에 반하는 뜻밖의 주장은 세계 여러 나라의 보건 지표가 보여주는 결과와는 상충되었다. 대불황이 한창이던 때에 미국의 일부 지역에서는 기대수명이 40년 만에 처음으로 떨어졌다. 런던에서는 금융시장이 붕괴되는 동안에 심장병 환자가 2,000명이나 증가했다. 그리고 스스로 목숨을 끊었거나 알코올 중독으로 사망했다는 소식이 끊이지 않았다.[6]

결국 보건 데이터에는 종잡을 수 없는 측면이 있었다. 불황이 닥쳐서 더 건강해지는 사람이 있는 반면에, 어째서 올리비아나 크리스툴라스와 같은 사람도 나타나는가?

그 대답은 대불황의 정치학에서 찾을 수 있다. 2012년 미국 대통령 선거는 재정 긴축과 경기 부양, 감세(減稅)와 복지 간의 언뜻 영원히 지속될 것처럼 보이는 논쟁을 자극했다. 어찌된 영문인지 재정 긴축 쪽이 졌다. 부자 증세(增稅)를 통해서 복지를 확대하겠던 버락 오바마 후보가 이겼다. 이후로 미국은 불황으로부터 서서히 빠져나오게 되었고, 다른 국가들도 미국의 이런 모습에 주목해야 할 것이다. 영국에서는 2010년 총선에서 승리한 보수당 연립정부가 긴축 정책을 추진하면서 2013년 1월 현재까지 영국을 불황으로 되돌려놓는 모습을 보이고 있다.

지난 10년 동안 우리는 답을 찾기 위해서 엄청나게 많은 데이터와 보고서를 분석해왔다. 재정 긴축이 옳은가 아니면 경기 부양이 옳은가? 부자 증세가 옳은가 아니면 부자 감세가 옳은가? 빈자를 위한 복지를 늘려야 하는가 아니면 줄여야 하는가? 우리는 답을 찾기 위해서 가장 춥다는 시베리아에서부터 방콕의 홍등가, 미국의 중환자실에 이르기까지 세계 곳곳을 누볐다. 우리가 얻은 데이터는 다음과 같은 결론을 분명하게 전해주었다. 불황 기간에 전염병을 차단시킨 국가는 거의 항상 강력한 사회 안전망, 즉 사회보장 제도를 가지고 있었다.

올리비아가 지옥을 경험하고 크리스툴라스가 자살을 선택하도록 했던 재앙이 불황이 닥쳤다고 해서 반드시 일어난다는 법은 없다. 오히려 재앙은 은행에 구제 금융을 지급하거나 사회 안전망을 제거하기로 했던 정치적 선택이 빚어낸 결과이다. 몇 가지 결정만으로도 불황에서 전염병으로 가는 길을 차단시킬 수 있다. 우리는 긴축이 재앙을 일으키는 사회 정책이라는 사실을 보여줄 것이다. 불황은 사람들에게 피해를 줄 수 있지만, 긴축은 사람들을 죽음으로 몰고 간다.

세계에서 가장 큰 경제자문 기구인 IMF에서는 불황 시기에 긴축을 추진하면서 사회 안전망을 축소하라고 권고한다. 최근 보고서를 보면, 이런 정책을 되돌리려는 IMF의 의지를 확인할 수 있다. 긴축이 실제로는 경제를 위축시켜서 실업률을 높이고 투자 의지를 꺾는다는 사실을 알게 된 것이다. 유럽에서는 기업들이 수요가 마르는 모습을 보고 나서는 긴축에 반대하려는 의지를 적극적으로 표현하고 있다. 우리가 지지하는 사회 안전망 확충 정책은 국민들의 건강을 증진시켜줄 뿐만 아니라 일자리로 되돌아가서 소득을 유지하도록 지원하여 나쁜 시기에도 경제가 안정적으로 굴러갈 수 있도록 해준다.[7]

우리는 집단적으로 가장 중요한 것을 잊어버렸다. 물론 정부 부채, 정부 수입, 성장은 중요하다. 그러나 세상 사람들에게 가장 중요한 것이 무엇인지를 물었을 때, 지갑에서 돈을 꺼내는 사람은 없다. 부동산, 자동차 브랜드, 심지어는 애플 컴퓨터의 최신 버전에 관해서도 이야기하지 않는다. 우리가 조사한 바로는 대다수의 사람들이 일관되게 자신과 가족들의 건강에 가장 중요한 가치를 두고 있었다.

이제 "경제체(經濟體, body economic)", 즉 "경제 정책이 우리 몸에 미치는 영향"에 집중하기 위해서 지금까지의 이야기를 재구성해보자. 우리의 경제적 선택은 우리의 건강에 커다란 영향을 미친다. 따라서 이런 선택은 우리 건강에 커다란 영향을 미치는 의약품과 같은 대상에 적용되는 엄격한 시험 기준을 통과해야 한다. 경제 정책이 어떤 의약품과 마찬가지로 환자들에게 "안전하고 효과가 있는 것"으로 입증된다면, 우리는 더 안전하고 건강하게 살 수 있는 기회를 얻게 된다. 반면에, 긴축을 추진하면 우리의 건강을 담보로 검정(檢定)되지 않은 대규모 실험을 하게 되고, 결국 사망자 수를 집계해야 하는 일이 발생한다.

긴축의 대가는 사람의 목숨으로 치러야 한다. 주식시장이 회복된다고 해도 떠나버린 생명은 되돌아오지 않는다.

I

역사

1
대공황을 누그러뜨리다

"그 사람들을 용서하지 않을 것입니다. 저는 정의가 회복될 때까지 아버지의 죽음을 받아들일 수 없습니다." 열세 살 소년 키런 매커들이 글래스고에 본사를 둔 전국지 「데일리 레코드(*Daily Record*)」와의 인터뷰에서 했던 말이다.[1]

쉰일곱 살의 나이에 숨을 거둔, 키런의 아버지 브라이언은 글래스고 근처의 래나크셔에서 경비원으로 일했다. 2011년 크리스마스 다음 날, 브라이언은 뇌졸중으로 반신불수가 되었다. 한쪽 눈은 실명하고 설상가상으로 말도 제대로 할 수가 없었다. 그는 더 이상 가족을 부양할 수가 없었고, 영국 정부에 장애인 수당을 신청했다.

2010년 총선에서 승리한 데이비드 캐머런의 보수당 연립정부는 매커들 집안에 도움이 되지 않았다. 캐머런은 영국 국민 중에서 정부의 장애인 지원 제도를 악용하는 이들이 수십만 명에 달한다고 주장했다. 그러나 노동연금부(Department for Work and Pensions)의 생각은 완전히 달랐다. 노동연금부는 장애인 수당 기금 중에서 실제로 장애인이 아닌 사람에게 지급되는 돈은 1퍼센트도 되지 않는 것으로 추정했다.[2]

그럼에도 불구하고, 캐머런은 장애인 수당을 포함하여 복지 수당을 수십억 파운드 삭감할 것을 결정했다. 노동연금부는 캐머런이 내건 목표를 달성하기 위해서 체계 통합 해결책을 제공하는 프랑스의 아토스(Atos)로부터 컨설팅을 받기로 했다. 이에 아토스는 장애인 수당 수급자를 대상으로 신체검사를 실시하기 위해서 4억 파운드를 영국 정부에 청구했다.[3]

키런의 아버지는 아토스가 실시하는 "노동적합성" 시험을 받기로 되어 있었다. 그는 긴장하지 않을 수 없었다. 뇌졸중 이후로 걸음이 불편했던 그는 모터가 장착된 휠체어가 계단을 어떻게 올라갈 것인가를 두고 걱정했다. 시험의 4분의 1가량을 휠체어가 접근하기 어려운 건물에서 실시한다는 소식을 전해들었기 때문이었다. 키런은 "시험을 받기 며칠 전에 아버지에게 한 번 더 뇌졸중이 왔지만, 아버지께서는 시험을 받으려는 의지가 확고하셨습니다. 아버지께서는 자존심이 아주 강했기 때문에 걷고 말하기 위해서 최선을 다하셨습니다"라고 말했다.[4]

브라이언은 시험을 실시하는 곳까지 겨우 찾아갔고, 시험을 받은 후 집으로 돌아왔다. 몇 주일이 지나서 노동연금부로부터 안내문을 받았다. 장애인 수당의 지급이 중단된다는 것이었다. 아토스는 브라이언에게 "노동에 적합한 인물"이라는 평가를 내렸다. 그 다음 날 브라이언은 쓰러졌고, 죽음을 맞았다.

공중보건을 연구하는 우리로서는 정부의 결정을 이해하기가 어려웠다. 노동연금부는 처음에는 부정 수급을 비교적 사소한 문제로 생각했다. 부정 수급자에게 지급되는 금액은 모두 합쳐서 200만 파운드로, 아토스에 지급되는 컨설팅 비용보다 훨씬 더 적었다. 또한 노동연금부는 이보다 더 큰 피해는 수당이 우연하게도 과소 지급되는 데에서 발생되는데, 해마다 그 총액이 7,000만 파운드에 이르는 것으로 추정했다. 그러나 정부의 재정 정책 이데올로기는 장애인 수당을 급격하게 삭감하도록 자극했다.[5]

대서양 건너 미국에서는 버락 오바마 대통령이 당시의 불황을 대공황 이후 최악의 위기로 규정하고 있었다. 이런 평가는 적절했다. 사람들은 대공황 시절의 정치가들과 경제학자들을 되돌아보면서 새로운 위기에서 무엇을 할 것인가에 대한 지침을 얻으려고 했다. 대공황 당시 미국은 공화당의 허버트 후버 대통령과 민주당의 프랭클린 루스벨트 대통령이 집권했다. 그리고 영국 출신의 경제학자 존 메이너드 케인스가 "공황을 종식시키려면 경기를 부양해야 하고, 이를 위해서는 정부가 적극적으로 나서서 지출을 확대해야 한다"고 주장했다.[6]

2008년 패닉 상태의 처음 몇 개월 동안, 경제를 회복시키기 위해서 적극적으로 개입해야 할 필요성에 의문을 제기하는 사람은 거의 없었다. 문제는 어떻게 개입하는가였다. 정부가 지출을 늘릴 것인가 아니면 줄일 것인가? 은행이 파산하면 경제 전체가 붕괴될 것이라는 두려움이 널리 퍼져 있었다. 금융 부문은 경제에서 차지하는 비중이 매우 크기 때문에, 정치인들은 "대마불사(大馬不死)"의 관점에서 은행을 바라본다. 다시 말하면, 은행이 파산하도록 내버려두면, 경제 전체에 미치는 피해가 은행을 지원하는 데에 드는 비용보다 훨씬 더 클 것이라고 생각한다. 지금보다 훨씬 더 커다란 패닉과 함께 뱅크런(bank run) 사태가 벌어지고, 결국에는 예금을 인출하려는 기업가와 자영업자에게 지급해야 할 현금이 부족해지는 것이다.[7]

따라서 미국과 유럽 각국의 정부는 은행 부문을 살리기 위해서 전례가 없는 지원 수단을 총동원했다. 은행이 개인의 돈을 잃었음에도 불구하고, 구제 금융을 위해서 납세자들이 내는 공적 자금이 동원되었다. 미국과 영국에서 이렇게 동원된 돈은 자그마치 2조 달러가 넘었다.「파이낸셜 타임스(*Financial Times*)」의 마틴 울프는 정부 지출이 이처럼 급증하는 모습을 보고, "지금은 우리 모두가 케인지언이 되었다"고 선언했다. 그러나 그 말은 너무 성급했을 수도 있다.[8]

정부 부채가 급격하게 늘자, 미국과 유럽의 보수파 정치인들은 새로운 경제 정책을 도입했다. 주요 골자는 은행과 같은 민간 부문에 대한 지출보다는 복지 부문에 대한 지출을 까다롭게 하여 궁극적인 정부 지출을 줄이려는 것이었다.

영국 보수당 연립정부가 긴축을 추진해야 하는 이유는 간단했다. 정부가 엄청나게 많은 부채를 갚아야 할 날짜가 바로 코앞으로 다가왔던 것이다. 이 부채를 갚지 못하면, 돈을 빌리기가 더 어려워지고 더 많은 이자를 지급해야 한다. 어느 누구도 신용이 취약한 기관에게는 돈을 빌려주려고 하지 않는다. 결국 이자율은 높아지고 부채 상환은 훨씬 더 어려워진다. 만약 단순히 돈을 찍어낸다면, 인플레이션 때문에 통화가치가 떨어지고, 이미 나빠진 경제는 더 나빠진다. 따라서 그들은 단한 가지 선택만이 남는다고 주장했는데, 복지 지출을 줄이자는 것이었다. 이것이 바로 캐머런 정부가 제시했던 프로그램이며, 궁극적으로는 경제가 위축될 수밖에 없었다.[9]

캐머런 정부의 주장은 단순하면서도 직감에 바탕을 둔 것으로서 한마디로 옳지 않았다. 노벨 경제학상 수상자 폴 크루그먼이 지적했듯이, 그들의 주장은 "무료 급식소가 대공황을 초래했다"는 주장과 크게 다를 바가 없었다.[10]

정부의 부채는 개인의 부채와는 다르다. 우리는 주택담보 대출을 갚지 못하면, 신용 등급이 나빠지고 심지어는 집에서 쫓겨날 수도 있다. 따라서 우리는 빚을 지게 되면, 최대한 빨리 갚을 수 있는 방법을 찾아야 한다. 그러나 정부는 부채를 하루아침에 다 갚을 필요가 없다. 실제로 그렇게 하면 위험해질 수 있다. 우리 모두가 한 배를 타고 있는 것처럼 경제를 생각하면, 어떤 사람의 지출이 다른 사람에게는 소득이 된다. 따라서 정부가 지출을 줄이면, 국민들의 소득이 줄어든다. 결국 기업이 망하고 실업자가 늘어나고 경제가 위축되는 악순환에 빠져든다.

부채 관리의 중요한 목표는 부채가 계속 유지될 수 있도록 하는 것이다. 부채가 계속 유지될 수 있으려면, 정부가 부채 상환액을 경제 성장으로 인한 조세 수입의 증가액보다 더 낮게 유지해야 한다. 그러면 정부는 부채에서 헤어날 수 있다. 경제가 좋아지면서 소득과 조세 수입이 증가하여 부채를 줄일 수 있기 때문이다. 반면에 예산 감축은 성장을 위축시킬 수 있다. 바로 이 사실이 영국 정부가 예산을 급격하게 줄였음에도 불구하고, 부채가 지속적으로 증가하게 된 이유를 정확하게 말해준다.[11]

우리는 공중보건을 연구하는 입장에서 긴축을 지지하는 사람들의 합리적이지 못한 사고방식과 이런 정책에서 비롯되는 경제적, 인적 손실을 보여주는 데이터에 충격과 우려를 금할 수 없다. 우리는 대불황이 사람들에게 집과 일자리를 잃는 것 이상의 충격을 준다는 사실을 깨닫게 되었다. 대불황은 국민들의 건강을 본격적으로 위협했다. 논쟁의 중심에는 대불황이 사회 전체에 무엇을 의미하는가, 그리고 정부가 국민들을 보호하기 위해서 어떤 역할을 해야 하는가라는 물음이 있다.

경제학자들은 대불황을 종식시키기 위한 지침을 얻기 위해서 대공황을 연구하면서, 경제 성장에 관한 과거의 통계를 자세히 살펴보았다. 우리는 그들과는 다른 각도에서 대공황 시기에 사람들이 어떻게 그리고 왜 사망하게 되었는가를 살펴보기 위해서 미국 공중보건국(United States Public Health Service) 문헌을 뒤지기 시작했다. 우리가 확인했던 패턴이 모두 한결같이 나쁜 것은 아니었다. 실제로 일부는 대공황 시기에 건강이 더 좋아졌다. 경기 순환뿐만 아니라 정치인들이 불황에 대처하는 방식도 국민들의 건강에 결정적인 영향을 미쳤다. 대공황은 어떤 정치적 선택은 건강을 증진시키면서 경제도 회복시킬 수 있다는 사실을 입증했다.

첫 번째 단서는 대공황이 어떻게 시작되었는가에 대한 이해에서 나왔다. 대공황은 1929년 10월 29일 검은 화요일(Black Tuesday)에 주식시장에서 1,600만 주라는 기록적인 매물이 쏟아지면서 시작되었다. 그러나 대공황의 뿌리는 대불황과 아주 비슷한 일련의 사건들 — 불평등의 심화, 부동산 거품, 은행 위기 — 에서 찾을 수 있었다.[12]

1920년대 후반, 미국에서는 포드, 밴더빌트, 카네기, 록펠러와 같은 엄청난 재산가들이 금융시장을 지배하고 있었다. 전체 인구의 상위 1퍼센트가 미국 부의 40퍼센트 이상을 차지했으며, 그들의 투자 결정이 부동산 거품과 함께 주식 가격의 움직임을 좌우했다. 광란의 1920년대에는 플로리다 주의 "아파트 건설 붐"도 일었다. 마이애미의 토지는 불과 하루 만에 10배가 오른 가격에 팔리기도 했다. 은행들이 대출 조건을 완화하면서 주택담보 대출을 받기가 쉬워졌다. 그리하여 주택담보 대출의 총액은 1922년부터 1928년 사이에 두 배나 증가했다.[13]

결국 주택시장 거품이 걷히면서 1929년 대공황으로 이어졌다. 대공황 시기에 문을 닫은 기업이 9만 개에 이르렀고, 실업자가 된 사람은 최소한 1,300만 명(노동자 4명 중 1명)에 이르렀다. 토지를 잃은 농민은 50만 명에 달했고, 미국인 5명 중 3명이 빈민으로 분류되었다. 후버 대통령의 이름을 따서 "후버빌(Hooverville)"로 불린 슬럼가에는 골판지 상자와 천막으로 만들어서 금방이라도 무너질 듯한 집들이 즐비했다. 전국 곳곳마다 빵을 나누어주는 무료 급식소가 들어섰다.[14]

대공황 시기의 빈곤 관련 통계를 살펴보면서, 우리는 대공황이 사람들의 건강에 극심한 악영향을 미쳤을 것이라고 예상했다. 부분적으로는 그랬는데, 검은 화요일이 지나고 나서 자살률이 높아졌다. 창문 밖으로 뛰어내린 주식 중개인과 은행업자도 많았지만, 초기에 자살했던 사람들 중의 하나는 엠파이어 스테이트 빌딩 건설에 참여했던 건설 노동자였다. 그 사람은 해고되고 난 후 바로 그 빌딩에서 뛰어내려 자살하기로 결심했다. 그는 노동자 계급의 슬픔을 상징했다. 실제로 자살의 위험은 주식시장에서 돈을 잃은 사람들에게만 존재하는 것이 아니었다. 저축해놓은 돈이 별로 없는 사람, 실직 후에 새로운 직장을 잡을 기회가 없는 사람, 집에서 쫓겨날 처지에 놓인 사람, 소득이 없으면 가족을 부양할 수 없는 사람에게도 존재했다.[15]

그러나 우리는 직관에 반하는 결과를 보고 놀라지 않을 수 없었다. 예를 들면, 1932년 메트로폴리탄 생명보험(Metropolitan Life Insurance Company)에서 보험계리사로 일했던 루이스 더블린은 "미국과 캐나다에서 올해 3분기까지 사람들의 건강 상태가 이처럼 좋았던 적은 없었다"고 주장했다. 그가 하는 일은 1,900만 명에 달하는 보험 가입자들의 사망률을 조사하는 것이었다. 그는 보험 가입자 중 백인들의 사망률은 이전까지 가장 낮았던 1927년에 비해서 훨씬 더 낮다는 사실을

확인했다. 흑인 가입자들의 사망률도 최근 10년간 가장 낮은 수치를 기록했다.[16]

어쩌면 금융 위기와 건강에 관한 우리의 가정이 잘못되었을 것이다. 스트레스 하나만으로는 불황기에 나타나는 사람들의 죽음을 설명할 수가 없다. 무엇인가 다른 요인이 작용하고 있음이 틀림없다. 그러나 우선 더블린의 통계가 정확한지를 검정해야 한다. 보험 가입자들로부터 얻는 통계는 전체 이야기의 절반만 보여줄 수도 있다. 보험 가입자들은 부유했을 가능성이 높다. 따라서 보험회사가 보유한 데이터는 보험에 가입하지 못한 가난한 사람들의 고통을 반영하지 못할 수 있다.

그러나 우리는 이 문제를 더욱 깊이 파고들면서, 다른 기관의 데이터도 더블린이 작성한 보고서의 내용을 뒷받침한다는 사실을 알아냈다. 미국 공중보건국의 통계학자 에드거 사이든스트리커 박사는 미국 전역의 사망증명서를 살펴보고 더블린과 같은 결론을 도출했다. 그는 1933년 보고서에서 이렇게 적었다. "1931년은 미국 역사상 국민들의 건강이 가장 좋았던 해였다. 수년에 걸쳐서 경제적으로 매우 고통스러운 시기를 보내고 나서는 역사상 가장 낮은 사망률을 기록했다. 유아 사망률과 결핵 사망률은 더 이상 증가하지 않고 지속적으로 감소하고 있다."[17]

공중보건 전문가들은 데이터가 보여주는 추세에 놀라움을 금치 못한다. 미국 공중위생국장은 보건 지표가 좋아지게 된 원인을 온화해진 겨울 날씨로 돌렸다. 날씨 덕분에 장티푸스나 백일해와 같은 "예방하기 힘든 전염병"을 피할 수 있게 되었다는 것이다. 모두가 이 설명에 수긍했던 것은 아니었다. 왜냐하면 대공황이 발생하던 해에는 겨울 날씨가 따뜻했지만, 이듬해에는 예년처럼 추웠기 때문이었다. 한편으로,

대공황 자체가 건강을 증진시키는 원인이 된다고 주장하는 사람도 있었다. 비록 확실하지는 않지만 말이다. 어쩌면 실험실의 연구 결과가 경제적으로 어려운 시기에 사망률이 개선되는 원인의 실마리를 제공할 수도 있다. 1928년에 미국의 생물학자 레이먼드 펄은 광대파리를 살펴보면서 가장 빠른 속도로 성장하는 개체의 수명이 가장 짧다는 고전적인 연구 결과를 발표했다. 어떤 사람들은 이 결과를 인간에게 적용하면서 빠르게 움직이던 광란의 1920년대(사람들이 술과 담배를 즐기면서 격렬하게 생활하던 시기)가 사람들의 건강에 나쁜 영향을 미쳤는데, 대공황이 예전의 "정상적인 삶의 방식"으로 되돌아가도록 했다고 주장한다. 직장을 잃은 사람들은 가족들과 함께 보내는 시간이 더 많아지고 운동도 더 많이 하게 될 수도 있다. 그리고 소득이 줄어들면, 술도 덜 마시고 담배도 덜 핀다. 또 자동차를 이용하기보다는 걸어가려고 한다. 이런 모든 변화가 건강을 증진시킬 수 있다는 것이다.[18]

우리는 이와 같은 설명이 설득력이 있는지를 확인하기 위해서 당시 상황을 잘 설명해줄 수 있는 가장 믿을 만한 데이터를 살펴보았다. 그것은 바로 미국 질병관리본부(The US Centers for Disease Control and Prevention, CDC)가 보관하는 사망증명서였다. 이 데이터는 미국 36개 주의 114개 도시를 대상으로 대공황 전후인 1927년부터 1937년까지 10년 동안을 담고 있었다. 우리는 이 데이터를 통해서 다양한 지역을 대상으로 미국인들의 건강을 비교하고 서로 다른 사망 원인을 분석하여 일정한 패턴을 찾을 수 있었다. 또한 우리는 1929년 대공황 이전의 기대수명에서 나타나는 추세를 파악하고, 대공황 시기에 벌어졌던 사건들이 기존의 추세를 변화시켰는지 혹은 불황과는 무관하게 공중보건 추세가 가진 패턴의 일부에 불과한지를 확인할 수 있었다.[19]

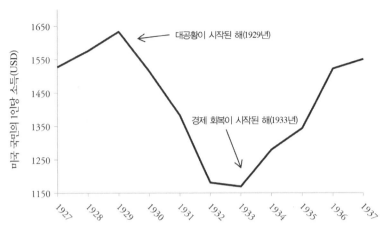

〈그림 1.1〉 1927-1937년, 미국 국민의 1인당 소득[20]

우리는 먼저 메트로폴리탄 생명보험과 공중보건국이 작성했던 보고서가 정확한지를 확인하기 위해서 CDC 데이터를 분석했다. 우리는 미국 전역에 걸쳐 대공황이 퍼졌을 때에 사망률이 약 10퍼센트 정도 감소했던 사실을 확인할 수가 있었다. 〈그림 1.1〉과 〈그림 1.2〉에서 알수 있듯이, 1929년 대공황이 발생하자 평균 소득이 약 3분의 1 정도 떨어졌지만, 사망률도 감소하기 시작했다. 그리고 1933년부터 경제가회복 국면에 접어들자 사망률이 다시 증가하기 시작했다.

우리는 다양한 사망 원인을 살펴보면서, 이 시기에 보건과 관련하여여러 가지 복잡한 변화가 일어났다는 사실을 확인했다. 우리는 공중보건학을 가르치면서 기본적인 추세가 가장 중요하다는 이야기를 한다. 그것은 바로 역학적(疫學的) 변화이다. 사회가 발전하면 결핵과 같은 전염성 질환으로 인한 사망자 수는 감소하고 당뇨병이나 암과 같은 비전염성 질환으로 인한 사망자 수는 증가하는데, 역학적 변화는 이런 추세를 반영한다. 다시 말해서, 국가가 하수 체계를 건설하고 위생을

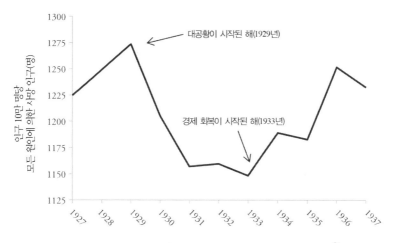

〈그림 1.2〉 1927-1937년, 미국의 모든 원인에 의한 사망 인구 추이[21]

개선하면, 국민들은 좀더 청결한 상태에서 생활하게 되고 영양 상태가 좋아진다. 유아 사망률이 감소하고, 설사 혹은 영양실조로 사망하는 어린이 수도 감소한다. 수명이 길어지면서, 중년이나 노년에 질병에 시달리는 사람들은 더욱 많아진다.[22]

대공황 시기에 경기 침체 그 자체가 사망률이 변하게 된 주요 원인이라고 볼 수 없었다. 주요 원인은 역학적 변화가 이미 반영된 장기적인 추세였다. 예를 들면, 대공황을 전후로 폐렴과 독감의 발병률은 10퍼센트 정도 떨어졌고, 암과 기타 비전염성 질환으로 인한 사망률은 장기적으로 꾸준히 증가하고 있었다.[23]

우리는 대공황이 사람들의 건강에 어떻게 영향을 미쳤는지를 알고 싶었다. 아마도 대공황은 다른 질환의 발병률이 대공황 그 자체와는 무관한 장기적 요인 때문에 변하고 있을 때에 발생했을 것이다. 우리는 사실을 확인하기 위해서 대공황과 관련된 단기적 변동으로부터 역학적 변화라는 장기적 패턴을 걸러낼 수 있도록 통계 모델을 활용했다. 우리

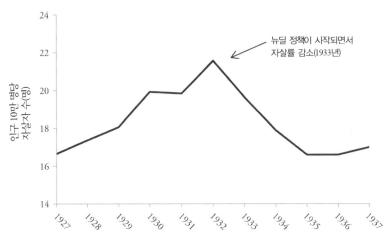

뉴딜 정책이 시작되면서
자살률 감소(1933년)

〈그림 1.3〉 1927–1937년, 미국의 자살률 추이[24]

는 사망의 주요 원인 중에서 실직, 자살 혹은 극심한 스트레스, 심장병처럼 재정적 문제와 연관된 원인에 초점을 맞추었다. 그러자 분명한 패턴이 나타났다. 대공황 시기에 전체적인 사망률은 감소했지만, 그 속에서 쉽게 드러나지 않은 의미심장한 증가가 있었다. 바로 자살률이었다. 〈그림 1.3〉에서 알 수 있듯이, 인구 10만 명당 자살률은 1929년에는 18.1명이었지만 최고점을 기록했던 1932년에는 21.6명으로 나타나서 16퍼센트 정도 증가했다.[25]

그러나 CDC 데이터를 더욱 자세히 살펴보자, 36개 주마다 자살률 통계에 커다란 차이가 있음을 알 수 있었다. 코네티컷 주의 자살률은 41퍼센트나 증가했지만, 뉴저지 주는 오히려 8퍼센트 감소했다. 통계 모델을 통해서 살펴보면, 코네티컷 주처럼 파산 은행이 많은 주에서는 자살률도 높았다.

그러나 자살은 사망의 원인들 가운데 비교적 적은 비중을 차지한다. 따라서 대공황이 자살률의 증가와 관련이 있기는 하지만, 다른 요인이 자살률의 증가를 상쇄하여 전체적인 사망률은 감소하게 되었다.

데이터를 자세히 살펴보면, 자살률의 증가는 자동차 사고로 인한 사망률이 크게 감소한 사실에 가려져 있다는 것을 알 수 있다. 1920년대 초반 도로의 안전 상태는 엉망이었고, 자동차 사고는 그 당시 사망의 주요 원인이었다. 1930년대에는 미국 전역에 걸쳐 자동차 사고로 사망하는 사람이 장티푸스, 홍역, 성홍열, 디프테리아, 백일해, 수막염으로 사망하는 사람과 태어나자마자 사망하는 아기들을 모두 합친 것보다 더 많았다. 그러나 대공황이 발생하면서 추세가 변하기 시작했다. 1930년대 초반에는 역사상 처음으로 자동차 사고로 인한 사망자 수가 감소했다. 대다수의 미국인이 더 이상 자동차 혹은 휘발유를 구매할 수 없었기 때문에, 자동차를 덜 타게 되었다. 주별로 상황을 살펴보면, 경제가 특히 침체된 주가 교통량이 감소했고 자동차 사고로 인한 사망자 수도 덩달아서 감소했다. 이런 현상은 도로의 안전 상태가 최악인 주(다시 말해서 자동차 사고로 인한 사망의 위험이 가장 높은 주)에서 가장 두드러졌다. 이 경우에는 불황이 공중보건에 도움이 되었다.[26]

우리는 이런 역사적 추세가 지금의 대불황 시기에도 적용되는지가 궁금했다. 우리는 지금의 대불황과 관련된 데이터를 살펴보았고, 대공황 시기의 증거를 통해서 대불황 시기에 자살률이 증가하고 자동차 사고로 인한 사망률이 감소할 것이라고 예상할 수 있었다. 실제로 대불황이 발생하면서 미국 전역의 자살률은 과거에 비해서 크게 증가했다. 자살률은 2007년에 시작된 주택담보 위기(foreclosure crisis) 이전에도 이미 증가하여 연간 1만 명당 1명이었다. 이후로 대불황이 시작되면서 자살률은 연간 1만 명당 5명으로 크게 증가했다. 우리는 대불황 시기에 통계적으로 유의미한 "추가" 자살자는 약 4,750명이었다고 추정할 수 있었다. 이 수치는 대불황이 발생하지 않았더라면 자살을 선택하지 않았을 사람들을 의미한다. 영국의 경우, 이 수치는 같은 기간 동안에 약 1,000명으로 추정되었다.[27]

대공황 시기에 나타났던 정신적 보건 지표의 추세를 지금의 대불황 시기에 적용하면, 교통사고 사망자 수도 감소할 것으로 예상할 수 있다. 실제로 미국의 교통사고 사망자 수는 2010년 한 해 동안에 3,600명이나 감소하여 60년 만에 최저치를 기록했다. 특히 대불황 시기에는 임금은 낮아지고 휘발유 가격은 높아지면서 도로에 나온 자동차 수가 감소했다. 이것은 교통사고 사망자 수의 감소와 통계적으로 상관관계가 있었다. 유럽에서도 이와 비슷한 결과가 보고되었다. 북아일랜드에서는 교통사고 사망자 수가 50퍼센트나 감소하여 최저 기록을 갈아치웠고, 중상자 수도 20퍼센트나 감소했다. 아이러니하게도 교통사고 사망자 수의 감소 때문에 2008년에 런던의 외과 의사들은 장기 이식 수술에 필요한 장기의 부족을 고민하기에 이르렀다 — 장기 공급자가 주로 교통사고 사망자이기 때문이다.[28]

이 추세를 상당히 우호적으로 해석하는 사람들도 있다. NBC 뉴스는 "반가운 소식입니다! 불황이 시청자 여러분을 건강하게 해준다고 합니다"라는 말로 뉴스를 시작했다. 그러나 이런 해석은 대공황이 주는 커다란 교훈을 잊어버리게 만든다. 대공황은 사람들의 건강에 유리하게도 작용하고 불리하게도 작용했지만, 이보다 훨씬 더 중요한 교훈은 (대공황 시기와 이후 수십 년 동안에) 미국 정부가 불황에 어떻게 반응하는가에 있었다.

대공황 시기에 미국에서는 주로 두 가지 문제에 대한 정책 논의가 있었다. 첫 번째는 주류 소비에 관한 것이었다. 대공황 시기는 금주법이 실시되던 시기와 겹쳤다. 1919년 통과된 볼스테드 금주법(Volstead Prohibition Act)은 "어느 누구도 술을 제조, 판매, 수입, 수출, 보유해서는 안 된다"고 했다. 그러나 이 법은 국가를 분열시켰다. 금주법을 엄격하게 실시하는 주에서 애주가들은 술을 끊거나 무허가 주류 밀매소를 통해서 술을 구매해야 했다(때로는 독성이 강한 술을 구매해야 했다). 그러나 코네티컷 주나 캘리포니아 주처럼 금주법을 실시하지 않은 주도 있었다. 사업 실패를 술로 달래는 사람들이 생기면서 금주법을 실시하지 않은 주의 자살률이 이를 실시하는 주보다 더 높은 결과가 나타났다. 따라서 대공황 시기에는 금주법을 가장 엄격하게 실시하는 주에서 바람직한 결과를 경험했다. 술과 관련된 사망자 수가 크게 줄어들었던 것이다. 금주법을 실시하지 않은 코네티컷 주의 경우, 음주로 인한 사망률이 금주법을 실시하는 주보다 20퍼센트나 더 높았다. 따라서 대공황 시기에 금주법은 위험한 음주로 인한 사망자 수를 약 4,000명 정도 감소시키는 데에 기여했다. 미국 전역에서 금주법을 실시했더라면, 음주로 인한 사망자 수가 최소한 7,300명 정도는 감소했을 것이다(그렇다고 해서 우리가 금주법을 실시하던 시절로 되돌아가자는 주장을 하려는 것은 아니다. 다만 이로부터 교훈을 얻자는 뜻이다).[29]

금주법이 사람들의 피해를 방지해주었다는 사실을 가장 설득력 있게 뒷받침하는 증거는 이 법이 철폐되고 나서 나타났다. 1930년대 초반 금주법에 반대하는 대중들은 격렬한 시위를 일으켰다. 알 카포네와 같은 사람들이 이끄는 범죄 조직이 캐나다, 멕시코와의 밀수업에 손을 대기 시작하면서, 금주법은 범죄율을 높이는 주요 원인으로 여겨졌다. 게다가 금주법은 국민들의 생활에 대한 국가의 불필요한 간섭으로 간주되었다. 그러나 금주법의 폐지를 초래한 정책 논쟁은 궁극적으로 윤

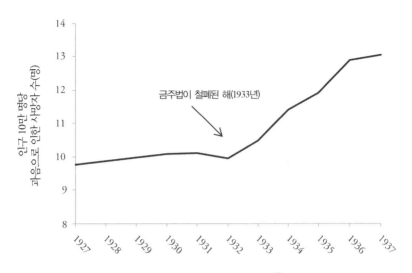

〈그림 1.4〉 1927-1937년, 과음으로 인한 사망률 추이[30]

리 혹은 형사 사법제도보다는 부채의 정치학과 더 관련이 있었다. 루스벨트 대통령은 노동자 계급의 표를 얻기를 원했을 뿐만 아니라 소비수요를 끌어올려서 침체에 빠진 미국 경제를 진작(振作)시키려고 했다. 그가 생각해낸 해법은 사람들이 술을 더 많이 구매하도록 하고 주류세를 더 많이 걷는 것이었다. 〈그림 1.4〉에서 알 수 있듯이, 대공황 시기에 음주와 관련된 사망은 금주법이 철폐되던 1933년까지 크게 증가하지 않았다. 이후로 음주와 관련된 사망률이 크게 증가했고, 이는 수십 년 동안 지속되었다.[31]

그러나 두 번째 정책 논쟁은 금주법을 둘러싼 논쟁보다 공중보건에 훨씬 더 커다란 영향을 미쳤다. 두 번째 논쟁은 불황 시기에 정부가 해야 할 역할에 초점이 맞추어졌다.

1932년 대통령 선거에서 미국의 유권자들은 두 갈래로 갈라졌다. 경제는 이미 무너져버렸고, 미국의 총부채는 1929년에 GDP의 180퍼센트에서 1932년에는 300퍼센트로 급증했다(지금의 대불황 이전까지는 가장 높은 비율이었다). 사람들은 재정 긴축을 두고 격렬하게 대립했다. 한쪽에서는 예산 감축을 지지했지만, 다른 쪽에서는 대공황 시기에 집과 직장을 잃어버린 수백만 명에 달하는 사람들을 돕기 위한 사회보장 프로그램을 지지했다. 미국 정부는 경제를 구원하기 위해서 지출을 늘려야 하는가? 아니면 더 이상 나빠지는 것을 막기 위해서 지출을 줄여야 하는가?[32]

당시 선거는 현직에 있는 허버트 후버 대통령과 민주당 후보 프랭클린 루스벨트가 대결하는 구도였다. 후버 대통령의 선거 운동본부가 외쳤던 "스스로의 힘으로 살아갈 길을 찾아야 한다"는 원칙은 빈곤 상태에 빠진 수백만 명의 미국인들에게 전혀 공감을 일으키지 못했다. 후버 대통령은 실업자와 노숙자를 돕는 일은 민간 자선단체나 지방정부가 나서야 할 일이지 연방정부의 일은 아니라고 생각했다.[33]

루스벨트 후보도 처음에는 후버 대통령의 생각과 크게 다르지 않았지만, 미국의 좌파 세력으로부터 정치적으로 엄청난 압력을 받았다. 압력은 주로 노동자들이 일으키는 소요 사태에서 비롯되었다. 1929년부터 1931년까지 미시간 주의 자동차 기업 노동자들의 임금은 54퍼센트나 떨어졌다. 1932년까지 자동차 산업에서만 약 20만 명이 넘는 노동자들이 일자리를 잃었고, 이들 중 3분의 1이 포드 자동차에서 일하다가 해고되었다. 1932년 3월 7일, 미시간 주 디어본에서는 4,000명에 달하는 해직 노동자들이 '배고픈 사람들의 행진(hunger march)'을 벌였다. 그들은 배고픔, 가난, 실업에 항의하기 위해서 서로 단결했다. 그리고 "우리에게 일을 달라. 우리는 빵가루가 아닌 빵을 원한다", "부자에게 과세하여, 가난한 사람을 먹여 살려라"라는 표어가 적힌 깃발을 내걸었다. 그들의 시위는 평화적으로 진행되고 있었으나, 포드 자동차가 고용한 치안대와 경찰이 저지에 나섰다. 경찰은 시위대에 최루가스를 발사했다. 이에 시위대는 돌을 던지면서 저항했다. 그러자 포드 치안대 가 시위대를 향해서 발포하기 시작하여, 14명이 사망하고 50명이 부상 을 당했다. 이날 포드 해직 노동자들의 행진으로 시작되었던 시위는 결국 포드 자동차의 학살로 마무리되었다.[34]

포드 해직 노동자들의 행진 이후, 비슷한 시위가 미국 전역에서 일 어났다. 노동자들은 단결하기 시작했고, 1935년에는 전미 자동차 노동 조합(United Auto Workers Union)이 결성되기에 이르렀다. 엄청난 부 자들이 검은 화요일을 재촉했던 위험한 금융 거래와 부동산 거래에 연 루되었다는 사실이 밝혀지면서 위기의 주범은 바로 그들이라는 인식이 널리 퍼졌다. 부자들에 대한 일반 대중들의 비판 의식이 높아지게 되면 서 주로 땅을 잃은 농민들과 직장을 잃은 공장 노동자들로 구성된 사회 당(Socialist Party of America)의 지지율이 높아졌다.[35]

미국의 정치적 좌파 세력은 역사상 그 어느 때보다 더욱 강력해졌다. 루스벨트는 노동조합이 사회당의 대통령 후보 노먼 토머스를 지지하면 서 좌파 성향의 표가 분산되어 후버 대통령이 재임하게 될 것을 우려했 다. 따라서 그는 대공황 이후 빈민으로 전락한 농민과 공장 노동자들이 다시 일어설 수 있는 사회보장 프로그램의 추진을 공약으로 내걸었다. 그의 이 공약은 선거 국면을 그에게 유리하도록 전환시켜서 결국 그는 선거에서 승리했다. 루스벨트는 대통령 취임 연설에서 말했다. "나는 국민들에게, 그리고 나 자신에게 약속합니다. 미국인을 위한 뉴딜 정책 을 추진하겠습니다."[36]

뉴딜 정책은 연방긴급구호법(Federal Emergency Relief Act)의 제정

과 공공사업진흥국(Works Progress Administration)의 신설을 포함하여 획기적인 프로그램들로 구성되었고, 이를 통해서 새로운 건설 프로젝트가 추진되면서 850만 명에 달하는 미국인들에게 일자리가 제공되었다. 당시 설립된 주택 소유자 대출공사(Home Owners' Loan Corporation)는 최소 100만 명을 압류 상황에서 벗어나도록 해주었다. 푸드 스탬프 프로그램은 기초적인 식료품을 얻을 수 없는 사람들을 위해서 쿠폰을 제공했고, 공공사업국(Public Works Administration)에서는 병원을 짓고 예방접종을 실시했다. 가난한 노인들을 지원하기 위해서 사회보장법(Social Security Act)도 제정되었다.[37]

뉴딜 정책은 공중보건에 커다란 영향을 미쳤다. 비록 뉴딜 정책이 공중보건을 염두에 두고 설계된 것은 아니지만, 보건 서비스가 유지되도록 했고 기아와 주택 문제를 해결했다. 뉴딜 정책은 국민들에게 간접적으로 복지를 지원함으로써, 실제로는 지금까지 미국이 시행했던 가장 큰 규모의 공중보건 프로그램이 되었다.

우리는 뉴딜 정책이 공중보건에 미치는 영향을 연구하기 위해서 뉴딜 정책 이후에 나타나는 사망률의 변화를 자세히 살펴보았다. 그러나 공중보건은 당시 진행되고 있던 불황과 역학적 변화로부터 영향을 받기 때문에, 단순히 미국 전역을 대상으로 한꺼번에 살펴보는 것은 도움이 되지 않는다. 우리는 루스벨트 대통령이 추진했던 프로그램의 효과를 통계적으로 구분하여 살펴보기 위해서 각 주별로 뉴딜 정책에 대한 노출의 흐름을 측정할 필요가 있었다.

여기서 실마리를 찾기 위해서는 뉴딜 정책의 정치학에 주시해야 한다. 각 주들은 뉴딜 정책을 추진하는 정도에서 커다란 차이가 있었다. 대체로 정치적으로 루스벨트 대통령과 같은 노선이던 좌파 성향의 주지사들이 공화당 출신의 주지사들보다 뉴딜 정책을 더욱 적극적으로 추진했다. 뉴딜 정책을 지지하는 정치인들은 주택 프로그램에 더 많은 예산을 투입하고 일자리를 창출하기 위한 건설 프로젝트에 더 많은 금액을 투자했으며, 푸드 스탬프와 복지 프로그램을 지지했다. 이에 반해서 공화당 출신의 주지사들은 뉴딜 프로그램을 축소하고 심지어는 적자를 줄이기 위해서 예산을 감축하려고 했다.[38]

각 주별로 대공황을 바라보는 관점이 크게 달랐기 때문에, 뉴딜 정책이 추진되는 정도에도 커다란 차이가 있었다. 사회과학에서는 이런 역사적 사건이 정책의 효과를 확인할 기회를 주기 때문에, 이를 "자연적 실험"이라고 부른다. 의학 실험에서처럼 어떤 주들은 뉴딜 정책에 참여하고 다른 주들은 참여하지 않도록 임의성을 부여하기란 불가능했지만, 정치인들의 선택이 현실 세계의 실험실을 창출했다. 우리는 그 실험실에서 뉴딜 정책을 좀더 적극적으로 추진했던 주에서 주민들의 건강이 개선되었는가를 확인해볼 수 있었다. 통계적으로는 인구, 기존의 보건 상태, 교육 수준, 소득을 비롯하여 우리들의 분석에 포함시킬 만한 여러 가지 변수들과 같이 실험 결과에 영향을 미칠 수 있는 기타 요인들도 고려했다.

루이지애나 주는 뉴딜 정책의 주요 시범 사례가 되었다. 휴이 롱 주지사는 뉴딜 정책을 가장 열렬히 지지했고, 스스로 만족할 만큼 충분히 해내지 못했다고 생각할 정도였다. 그는 1934년에 재산분배(Share Our Wealth) 운동을 추진하고, 공공 사업, 교육 사업, 연금 지원을 추진할 재원을 마련하기 위해서 부자와 대기업에 높은 세율을 부과할 것을 요구했다. 롱 주지사가 이끄는 루이지애나 주는 사회보장 지출에 1인당 연간 50달러에 달하는 금액을 투자했다. 이에 반해서 조지아 주와 캔자스 주는 사회보장 지출이 루이지애나 주의 절반 정도에 불과했다. 루이지애나 주는 영양, 위생, 공중보건 교육을 위한 새로운 프로그램을 도입하고 공공 병원 체계의 확충을 위한 기금을 두 배로 늘리고 빈민들을 위해서 무료 예방접종을 실시했다. 또한 야간 학교를 운영하여 글을 읽지 못하는 성인 10만 명을 대상으로 글을 가르쳤고, 루이지애나 주립대학교에 의과대학을 설치했으며, 공공 자선병원 운영을 위한 예산을 두 배로 늘리고 주민의 70퍼센트를 대상으로 무료 예방접종을 실시했다. 이 모든 일들이 역사상 최악의 불황기에 진행되었다.[39]

뉴딜 정책과 재산분배 운동은 큰 변화를 일으켰다. 변화의 폭이 워낙 커서 뉴딜 정책을 지지하는 주와 그렇지 않은 주 사이에는 커다란 차이가 나타났고, 심지어는 공중보건과 경제 상황이 비슷하게 출발했던 주들 간에도 그랬다. 루이지애나 주를 비롯하여 뉴딜 정책을 적극적으로 추진했던 주의 주민들은 전염병, 유아 사망률, 자살률의 감소로 커다란 혜택을 누렸다. 특히 뉴딜 정책에 소극적이었던 조지아 주와 캔자스 주와 비교해서는 더욱 두드러졌다.[40]

뉴딜 프로그램은 더 이상의 경제적 재앙을 피할 수 있도록 해주었을 뿐만 아니라 공중보건 지표의 개선에도 기여했다. 공중보건 전문가들은 대공황으로 전염병이 퍼질 수도 있다고 생각했지만, 전염병 발병률은 꾸준히 감소했다. 특히 뉴딜 주택 프로그램이 지나친 과밀 상태를 해소했던 주에서는 더욱 감소했다. 미국 전역을 기준으로 보면, 뉴딜 정책을 위한 예산 중에서 폐렴 예방과 치료를 위한 지출이 1인당 100 달러에 달했다. 그리하여 폐렴으로 인한 사망자 수는 인구 10만 명당 18명이 감소했다(폐렴 치료약이 널리 사용되고 있지 않았던 시절이기 때문에 이는 엄청난 개선이었다).

또한 뉴딜 정책은 건설과 재건축 프로그램의 추진으로 슬럼가가 사라지도록 해서 유아 사망률을 줄이는 데에도 기여했다. 슬럼가에는 수질 오염과 인구 과밀화로 설사병과 기도 질환을 앓으며 고생하는 유아들이 많았다. 미국 전역에 걸쳐서 뉴딜 정책 예산을 1인당 100달러씩 투입하면, 유아 사망률을 1,000명당 18명씩 줄일 수 있었다.

그리고 뉴딜 정책은 자살률의 감소에도 영향을 미쳤다. 〈그림 1.3〉에서도 알 수 있듯이, 뉴딜 정책이 추진되던 첫 해(1933년)는 자살률의 증가가 감소로 돌아서는 해였다. 또다른 설명을 위해서 통계 모델을 확대해보면, 뉴딜 정책 예산을 1인당 100달러씩 추가로 투입하면 자살률은 10만 명당 4명이 감소하는 것으로 나온다.

당시 미국 의학계는 뉴딜 정책의 효과에 크게 감동받았다. 미국 의학협회(American Medical Association) 회장 윌리엄 웰치 박사는 공중보건 프로그램에 대한 정부의 투자는 생명을 구하고 삶의 질을 개선시킬 뿐만 아니라 경제를 이롭게 하는 건전한 선택이라고 주장했다. 웰치는 "공중보건 예산을 지나치게 줄이면 국민들의 건강을 해칠 뿐만 아니라 결국에 가서는 그 대가를 치러야 한다. 우리는 공중보건 프로그램 지출로부터 발생하는, 경제와 사회복지 측면에서의 이익이 그 비용을 훌쩍 뛰어넘을 것이라고 확신한다"고 말했다.[41]

웰치의 생각이 옳았다. 뉴딜 프로그램은 대공황 시기에도 추진할 만한 것이었다. 오늘날의 기준에 따르더라도, 뉴딜 프로그램은 여전히 투자 대비 효과가 있다. 사회보장 프로그램은 일반적인 의료 행위만큼이나 비용 효과가 있었다. 의료 행위를 통해서 생명을 구할 때에 비슷한 비용이 소요된다는 사실을 감안하면 말이다.[42]

전체적으로 보면, 뉴딜 구호 프로그램의 규모는 GDP의 20퍼센트에 미치지 못한다. 그리고 이런 프로그램은 사망률을 줄일 뿐만 아니라 경제 회복의 속도를 높여준다. 뉴딜 정책은 미국인의 평균 소득이 순식간에 9퍼센트나 오르도록 했다. 그리하여 지출을 늘리고 새로운 일자리를 창출했다. 뉴딜 정책에 반대하는 사람들이 주장하는 것처럼, 부채와 적자가 동시에 증가하는 악순환에 빠져들지 않고, 오히려 미국 경제가 부채로부터 빠져나오는 데에 기여했다.[43]

대공황 시기에는 정치인과 대중들이 지금 우리가 보유하고 있는 데이터에 접근할 수 없었다. 지금 생각해보면, 우리는 뉴딜 정책이 경제와 공중보건에 지속적으로 혜택을 제공했다는 사실을 분명하게 인식할 수 있다.[44]

최근의 대불황이 사람들의 건강에 미치는 영향 가운데 상당 부분은 대공황 시기에 미쳤던 영향과는 확실히 다를 것이다. 지금은 금주법이 실시되지 않는다. 그리고 대불황 시기의 술과 관련된 사망을 자세히 살펴보면, 영국인과 미국인 중에는 돈을 절약하기 위해서 술을 끊은 사람들이 많았다는 사실을 알 수 있다. 그러나 우리는 대불황을 겪으며 이와는 반대로 행동하는 소수의 위험 집단을 확인할 수 있었다. 영국에서 많은 사람들은 여전히 직장을 가지고 있고 술도 덜 마시지만, 대불황 시기에 직장을 잃은 사람들 중에는 폭음을 하는 이들도 많이 있었다. 마찬가지로 대다수의 미국인들도 대불황 시기에 술을 덜 마셨지만, 위험할 정도로 폭음을 일삼는 숨은 집단에 속하는 사람들이 77만 명이나 되었다. 때로 이들은 응급실에 실려오기도 했다. 결국 이들이 알코올 중독과 알코올성 간질환으로 인한 사망자 수가 급증하게 만드는 요인이 되었다.[45]

대서양을 마주보는 두 나라 국민들은 과거 후버와 루스벨트를 두고 고민했던 시절과 비슷한 고민을 하게 되었다. 이제 또다른 대규모의 자연적 실험이 두 나라에서 벌어지고 있다. 캐머런 총리가 긴축 정책을 추진하는 영국에서는 브라이언과 키런 매커들과 같은 슬픈 이야기를 계속해서 듣게 될 것이다. 영국은 부채가 지속적으로 증가하면서 경제가 아직 회복되지 않았다. 반면 미국에서는 오바마 대통령이 공화당의 긴축론자들과 끊임없는 싸움을 벌이면서, 사회 안전망을 유지하고 강화할 것을 역설했다. 그리고 뉴딜 정책보다는 덜할지라도, 지금까지 미국이 경제를 되살리려고 했던 노력은 느리지만 실질적인 회복을 이끌어내는 데에 기여했다.

대공황이 우리에게 전해준 가르침은 최악의 경제적 재앙이 닥치더라도 정치인들이 올바른 조치를 취한다면 국민들의 건강에 커다란 피해를 주지 않도록 할 수 있다는 것이다. 최근의 대불황은 중요한 정치적 선택을 동반한다. 대공황과 뉴딜 정책이 전해주는 교훈을 적용할 것인가? 그렇지 않으면 비참한 결과를 초래하게 될 전혀 다른 길을 갈 것인가?

2
공산주의 붕괴 이후의 사망률 위기

1990년대 초반에 러시아인 1,000만 명이 사라졌다.

한때 러시아 인구는 1억4,700만 명이 넘었다. 1990년과 1991년에 연간 인구증가율은 0.3퍼센트로 영국과 비슷했다. 그러나 1992년 러시아 인구가 갑자기 줄어들기 시작했다. 해마다 모든 나라의 인구를 조사하는 유엔이 이를 발견하고는 러시아의 연구팀과 접촉했다.[1]

러시아의 연구팀은 러시아 전역을 조사했다. 그들은 단일 산업지역, 즉 모노고로드(monogorod : 소련이 군사와 경제를 뒷받침하기 위해서 만든 도시로, 모든 것들이 계획에 의해서 움직였다)에 도착하고는 무엇인가가 잘못되고 있는 징후를 포착했다. 모노고로드는 단 하나의 산업만이 존재한다는 의미에서 그렇게 이름이 붙여졌다. 공산당은 각 마을이 특화 생산을 하도록 강요했다. 예를 들면, 핏카란타는 목재를 만들어야 했고, 노릴스크는 니켈을 생산해야 했고, 시베리아 지역의 몇몇 도시들은 석탄을 생산해야 했다. 광산 도시 중 하나인 카디크찬은 시베리아 마가단 지역의 깊숙한 곳에 있는데, 그곳은 제2차 세계대전 중에 스탈린의 통치에 반대하던 죄수들이 소련군에 석탄을 보급하기 위해서 건설했다. 따라서 이 도시의 모든 시설들은 광산을 중심으로 돌아갔다. 그리고 전쟁이 끝난 뒤에 소련 공산당은 학교, 병원, 노동자 숙소와 함께 심지어는 주말에 다녀올 수 있는 리조트 시설까지 포함하여 주민 생활에 필요한 모든 시설을 공장 주변에 짓도록 했다. 이 모든 시설이 갖추어지면서, 도시는 소련을 위한 석탄 채취라는 유일한 목적을 수행했다.

카디크찬과 그 주변 도시에 도착한 연구팀은 마치 원전사고 이후의 체르노빌 혹은 유령 도시와 같은 느낌을 받았다. 유리창은 부서져 있었고, 가게문은 닫혀 있었다. 한때 마을 회관의 정상에서 위엄 있게 내려다보던 스탈린의 두상은 허물어져서 구멍 난 턱에 새들이 둥지를 틀고 있었다. 구소련의 거대한 제철소는 해체되었고, 버려진 설비에는 거대한 얼음 덩어리가 매달려 있었다. 공장 내부에는 녹슨 도구들이 흩어져 있었고, 바닥에는 토마토와 감자 줄기가 자라고 있어서 텃밭으로 변모해버렸다.

소련의 모노고로드는 산업의 수요에 따라서 한창 때는 인구가 1만 명에서 10만 명에 달했다. 카디크찬의 인구는 1만1,000명에 이를 때도 있었다. 소련이 마지막으로 인구 조사를 했던 1989년에 카디크찬의 인구는 6,000명이었다. 그러나 러시아 인구 조사팀이 방문했을 때인 2000년에는 1,000명에도 미치지 못했다. 그리고 주민의 대다수가 여성들과 아이들과 바부시카(Babushka : 러시아의 할머니)였다. 그들은 깨진 창문 사이로 호기심 어린 눈빛으로 방문객들을 주시했다.

도대체 남자들은 모두 어디로 갔단 말인가?[2]

그 답은 소련식 사회주의가 해체되고 서구식 시장경제를 도입했던 격동의 역사에 숨어 있었다. 사라진 남자들은 자본주의 경제로의 급격한 이행과 함께 도래한 광범위한 붕괴를 상징했다. 붕괴는 그 자체로 엄청난 비극이었다(지금까지도 러시아를 괴롭히는 인구 위기를 의미한다). 그리고 이 비극은 피할 수 있는 것이었다. 공산주의 붕괴 이후의 사망률 위기는 자본주의로의 이행에서 비롯된 것이 아니라 이행을 관리하는 방법에 관한 정책적 선택에서 비롯된 것이며, 결국 이 선택이 끔찍한 결과를 초래했다.

1990년대 초반 러시아의 경제 체계는 붕괴되었다. GDP는 3분의 1이 넘게 떨어졌고, 이는 대공황 이후로 산업화된 국가에서 한번도 경험해 본 적이 없는 규모의 재앙이었다. 구매력 측면에서 보면, 1990년대 중반 러시아 경제는 1897년의 미국과 비슷한 정도로 줄어들었다. 구소련 시절 공식적인 실업률은 0퍼센트였지만, 1998년 러시아의 실업률은 22퍼센트로 치솟았다. 1995년 정부 통계에 의하면, 인구의 4분의 1이 빈곤 상태에 처해 있었다. 그러나 독립적인 통계 조사에 따르면, 빈곤율은 이보다 훨씬 더 커서 전체 인구의 40퍼센트를 훌쩍 넘었다. 자본주의 체제로의 이행이 이루어지고 나서 10년이 지났을 때, 세계은행(World Bank)은 러시아 인구의 4분의 1이 하루 2달러도 되지 않는 생계비로 살아가고 있는 것으로 추정했다. 그리고 소련으로부터 독립한 다른 공화국의 국민들도 기본적인 영양분도 공급받을 형편이 되지 못했다.[3]

구소련이 해체되기 시작하면서, 어느 한 도시의 공장의 몰락은 도미노 현상을 일으켰다. 소련의 모노고로드들은 세계의 다른 어떤 기업도 생산해내지 못하는 부품, 재료의 공급을 서로 의존했다. 어느 한 기업이 파산하자, 그 기업에 의존하는 모노고로드들도 금방 몰락하기 시작했다. 거의 하루아침에 모노고로드의 존재 이유가 사라져버렸다. 사람들은 모스크바와 상트페테르부르크와 같은 대도시로부터 수천 킬로미

터나 떨어진, 시베리아의 한 구석에 고립된 채로 남게 되었다. 그들은 생존을 위해서 감자 껍질을 먹고 산에서 식물의 뿌리를 캐서 먹고 장과류(漿果類)를 따서 먹어야 했다. 그리고 지루한 생활은 끝이 보이지 않았다. 사람들은 할 일이 없었고, 갈 곳도 없었으며, 미래에 대한 희망도 없었다.[4]

경제 체제가 신속하게 변하는 동안에 남자들의 사망률이 빠른 속도로 증가하기 시작했다. 러시아가 시장경제로 돌아서는 동안에, 도시의 남자들이 사라지기 시작했다. 이들은 나이가 많거나 허약하지 않았다. 러시아 경제를 위해서 중요한 역할을 했어야 할 젊은 남자들이었다. 미국의 인구조사국은 소련의 노동력이 1985년에 1억4,900만 명에서 1998년에 1억6,400만 명으로 증가할 것으로 예상했었다. 이 예상은 1990년까지만 정확했고, 이후에 1998년 실제 노동력은 1억4,400만 명으로 감소했다.[5]

1999년 인구 통계가 발표되고 나서, 유엔 조사팀은 공식 보고서를 발표하면서 "구소련 지역에서 인류에게 커다란 위기가 발생하고 있다. 자본주의 체제로의 이행이 많은 사람들에게 치명적인 결과를 가져다주고 있다"고 경고했다. 〈그림 2.1〉에서 알 수 있듯이, 러시아 남자들의 기대수명은 1991년 64세에서 1994년 57세로 크게 줄어들었다.[6]

결국 "공산주의 붕괴 이후의 사망률 위기"로 알려진 것은 지난 세기 후반에 전쟁 혹은 기아 지역이 아닌 국가에서 기대수명이 최악으로 줄어드는 현상으로 밝혀졌다.[7]

그러나 모노고로드의 붕괴와 사망률의 갑작스러운 증가 사이의 관계가 금방 분명하게 와닿지 않았다. 우리는 시장이 붕괴되던 대공황 시기에도 사망률이 크게 증가하지는 않았다는 사실을 알고 있다. 따라

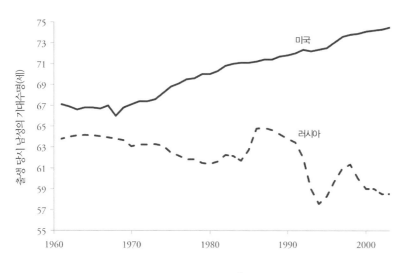

<그림 2.1> 공산주의 붕괴 이후의 사망률 위기[8]

서 무너지는 경제가 사망률의 갑작스러운 증가를 반드시 동반하는 것
은 아니라면, 1990년대 경제가 어렵던 시기에 러시아 남자들이 그렇게
도 많이 사망한 원인은 무엇인가?

우리는 상황을 면밀하게 살펴보기 시작했다. 처음에는 이 시기에 발
급된 사망증명서를 찾아보았다. 그러나 사망증명서가 진실을 전해주지
못할 수도 있었다. 공산당이 집권하던 시절에, 소련은 많은 것들이 베일
에 가려진 국가였다. 실제로 소련의 비밀경찰 KGB(Komitet Gosudar-
stvennoi Bezopasnosti)가 사람을 흔적도 없이 사라지게 만들 수도 있었
다. 어쩌면 러시아 당국이 프랑스와 러시아의 인구 조사팀에게 데이터
에 대한 접근을 허락하고 나서, 오래 전에 사라졌던 사람의 죽음이 밝혀
질 수도 있었다. 아니면 구소련이 서구 세계에 징집 자원의 규모를 과시
하기 위해서 남자 인구를 실제보다 늘려서 보고했을 수도 있었다(이는
결코 터무니없는 생각이 아니다. 1976년에 소련 공산당은 실제 데이터

를 외부에 공표하지 않는다는 원칙을 세웠다. 당시 공산당 관계자들 가운데 한 사람은 "우리는 남아 출생자 수를 발표해서는 안 된다. 우리의 적이 이 정보를 이용하기 때문이다. 우리는 이를 국가 기밀로 취급해야 한다"고 말했다).[9]

우리는 사망률의 증가가 사실인지를 확인하기 위해서 소련이 붕괴되기 직전의 사망증명서부터 자세히 살펴보았다. 우리는 새 정부의 인구통계 작성기관인 국가통계위원회(Goskomstat)가 보유한 문서로부터 데이터를 얻었다. 사망자의 90퍼센트 이상이 사망 원인을 확인해줄 수 있는 의사의 검시를 거쳐 사망 진단을 받도록 되어 있었고, 이 비율은 서구 국가들보다 더 높은 것이었다.[10]

러시아의 사망률 위기가 가진 독특한 특징은 사망자가 한창 일할 나이에 있는 젊은 남자들로 집중되어 있다는 것이었다. 대부분의 질병은 주로 어린이나 노약자처럼 취약한 사람들에게 발생한다. 따라서 남성 사망자 가운데 25-39세 연령층 남자의 사망률이 90퍼센트나 증가했다는 사실은 상당히 당혹스러운 일이었다.

어쩌면 전염성이 아주 강한 인플루엔자나 유행성 질병이 퍼졌거나 기아가 만연했거나 러시아의 공장에서 지금까지 알려지지 않은 공해 물질이 배출되었을 수도 있었다. 그러나 여러 인구 통계학자들과 함께 러시아의 국가통계위원회가 보유한 사망증명서를 자세히 검토했지만, 지금 언급한 원인들을 뒷받침하는 증거는 찾을 수 없었다. 러시아의 인구 통계는 젊은 남자들이 주로 알코올 중독, 자살, 살인, 부상으로 사망한다는 사실을 말해주었다. 사망의 원인은 자명했다. 러시아 남자들은 일하던 공장이 문을 닫고 일자리를 잃게 되자 정신적으로 엄청난 스트레스와 불안을 경험했고, 그 다음에는 술에 의존하면서 자신을 괴롭히고 주변 사람들에게도 피해를 끼쳤던 것이다.

또한 러시아의 젊은 남자들은 심장마비로 많이 죽었다. 우리는 처음에 이런 사실에 적잖이 놀랐다. 심장마비는 주로 동맥경화로 고생하는 50대나 60대 남자들에게 많이 발생하지만, 드물게는 30대나 40대에도 심장병으로 병원을 찾는 사람들이 있기는 하다. 검시관이 작성한 보고서에는 젊은 남자들의 동맥이 깨끗하여 막힌 데가 없는 것으로 나와 있었다. 그렇다면 왜 심장마비로 죽었을까?

러시아의 수수께끼와 같은 사망 패턴을 이해하려면, 근본적인 원인을 찾기 위해서 다른 각도에서 공중보건 문제를 살펴볼 필요가 있다. 우리는 사망의 직접적인 원인, 그리고 담배, 잘못된 식습관, 음주와 같은 위험 요인을 뛰어넘어, "원인의 원인"을 찾기 위해서 사람들이 자신을 괴롭히고 다른 사람들에게 피해를 주게 만드는 사회적, 경제적 변화에 주목하려고 했다.

이런 사망 패턴이 매우 빠르게 퍼져가고 있었기 때문에, 우리는 먼저 러시아 남자들이 경기 침체로 인한 스트레스에 대처하기 위해서 "자신만의 약"을 복용했다는 사실을 의심해보았다(그들은 보드카와 집에서 만든 술을 엄청나게 많이 마셨다). 러시아는 술에 관한 오랜 전통을 간직하고 있는데, 18세기 차르 시대 이후로 반란 운동을 방지하기 위해서 음주를 장려하는 분위기가 퍼져 있다. 러시아어에는 술에 찌들어서 수일, 심지어는 수주일에 걸쳐서 아무 일도 못하는 상태를 일컫는 '자포이(Zapoi)'라는 단어가 있을 정도이다. 미국의 의료 기준에 따르면, 오늘날 러시아에는 제조업 남성 노동자 중에서 4분의 3 이상이 "알코올 중독 위험군(하루에 술을 4잔 이상 마시는 사람을 말한다)"에 처해 있는 것으로 간주된다.[11]

사회적 스트레스와 술은 항상 함께한다. 잘 알려진 바와 같이, 술은 우울증, 자살, 살인을 부르고, 동맥이 깨끗한 젊은 남자에게 심장마비의 가능성을 높인다. 심장학자들은 술을 적당히 마실 수만 있다면 심장마비의 위험을 낮춘다고 말하지만, 많이 마시면 심장병을 일으킨다.[12]

러시아의 정치인들은 음주 문제를 해결하기 위해서 많은 노력을 기울였다. 1985년에는 소련 지도자 미하일 고르바초프가 금주 운동을 벌였다. 이 운동은 커다란 효과를 발휘하여 러시아인의 수명이 3년이나 늘어났다. 음주로 인한 사망률이 줄어들었을 뿐만 아니라 혼잡한 생활여건과 과음으로 알코올 중독자들이 흔히 걸리게 되는 두 가지 질병인 결핵과 심장병의 발병률도 줄어들었다. 그러나 금주 운동은 너무 인기가 없어서 1987년에 중단되었다. 금주 운동이 중단된 이유는, 어느 정도는 정부가 주류 판매로 수입을 올릴 수 없었기 때문이기도 했다. 금주 운동이 중단되자, 주류 소비량이 꾸준히 증가하여 러시아가 시장경제 체제로 이행하기 시작했던 1992년에는 러시아 남자들의 음주로 인한 사망률이 1985년 이전 수준으로 상승했다.[13]

우려해야 할 상황은 1990년대 초반 러시아 남자들의 음주량만이 아니었다. 훨씬 더 문제가 되는 것은 바로 음주 형태였다. 술값을 줄이면서 과음을 할 수 있는 방법을 열심히 찾다 보니, 러시아 남자들의 음주 형태가 바뀌기 시작했다(그들은 주로 실업 상태였다). 러시아, 우크라이나, 발트해 연안 국가의 애주가들은 남성용 로션, 구강 세정제처럼 알코올을 함유하지만 음용에는 부적합한 제품에 이용되는 알코올로 만들어진 술을 마셨다. 보드카와 여타 증류주와는 다르게 이런 술의 제조 원가는 엄청나게 저렴했고, 세금이 붙지도 않았다. 이런 알코올로 증류된 술은 오데코롱(odekolon)이라고 알려졌고, 향수처럼 팔렸지만 모두가 그것이 술이라는 사실을 알고 있었다. 향이 아니라 맛이 표기되어 있었고, 한 자리에서 쉽게 다 마실 수 있도록 캔맥주처럼 위로 따는 고리가 부착되어 있었던 것이다. 오데코롱은 특히 치명적이었다. 연구 결과에 따르면, 음용에 부적합한 술을 마시면 알코올성 정신병, 간경변, 심장병으로 사망하게 될 위험이 26배나 높아지는 것으로 나온다.[14]

핏캬란타 출신인 블라디미르는 그곳의 제지 공장이 문을 닫자 일자리를 잃었다. 그후로는 오데코롱을 자주 마시면서, 당시 음주 문화의 생생한 사례가 되었다. 그는 2주일 동안 연거푸 술을 마시고 폐허가 된 공장 바닥에서 의식을 잃은 채로 발견되기도 했고, 병원에서 깨어난 적도 있었다. 블라디미르는 주로 값이 싼 오데코롱을 마셨지만, 시골 사람들은 집에서 밀조한 보드카인 사모곤(samogon)을 마시기도 했다. 1990년대 초반에 바로 블라디미르와 같은 사람들이 소득이 바닥나면서 술에 빠져들었다. 언젠가 「뉴욕 타임스(*New York Times*)」 기자가 왜 그처럼 술만 마시고 사는가를 묻자, 블라디미르는 이렇게 대답했다고 한다. "저도 확실하게 말하기가 어렵네요. 저는 집이 있어요. 그런데 할 일이 없어요."[15]

블라디미르는 수백만 명에 달하는 다른 러시아 남자들과 마찬가지로 미래에 대한 희망이 없었다. 일도 없었고 갈 곳도 없었다. 오데코롱은 가장 값이 싼 출구였다. 러시아의 젊은 남자 12명 중 1명이 오데코롱처럼 몸에 아주 해로운 술을 마시고 있었다. 그리고 직업이 있는 남자들 중에는 약 5퍼센트만이 오데코롱과 같은 술을 마셨지만, 직업이 없는 남자들 중에는 약 25퍼센트가 그런 술을 마셨다. 이 통계만으로는 지나친 음주가 실업을 초래했는지 혹은 그 반대였는지를 말해줄 수가 없었다. 그러나 어쨌든 그 결과는 가히 충격적이었다. 지나친 음주

(자포이)와 오데코롱의 결합은 엄청난 결과를 초래했다. 이젭스크에서는 노동이 가능한 연령대의 남자들의 사망 가운데 거의 절반 정도가 위험천만한 과음 때문인 것으로 밝혀졌다(과음과 술을 대체하는 오데코롱이나 사모곤으로 인한 신체적 손상 때문에 사망한 남자들을 집계했을 때에 그렇다는 의미이다). 러시아 전역으로 보면, 1990년대에 노동이 가능한 연령대의 남자들의 사망 가운데 최소한 40퍼센트가 과음 때문인 것으로 추정되었고, 구소련 지역 전체로 보면, 약 400만 명이 과음 때문에 사망한 것으로 추정되었다.[16]

우리는 이런 현상이 미치는 영향을 정확하게 이해하기 위해서 러시아 추적 모니터링 조사(Russian Longitudinal Monitoring Survey)의 데이터를 자세히 살펴보았다. 러시아 남성과 그의 가정을 1994년부터 2006년까지 조사한 결과물이었다. 우리는 생존 분석(survival analysis)이라는 통계 기법을 사용하여, 1994년에 직업이 있던 남성 6,586명 중에서 593명이 사망했고 나머지가 생존했다는 사실을 확인했다. 그 다음에는 사망 혹은 생존에 가장 많이 영향을 줄 만한 요인을 평가했다. 데이터는 육체 노동자와 숙련공이 보드카와 비전통적인 주류를 많이 마신다는 사실을 보여주었다. 그리고 그들은 사망 가능성이 가장 높은 집단이었다. 실제로 우리가 조사했던 기간 중에 공장 노동자와 관리자 간의 사망률 격차는 엄청나게 많이 벌어졌다. 특히 러시아 추적 모니터링 조사에서는 사회적인 스트레스를 측정하기 위해서 조사대상자들에게 사회적 지위에 관한 인식을 조사했다. 우리는 사회적, 경제적 지위가 낮은 집단이 부와 권력을 가진 집단보다 사망의 가능성이 3배나 더 높다는 사실을 발견했다. 전반적으로, 21세의 러시아 공장 노동자는 56세까지 생존할 것으로 예상되었으며, 이는 공장 관리자와 전문직 종사

자에 비해서 15세나 낮은 결과였다.[17]

최악의 위험은 직업이 없는 블라디미르와 같은 사람에게서 발견되었다. 그와 같은 사람은 일을 하고 있는 사람에 비해서 사망 가능성이 6배나 더 높았다. 구소련 사회에서 실업은 건강에 미치는 영향만으로는 충분하지 않다는 듯이, 공동체와 사회적 지원 체계의 상실을 의미했다. 구소련 시절에 고용은 임금과 생계 이상의 의미가 있었다. 소련의 노동 여건은 서구 사회와는 크게 달랐다. 소련의 노동 여건이 전체주의적 성격을 띠면서 노동자들을 조립 라인에 얽매이도록 했지만, 나름대로 유익한 측면도 있었다. 소련의 계획가들은 노동자들에게 구내 병원, 건강 검진, 보육과 같은 사회보장 프로그램을 제공했다. 부모는 일을 하면서 아이들을 안심하고 맡길 수 있었다. 그리고 부모들이 하는 일은 크게 힘들지 않았다. 공장 노동자들 사이에서 "우리는 일을 하는 시늉만 하고 그들은 임금을 주는 시늉만 한다"는 우스갯소리가 떠돌 정도였고, 실제로도 그랬다. 사람들은 돈을 많이 벌지는 않았으나, 그들에게는 안정적인 직업이 있었고 부가적인 지원이 상당히 많았던 것이다. 사회적 지원 프로그램은 모두 공짜였다. 소련의 모노고로드 사람들은 대단한 공동체 의식을 가지고 있었고, 좋건 싫건 간에 모두가 공동체 속에서 함께 지내야 했다.[18]

사망률이 크게 증가하는 폐해를 어떻게 극복할 것인가는 대단히 중요한 문제였다. 많은 사람들이 소련의 붕괴 이후 러시아가 겪고 있는 사망률의 급증은 사회주의 경제에서 자본주의 경제로의 이행 과정에서 나타나는 피할 수 없는 결과라고 주장했다. 우리가 일자리를 잃어버린 러시아 남자들의 사망률 증가를 보여주는 연구 결과를 발표하자, 「뉴욕 타임스」의 한 기자는 러시아의 사망률 위기가 "공산주의의 종식이 빚어낸 예상하지 못했던 달갑지 않은 결과에 불과한 것"은 아닌지를 물어왔다. 다시 말해서, 공산주의에서 자본주의로의 이행 과정에서 불가피하게도 엄청난 혼란과 함께 공중보건에 커다란 충격을 줄 위험이 있다는 취지에서 하는 말이었다. 이는 대단히 중요한 문제였다. 우리는 이에 대한 답을 찾기 위해서 과거에 소련과 소비에트 블록(Soviet bloc)을 구성했던 국가들을 상대로 비슷한 데이터를 살펴보았다. 실제로 스트레스와 관련된 죽음이 공산주의에서 자본주의로의 이행 과정에 내재된 심각한 변화가 낳은 **불가피한** 결과라면, 우리가 살펴본 데이터는 이 과정을 경험했던 모든 국가에서 질병과 사망이 급증하는 모습을 보여줄 것이었다.[19]

그러나 데이터를 살펴본 결과, 모든 국가에서 사망률이 급증하지는 않았다. 러시아인들이 병드는 동안, 폴란드인들은 건강해졌다. 1991년 소련이 붕괴되기 직전까지 러시아와 폴란드는 비슷한 수준의 사망률을 기록했다. 그러나 3년이 지나자, 러시아의 사망률은 35퍼센트나 증가했지만, 폴란드의 사망률은 10퍼센트 감소했다. 카자흐스탄, 라트비아, 에스토니아는 러시아처럼 사망률이 크게 증가했지만, 벨라루스, 슬로베니아, 체코는 그렇지 않았다.

차이는 공산주의에서 자본주의로의 이행 과정에서 각 국가들이 선택했던 정책에 달려 있었다. 개혁의 속도를 얼마나 적절하게 유지하는가가 매우 중요했다. 급진적인 민영화 프로그램을 도입하면서 시장경제로의 이행을 매우 신속하게 추진했던 국가들은 사회복지의 축소와 함께 경제적으로 커다란 혼란을 경험했다. 결과적으로 시장경제로의 이행기에 개혁을 완만하게 추진하면서 사회보장 프로그램을 유지하고 국민들의 건강을 증진시켰던 "점진주의자"와는 다르게, "과격한 민영화주의자"는 국민들의 건강에 큰 피해를 주었다.

소련이 붕괴되면서 러시아와 서구 세계의 정치가들과 경제학자들은 공산주의의 잔해 위에 서구식 시장경제 체제를 구축하기 위한 최선의 방법을 고민하기 시작했다. 식료품 가게가 텅 비고 육류와 우유와 성냥과 같은 생필품이 부족한 모습에서 알 수 있듯이, 소비에트 체제는 확실히 경쟁력을 잃었다. 결국 일정한 형태의 변화가 필요했고, 실제로 점진주의자들은 이미 1980년대 후반에 고르바초프의 페레스트로이카(perestroika : 1986년 이후 소련의 고르바초프 정권이 추진했던 개혁 정책/역주)와 글라스노스트(glasnost : 1986년 이후 소련의 고르바초프 정권이 추진했던 개방 정책/역주)와 같은 개혁을 추진했었다. 소련이 무너지면서, 이제 중요한 문제는 개혁을 어떻게 그리고 얼마나 빨리 추진할 것인가에 있었다.

경제학자들은 개혁의 속도에 관해서 두 갈래로 나뉘어졌다. 급진적인 시장주의자들은 자본주의로의 이행이 최대한 신속하게 이루어져야 한다고 주장하면서, 철저한 시장 개혁을 담고 있는 충격요법을 처방했다. 그들의 면면을 보면, 안드레이 슐라이퍼, 스탠리 피셔, 로런스 서머스, 제프리 색스를 비롯한 하버드 대학교 경제학 교수들과 러시아의 총리 서리를 지냈던 경제학자 예고르 가이다르가 포함되어 있었다.

급진적인 개혁주의자들은 시장 개혁이 신속하게 진행될수록 경제적 혜택이 더욱 빨리 발생할 것으로 생각했다. 다시 말해서 소련의 공장이 구조 조정을 거쳐서 다시 돌아가고, 노동자들이 생산성을 높여서 돈을 더 많이 벌면, 소련 사회는 침체에서 벗어나리라는 생각을 가지고 있었다. 공산주의의 몰락은 "이례적인 정치학"의 시기를 낳았다. 세계은행의 이행기 경제팀에 따르면, 이 시기에는 정치인들이 국민들에게 커다란 희생을 요구할 수도 있다고 했다. 신속한 개혁은 이전까지 제공되던 사회보장 프로그램의 폐지를 동반하기 때문에 국민들에게 경제적인 고통을 줄 수 있었다. 그러나 개혁주의자들은 무엇보다도 신속하게 움직이지 않으면 공산주의자들이 다시 권력을 잡게 될 것을 우려했다. 그들의 전략은 단기적인 고통과 장기적인 이익을 서로 교환하자는 것이었다. 이 전략은 본질적으로는, 공산주의로의 회귀를 방지하고 러시아에서 자본주의 시장경제가 지속되기를 바라는 정치적 계산에서 비롯되었다. 그들은 일단 소비에트 체제에 시장이 들어서고 나면, 이를 돌이키기란 불가능할 것이라고 보았다.[20]

개혁주의자들 가운데 핵심적인 인물이라고 할 수 있는 제프리 색스는 1990년 1월에 자신의 계획을 담은 유명한 글을 발표했다. 그가 발표한 에세이 "무엇을 할 것인가?(What Is to Be Done?)"는 90년 전에 블라디미르 레닌이 러시아 10월 혁명과 공산주의 국가 건설을 위한 구상을 담은 팸플릿과 제목이 같았다. 새로운 버전은 자유시장 개혁을 신속하게 추진하기 위한 충격요법에 관한 구상을 담고 있었다.[21]

충격요법에는 두 가지 주요 요소가 있었다. 첫 번째는 경제적 "자유화"로서, 시장 가격에 대한 정부 통제의 철폐를 의미했다. 과거 소련은 노동자의 임금에서부터 빵 가격에 이르기까지 모든 것을 통제했다. 충격요법론자들은 소련 사회가 발전하기 위해서는 통제가 철폐되어야 하고, 이를 위해서는 시장이 제대로 작동해야 한다고 생각했다.[22]

두 번째는 민영화 프로그램을 대대적으로 추진하는 것이었다. 민영화 프로그램의 목적은 정부의 영향력을 배제하고 이윤 동기를 부여하려는 데에 있었다. 이를 추진하기 위해서는 우선 정부가 운영하는 프로젝트를 민간에 이양해야 했다. 민영화 프로그램은 논란을 가장 많이 일으키고 고통이 따르는 정책이기도 했지만, 경제학자들은 이를 시장 경제로의 이행의 핵심으로 간주하고 있다. 급진적인 시장주의자이자 충격요법의 대부 격인 밀턴 프리드먼은 충격요법을 "첫째도 민영화, 둘째도 민영화, 셋째도 민영화"라고 간단하게 표현했는데, 소련 공산당의 경제 통제를 최대한 빨리 중단시키는 것을 의미했다. 그러나 충격요법으로부터 영향을 받는 것은 경제만이 아니었다. 소련 사회에서 정부가 공중보건과 사회적 서비스를 지원하기 위한 재원은 국영 기업으로부터 직접 조달되었다. 대규모 민영화는 실업자를 양산할 뿐만 아니라 요람에서 무덤까지라는 사회보장 체계를 크게 축소하는 결과를 낳았다.[23]

이전까지 어느 누구도 그처럼 짧은 기간 내에 경제 전체를 민영화하려는 시도를 하지 않았다. 영국의 위대한 민영화주의자 마거릿 대처 총리는 충격요법이 무엇인지를 실제로 보여주기라도 하듯이, 자신의 재임 기간인 11년 동안에 약 20개에 달하는 영국의 거대 공기업을 민간에 이양했다. 하버드 대학교 경제학 교수들은 소련 기업 20만 개 이상을 500일 이내에 민영화하려는 계획을 세웠다. 개혁주의자들은 구소련이 공산주의로 회귀하지 않도록 하려면 속도가 매우 중요하다고 생각했던 것이다. 하버드 대학교의 로런스 서머스는 "경제학자들은 어떤 것에 대해서도 의견의 일치를 이루지 못한다는 평판에도 불구하고, 동유럽 국가들과 구소련에 주는 충고에 대해서는 놀라울 정도로 의견의 일치를 이루고 있었다"는 말까지 했다.[24]

그러나 실제로는 충격요법에 대해서 모두가 동의하지는 않았다. "점진주의자들" 중에는 세계은행 수석 경제학자를 지냈고, 2001년 노벨 경제학상을 수상했던 조지프 스티글리츠가 있었다. 그는 자본주의는 하루아침에 만들어지는 것이 아니라고 생각했다. 또한 스티글리츠와 그의 동료들은 서유럽에서 자본주의가 자리를 잡기까지는 수세기가 걸렸다고 주장하면서, 동유럽 국가들에서 시장이 권력자에 의해서 조작되지 않고 제대로 작동할 수 있기 위해서는 규제 기관과 법률 규정이 갖추어질 시간이 필요하며, 이를 위해서는 시장경제와 사유 재산권의 도입을 천천히 추진하여 자본주의로의 이행이 완만하게 이루어질 수 있도록 해야 한다고 주장했다. 그들은 과거의 공산주의 국가들이 중앙계획으로부터 점진적으로 벗어날 수 있도록 하는 "이원화(dual-track)" 체계를 제안했는데, 이는 민간 부문이 최종적으로는 시대에 뒤떨어진 국영 부문보다 더 빨리 성장하는 체계를 의미했다.[25]

1991년에 하버드 대학교 경제학 교수들은 이 논쟁에 결론을 내기 위해서 미국 정부가 지지하는 일괄타결 방안을 제시했다. 이것은 소련에서 신속한 개혁 계획을 채택하면, 소련 노동자들과 그들의 가정을 돕기 위해서 600억 달러를 지원하자는 것이었다. 미국은 그 대가로 군사적인 양보를 얻어내고 소련의 외교 정책에 영향력을 행사할 수 있으리라고 판단했다. 당시에 미국 국제개발기구(US Agency for International Development)가 소련의 민간 부문 개발을 장려하기 위해서 10억 달러를 제공하며 지원 활동을 이끌었다. 그러나 소련의 고르바초프 대통령은 개혁의 속도를 늦추기를 원했다. 반면에 그의 정적인 보리스 옐친은 미국의 계획을 받아들였다. 1991년 8월에 고르바초프를 밀어내려고 했던 군부 쿠데타가 주로 옐친의 반대에 부딪혀 실패하게 되자, 고르바초프와 소련의 입지는 치명적인 손상을 입었다. 그해 11월에 옐친은 소련 공산당의 활동을 금지시켰고, 12월 25일에 소련은 종말을 맞이했다.[26]

이런 정치적 흐름은 러시아에서 힘의 균형이 고르바초프의 점진적

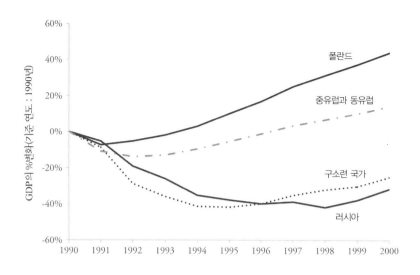

〈그림 2.2〉 러시아와 구소련 국가들의 경제 붕괴와 중유럽과 동유럽 국가들의
신속한 회복[27]

인 개혁에서 충격요법 쪽으로 기울도록 했다. 러시아뿐만 아니라 소비
에트 블록을 구성하던 대부분의 국가들이 충격요법론자들의 목소리에
귀를 기울였다. 러시아를 비롯하여 카자흐스탄과 키르기스스탄과 같은
국가들이 충격요법을 따르는 정책을 1994년까지 전면적으로 추진했다.
그러나 벨라루스와 같은 국가들은 충격요법 대신에 점진적인 개혁의
길을 선택했다. 비교적 비슷한 국가들이 다양한 방식의 개혁의 길에
들어섰다. 이는 비교적 비슷한 사람들의 집단이 매우 다른 개혁과 엄청
나게 다른 결과를 경험하게 되는 대규모의 "자연적 실험"을 의미했다.

충격요법을 실행했던 국가들에서 나타나는 결과는 재앙에 가까웠다.
〈그림 2.2〉에서 알 수 있듯이, 1990년부터 1996년까지 러시아와 대부
분의 구소련 국가들의 1인당 국민소득은 30퍼센트가 넘게 하락했다.
이는 대공황 시기와 비교하여 약간 모자라는 수치이다. 구매력을 놓고

보면, 1990년대 중반의 러시아 경제는 미국의 1897년의 수준과 비슷한 정도로 떨어졌다.[28]

충격요법의 핵심이라고 할 대규모 민영화는 공산당이 경제에 영향을 미치지 못하도록 하는 데에 그 목적이 있었다. 그러나 러시아에서는 부(富)가 국가에서 과거 공산당 엘리트, 즉 노멘클라투라(nomenklatura)로 대규모로 이전되도록 하여 과두지배 세력의 등장과 불평등의 심화를 낳았다. 결과적으로는 피해를 본 사람은 일반 대중이었다. 빈곤이 만연해지고(빈곤율은 1987-1988년에 2퍼센트에서 1995년에 40퍼센트를 훌쩍 넘었다), 사람들 사이에서 "코뮤니즘이 낳은 최악의 결과는 포스트 코뮤니즘"이라는 우스갯소리도 나돌았다. 1992년 러시아의 부통령 알렉산드르 루츠코이는 옐친의 프로그램을 "경제적 학살"이라고 표현하면서 이에 반대했다.[29]

그러나 모든 국가들이 다 같은 운명에 처해진 것은 아니었다. 러시아의 이웃나라 벨라루스는 점진주의자의 길을 선택했다. 그리하여 시장경제로의 이행기에도 빈곤율을 2퍼센트 이하로 유지했다. 실업률이 4퍼센트까지 오른 적도 있었지만, 이후로는 계속 이보다 낮은 수준을 유지하여 오늘날에는 1퍼센트 미만을 기록하고 있다. 동유럽 지역에서 공산주의에서 벗어난 25개 국가들의 1989-2002년 거시경제 지표를 살펴보면, 민영화를 급진적으로 추진했던 국가들은 점진적으로 추진했던 국가들에 비해서 남성의 실업률이 56퍼센트나 더 많이 증가했다.

폴란드의 경험은 민영화가 반드시 나쁜 결과를 초래하는 것은 아니라는 사실을 말해준다. 오히려 문제는, 다른 나라들에서 빠른 속도로 진행되는 민영화가 때로 기업을 장기 전략을 제시하는 주인이 없는 상태로 남겨두었다는 데에 있었다. 충격요법의 전형적인 모델로 간주되었던 폴란드는 1990년대 초반에 신속하게 자유화를 이루었지만, 실제로는 노동조합과 성난 시위대의 압박으로 대규모 민영화를 지연시켜야만 했다. 체코도 대규모 민영화를 제안하고 심지어 시도까지 했지만, 1990년대 중반에 노동조합의 반발로 암초에 부딪혔다. 이처럼 민영화의 속도 조절은 경제에 오랫동안 영향을 미쳤다. 예를 들면, 대규모 제철소를 천천히 민영화했던 국가들은 이를 인수할 외국인 투자자들을 더 유리한 조건으로 유치할 수 있었다. 외국인 투자자들은 대규모 민영화 계획을 통해서 기업을 인수하여 자산을 빼먹으려고 했던 러시아의 경영자들과는 달랐다. 그들은 자신이 인수한 기업에 대해서 전략적 이해관계를 가지고 있었다. 폴란드는 1990년부터 2005년까지 890억 달러에 달하는 외국인 투자와 함께 폴크스바겐(Volkswagen)을 유치할 수 있었다. 아우토모빌로베자보디(Automobilovézávody), 나로드니포드닉(národnípodnik), 므라다-볼레스라프(Mladá-Boleslav, 지금은 스코다[Škoda]로 알려져 있다)와 같은 국영 기업을 가지고 있던 체코도 프랑스의 르노(Renault)와 독일의 폴크스바겐이 인수 경쟁을 벌이도록 만들었다. 그 결과, 1991년에 폴크스바겐이 입찰에서 승리하여 체코 정부와 조인트벤처 설립 협정을 맺었다. 스코다는 한때 자동차 산업에서 웃음거리가 된 적도 있었으나 폴크스바겐의 도움을 받고 얼마 지나지 않아서 체코 경제 성장의 가장 중요한 원동력이 되었으며, 오늘날에는 연간 판매실적이 87만5,000대를 넘고 있다.[30]

과거 소련 블록에 속하던 국가들에 시장경제로의 이행은 고통을 동반했다. 그러나 이행을 점진적으로 추진한 국가에는 고통과 인내가 훨씬 덜 따랐다. 중유럽과 동유럽 국가들 중에서 민영화를 더 점진적으로 추진하면서 외국인 투자를 유치했던 국가들도 다른 구소련 국가들과 마찬가지로 초기에는 불황을 겪었지만, 러시아를 비롯하여 민영화를 급진적으로 추진했던 국가들이 겪었던 대규모의 불황은 피해갈 수 있었다.

급진적인 대규모 민영화는 소련 공산당의 경제 통제를 중단시키려는 의도에서 비롯되었는데, 서구 사람들은 경제 통제를 부패로 인식했다. 그러나 아이러니하게도 부패는 급진적인 민영화 이후에 더욱 만연했다. 떳떳하지 못한 민영화 거래를 통해서 기업을 인수한 사람들 중 상당수가 기업에 투자하지 않고 자산을 몰래 빼내서 팔아치우고는 그 돈을 스위스 은행에 예치했다. 우리는 기업에 어떤 일이 일어났는지를 살펴보기 위해서 공산주의를 종식시켰던 24개 국가를 대상으로 3,550개에 달하는 기업의 관리자들을 조사했다. 이를 통해서 민영화가 외국인 투자로 실현된 경우에는 기업의 구조 조정이 투자와 고용 증대와 함께 경쟁력 강화로 이어졌다는 사실을 알게 되었다. 이는 우리가 살펴보았던 동유럽의 폴크스바겐의 사례와 정확하게 일치했다. 그러나 대규모 민영화가 러시아 사람에게 소유권이 넘어가는 형태로 실현된 경우에는 기대했던 경제 호황은 뒤따르지 않았다. 대신에 뇌물 수수, 자산 편취(騙取)가 민영화 이전보다 더 만연해지면서 경제는 걷잡을 수 없이 무너졌다. 결과적으로 대규모 민영화는 총생산을 16퍼센트나 하락시키면서 경기 침체가 오랫동안 지속되도록 하는 경제적 충격을 미쳤다(이 수치는 최근 대불황을 경험했던 국가들의 총생산의 하락 규모와 같다).[31]

구소련 국가들이 공산주의 붕괴 이후로 경제적으로 매우 상이한 반응을 보인 것은 국민들의 건강에도 뚜렷하게 다른 영향을 미쳤다. 우리는 이 국가들을 대상으로 시장경제로의 이행 이전과 이후를 포함한 1989년부터 2002년까지의 데이터를 비교하면서, 급진적인 민영화는 국민들의 안녕에 두 가지 커다란 위험을 동반한다는 사실을 알 수 있었다. 즉 사람들은 일자리와 사회 안전망을 갑자기 한꺼번에 잃게 되었다.[32]

대규모 민영화를 지원하는 주요 개발 기관인 세계은행은 민영화가 국민들의 건강에 미치는 위험을 인식하고 있었다. 1997년 세계은행은 "핵심 전제는 시장경제와 민주주의 정부 형태로의 이행이 장기적으로 건강에 도움이 되는 상황에 이르기 전까지는 단기적인 악화를 초래한다는 것"이라고 주장했다.[33]

제프리 색스는 신속한 이행이 경제 성장에 기여하고, 결과적으로는 건강에 미치는 손상을 최소화한다는 주장을 펼쳤다. 그러나 이처럼 단호한 선언에도 불구하고 러시아가 보여주는 데이터에는 고통과 빈곤의 그림자가 극명했다. 1995년에 색스는 개혁이 노동자들에게 엄청난 스트레스와 불안을 가져다주었고 승자와 패자를 낳았다는 점을 인정했지만, 장기적으로는 상황이 개선될 것이라는 주장을 굽히지 않았다. 이제 그의 주장을 들어보자. "개혁은 확실히 불안의 수준을 높인다. 개혁이 실제로 생활 수준을 떨어뜨리지는 않더라도 말이다. 엄밀하게 말해서 경제 개혁은 초기에는 의자 뺏기 게임처럼 보일 수가 있다. 일단 시장의 힘이 작동하면, 많은 사람들이 새로운 형태의 생계 수단을 탐색할 것이다. 탐색의 결과는 장기적으로 대다수의 노동자에게 매우 긍정적으로 작용할 것이지만, 이행기에는 변화의 과정이 상당히 혼란스러울 수 있으며, 일부 노동자들은 이 과정에서 결국 경제적 패자가 되기도 한다."[34]

충격요법론자들이 예상했던 대로, 대규모 민영화로 단기적으로는 실업이 늘어나고 공중보건 예산을 포함하여 정부 지출이 20퍼센트 넘게 줄어드는 결과가 발생했다. 이는 소련의 모노고로드에서 가장 심각하게 나타났다. 그곳에서는 일자리를 잃은 수많은 노동자들이 음식을 얻지 못하고, 주택에서 쫓겨나고, 의료 서비스로부터 소외되고 심지어는 보건 서비스조차 제대로 받을 수 없는 상황이 벌어졌다. 그러나 실업의 증가는 충격요법론자들의 예상과는 다르게 불황으로 이어졌다. 민영화를 대규모로 추진했던 국가들은 경제 성장률이 크게 하락하고 회복의 속도도 더뎠으며 정부의 공중보건 지출도 줄어들었다. 또한 우리는 이런 국가의 국민들이 보건 서비스조차 제대로 받지 못하게 되었다는 사실도 확인할 수 있었다.[35]

러시아와 러시아 남서부에 위치한 벨라루스는 좋은 비교가 된다. 벨라루스는 과거 소련에 속해 있었지만 러시아가 대규모 민영화 프로그램을 시작하기 직전인 1991년에 러시아로부터 독립을 선언했다. 러시아의 충격요법을 지지해왔던 스웨덴의 경제학자 안데쉬 오슬룬드는 민영화의 속도가 더딘 벨라루스를 "소비에트 테마 파크"라고 불렀다. 그러나 러시아의 규모가 벨라루스보다 훨씬 더 컸음에도 불구하고, 1960년대 이후 두 나라는 경제와 사망률 추세가 비슷했다. 이제 우리는 비슷한 역사, 문화, 과거의 사망률 추세를 보였지만 충격요법에서 서로 다른 정책을 선택했던 러시아와 벨라루스를 비교하면서, 대규모 민영화가 국민들의 건강에 어떤 영향을 미치는가에 대한 자연적 실험을 확인할 수 있게 되었다.[36]

〈그림 2.3〉에서 알 수 있듯이, 두 나라는 지난 10년 동안 사망률 추세가 비슷했다. 이후로 러시아가 민영화를 대규모로 추진하면서 2년

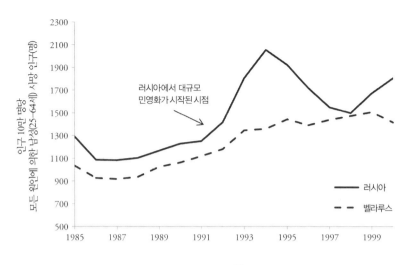

〈그림 2.3〉 러시아와 벨라루스의 사망률 추이[37]

동안 12만 개가 넘는 기업을 매각했다. 반면 벨라루스는 민영화의 속도가 더뎠다. 러시아는 빈곤율과 사망률이 크게 올랐지만, 벨라루스는 빈곤율을 2퍼센트 이하를 유지하고 사망률도 과거 수준을 계속 유지했다.[38]

이처럼 대조가 되는 패턴은 동유럽 전체에서 나타났다. 카자흐스탄, 라트비아, 리투아니아처럼 경제적 충격요법을 수용했던 국가들은 이후 5년에 걸쳐서 기대수명이 현저하게 떨어졌지만, 벨라루스나 폴란드처럼 시장경제로의 이행을 점진적으로 추진했던 국가들의 공중보건 지표는 이웃나라들에 비해서 훨씬 더 좋았다.[39]

그러나 경제 규모와 같은 요인들이 상황을 복잡하게 만들 수도 있다. 우리는 공산주의를 종식시켰던 24개 국가를 대상으로 경제 수준, 과거의 경제 위기, 민족적 혹은 군사적 갈등, 개발 수준, 도시 거주 비율, 시장자유화 수준, 외국인 직접 투자 현황, 기타 사회적 혹은 경제적 요인의 차이를 조정하기 위해서 통계 모델을 사용했다. 이처럼 다양한 제어 변수를 조정하더라도, 러시아와 카자흐스탄처럼 대규모 민영화 프로그램을 신속하게 추진했던 국가들은 사망률이 평균 18퍼센트나 증가하는 것으로 나타났다. 벨라루스나 폴란드처럼 민영화를 서서히 추진했던 국가에서는 볼 수 없는 모습이었다. 우리는 이 결과의 타당성을 확인하기 위해서 수십 년이 걸려서 나타나는 폐암처럼 긴축 때문에 크게 변동하지 않는 사망 원인을 살펴보았다. 이런 사망 원인에는 민영화 프로그램이 아무런 영향을 미치지 않았다. 그러나 대규모 민영화는 남성 자살률이 인구 10만 명당 5명 증가하게 만들었고, 심장병으로 인한 사망은 21명, 술과 관련된 사망은 41명이나 증가하게 만들었다. 결론적으로 말해서, 대규모 민영화는 기대수명을 2년이나 낮추는 원인이 되었다.[40]

물론 충격요법론자들도 이런 단기적 고통을 예상했다. 그러나 그들은 단기적 고통 이후에는 이에 대한 보상으로서 장기적 경제 성장이 뒤따를 것으로 생각했다. 따라서 사망률의 급증은 밝은 미래로 가는 도중에 치러야 할 부차적인 손실로 보아야 한다는 주장을 펼칠 수 있었다. 일반적인 경험 법칙은 "돈이 많아지면 건강해진다"고 말한다. 돈이 많은 사람은 건강 관리를 위해서 더 많이 지출할 수 있고 쾌적한 환경에서 지내고 좋은 음식을 먹고 안전한 지역에서 거주하면서 더욱 건강한 삶을 누릴 수 있다. 그렇다면 충격요법이 러시아 국민들에게 전해줄 경제적 혜택이 사망률의 단기적 증가를 만회하기에 충분하지 않은가? 이것이 바로 충격요법론자들의 논리이다. 다시 말해서 잠깐의 고통을 넘기면 오랫동안 혜택을 누릴 수 있다는 의미이다.[41]

우리는 실제 데이터를 보면서 안타깝게도 대규모 민영화가 경제를 회복시키지 않는다는 사실을 발견했다. 회복은커녕 GDP는 16퍼센트나 떨어졌고, 기대수명은 2.4년이나 더 짧아졌다.[42]

결국 처음에는 충격요법을 지지했던 사람들조차도 이 정책이 건강에 악영향을 미친다는 사실을 인정하게 되었다. 밀턴 프리드먼도 나중에 자신의 잘못을 인정하면서 이렇게 말했다. "소련 붕괴 이후 즉각적으로 나타났던 후유증 속에서, 많은 사람들이 나에게 지금 러시아인들이 무엇을 해야 하는가를 물었다. 그때마다 나는 '첫째도 민영화, 둘째도 민영화, 셋째도 민영화'라고 대답했다. 내가 틀렸고, 조지프 스티글리츠가 옳았다."[43]

물론 대규모 민영화가 사망률의 급격한 증가와 관련이 있다는 사실을 모두가 인정한 것은 아니었다. 당연히 충격요법 지지자들은 자신들의 주장을 방어하려고 했다. 우리는 2009년 1월, 영국의 의학 저널 『더 랜싯』에 충격요법이 공중보건에 미치는 영향에 관한, 전문가 평가를 거친 논문을 발표했다. 논문이 발표되고 난 후 일주일이 지나자, 제프리 색스가 러시아의 공중보건 지표가 크게 악화된 것은 충격요법이 아니라 몸에 좋지 않은 식습관 때문이라고 주장했다. 그러나 러시아인들은 1960년대 이후부터 붉은 고기와 지방이 많이 함유된 음식을 많이 먹었고, 1990년대 초반 몇 년 동안에 갑자기 식습관이 나쁘게 바뀌지는 않았다. 과거 소련 블록에 속했던 국가들에 대규모 민영화를 추천했던 또다른 사람들은 러시아의 위기가 "과거 오랫동안 공해에 노출되어서 발생되는 질병" 때문일 수도 있다는 글을 쓰기도 했다. 그러나 공해가 주로 젊은이들에게 집중적으로 나타나는 사망률의 급격한 증가를 설명해줄 수는 없다. 또다른 이유를 찾던 경제학자들은 음주로 인한 사망률 증가는 고르바초프가 추진했던 금주 운동이 중단되었기 때문이

출생 당시의 러시아인의 기대수명(세)

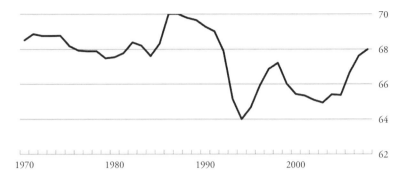

〈그림 2.4〉 러시아인의 기대수명 : 우리가 보유한 실제 데이터[44]

라는 주장을 펼쳤다. 그러나 금주 운동은 오래 전에 중단되었고, 금주 운동 때문에 목숨을 유지할 수 있었던 사람들의 수는 충격요법 이후에 사망했던 사람들의 수에 훨씬 못 미쳤다.[45]

그 다음에는 명백한 조작이 시작되었다. 우리의 논문이 발표되고 2주일이 지나자, 충격요법을 지지해왔던 『이코노미스트(The Economist)』지는 급격한 민영화가 건강에 미치는 영향을 부정하면서, "잘못이 있었다. 그러나 러시아의 비극은 개혁이 신속하게 진행되지 않고 너무나도 완만하게 진행되었다는 데에 있었다"는 내용의 칼럼을 게재했다. 『이코노미스트』지의 편집자들은 사망자가 많지 않은 것처럼 보이기 위해서 사망률 데이터를 교묘하게 조작했다. 해당 데이터를 가지고 5년에 걸친 평균(5년이라는 기간을 의도적으로 설정했다)을 구해서 1990년대 러시아의 사망률 곡선을 완만하게 보이도록 했다. 이런 작업은 사망률의 급격한 증가를 완만한 감소처럼 보이도록 했다. "통계는 새빨간 거짓말"이라는 사례를 보여주기라도 하듯이 말이다. 대학생이 학기말 논

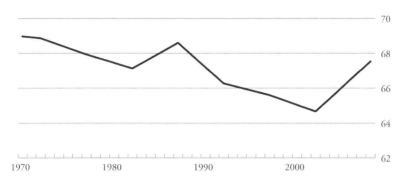

출생 당시의 러시아인의 기대수명(세)

〈그림 2.5〉 러시아인의 기대수명 : 『이코노미스트』지가 조작한 데이터[46]

문에서 이런 식으로 통계 조작을 하면, 학과장에게 불려간다. 1930년대
에 스탈린이 펜대를 굴려서 수백만 명의 목숨을 좌지우지했다면, 『이코
노미스트』지는 컴퓨터 마우스를 몇 번 클릭해서 수백만 명의 목숨을
되살려놓았다.[47]

데이터를 부정하려는 절박한 시도 때문에 잃어버린 것은 연구를 통
해서 얻은 가장 중요한 결과물이었다. 바로 경제적 충격이 사람들의
건강에 영향을 미치지 않도록 하는 방법이었다.[48]

러시아가 자본주의 체제로 넘어간 지 20년이 지난 오늘날에도 러시아
남자들의 건강 상태는 개혁이 시작되었던 1991년과 비교하여 여전히
나쁘다. 1991년에 러시아인의 기대수명은 남녀 합쳐서 평균 68세였고,
2012년에는 66세였다. 수백만 명에 달하는 러시아 남자들의 죽음은 아
직도 러시아 전체를 맴돌고 있다. 막강했던 러시아 군대도 지금은 보충
할 만한 건강한 자원을 충분히 찾을 수가 없어서 크게 약화되었다.[49]

물론 충격요법으로 남자들이 더 많이 죽기는 했지만, 고통은 러시아 국민 전체가 겪었다. 남은 가족들은 가장의 죽음으로 당장 살아갈 길이 막연했다. 러시아에서는 지금 노인들뿐만 아니라 젊은 여자들도 어려움을 겪고 있다. 러시아 여자들은 남편이 일찍 죽고 나서 혼자 힘으로 가계를 꾸려나가야 하는 책임을 지고 있다.

비록 러시아가 시장경제로의 고통스러운 이행을 마무리짓기는 했지만, 이 과정에서 나타났던 영향은 국민들의 건강에 지속적으로 충격을 줄 것이다. 민영화 이후로 과거 직장 내에 설치되었던 진료소가 문을 닫아서 전염성 질병을 통제해주는 역할을 더 이상 수행할 수 없었다. 러시아에서는 1992년부터 옛 질병으로 인식되었던 결핵이 다시 유행하기 시작했다. 사하라 이남 아프리카와 함께, 이제 구소련 블록은 전 세계에서 결핵 퇴치에 실패한 지역이 되어버렸다. 이런 실패로 러시아는 거의 모든 항생제에 내성을 가진 새로운 돌연변이 종의 진원지가 되었다. 이처럼 "모든 항생제에 내성을 가진" 결핵의 등장은 인류에 심각한 위협을 준다.[50]

러시아의 충격요법이 당초 정해놓은 목표를 달성하지 못하자, 공중보건에 미치는 악영향은 더욱 비극적이었다. 아마도 시장경제로의 신속한 이행이 러시아인의 생활과 공중보건 수준을 개선했다면, 1,000만 명에 달하는 죽음이 결코 헛되지는 않았을 것이다. 그러나 러시아의 민영화 프로그램은 대부분의 부와 권력이 "상위 1퍼센트"에 집중되는 러시아식 과두지배 세력을 낳는 데에 기여했다.

다른 공산주의 국가들의 경험은 러시아가 자본주의로의 이행을 점진적으로 추진하는 것이 좋았을 것이라는 사실을 말해준다. 예를 들면, 중국 공산당은 1980년대와 1990년대에 충격요법을 거부하고 경제에 대한 국가 통제를 서서히 완화하면서 점진적으로 민영화를 추진했다. 중국은 2007년에 시작된 대불황 시기에도 두 자릿수의 성장률을 유지했다. 그리고 중국식 성장 모델은 중국인을 더욱 건강하게 만들었다. 이제 중국은 각종 보건 지표에서 서구 국가와 비슷한 수준을 자랑한다. 중국인의 기대수명은 1985년에는 남녀 평균 67세였지만, 지금은 73세에 이른다.[51]

러시아만이 충격요법의 유일한 희생자는 아니었다. 1980년대와 1990년대에 IMF와 세계은행은 부채 위기를 겪고 있던 라틴 아메리카, 사하라 이남 아프리카, 아시아 국가들에 급진적인 경제 정책을 주문했다. 애처롭게도 인구가 많은 인도네시아는 1990년대 동아시아의 금융 위기가 경제와 건강에 미치는 위협에 대응하는 방법을 전해주기 위해서 개입하려는 충격요법론자들의 다음 실험의 재료가 되었다.

3
기적에서 신기루로

타이 서부의 칸차나부리에서 농부의 딸로 태어난 카냐는 불과 열여섯 살이 되던 해에 피를 토하기 시작했다. 그때가 2001년이었고, 당시 카냐는 폐렴, 결핵과 함께 발진, 체중 감소, 흉부 감염이라는 이상한 증세를 겪고 있었다.

그해에 산제이는 타이 정부가 운영하는 "이동 진료소(타이 보건부가 무의촌[無醫村] 주민들에게 의료 서비스를 제공하기 위해서 픽업트럭 혹은 밴을 개조하여 만든 진료소)" 일을 돕고 있었다. 트럭에는 의약품과 붕대가 가득 쌓여 있었고, 의사 한 명과 간호사 두 명이 버마 국경에 있는 마을들을 찾아가서 집집마다 직접 방문하여 의료 서비스를 받을 형편이 되지 않는 농부와 그의 가족들에게 무료로 기본적인 서비스를 제공했다.

농부들은 소련의 붕괴 이후로 최악의 위기를 겪고 있었다. 1997년부터 타이와 이웃나라들은 부동산 거품이 걷히자 빈곤율이 크게 상승했고, 결국 동아시아 전체가 심각한 불황을 맞이했다. 이에 "최종 대부자(lender of last resort)"의 역할을 하는 IMF가 나서서 구제 금융을 제공했지만, 여기에는 보건과 사회복지 지출을 크게 줄이라는 조건이 붙어 있었다. 예산 감축은 나쁜 시절에는 취하지 말아야 할 조치였다. 쌀과 채소 가격이 요동치면서 거래에서 손해를 보는 쪽은 항상 칸차나부리 주변의 수많은 농부들이었다. 그들은 농산물 판매를 통해서 수익을 올릴 수가 없었다. 긴축은 완충 장치가 없다는 것을 의미했고, 농부들은 굶주림에서 벗어나기 위해서 안간힘을 써야만 했다.[1]

카냐는 진료소 의사에게 그동안 자신에게 일어났던 일을 이야기했다. 금융 위기가 닥치고 나서 카냐는 방콕의 레스토랑에서 서빙을 하거나 의류 공장에서 일할 수 있도록 주선하겠다는 "도시 사람"을 만났다. 그녀가 돈을 벌어서 집에 보낼 수 있다면 가족들의 생계는 해결될 것이었다. 그러나 그녀가 보내진 곳은 강변의 레스토랑이나 공장이 아니라 방콕의 홍등가였다. 그곳에서 카냐는 독일 관광객으로부터 수차례 성폭행을 당했다.

이동 진료소 의사는 카냐의 이야기를 듣고 HIV 검사를 했고, 갑작스러운 체중 감소, 발진, 폐렴, 결핵 증세를 나타내는 칸차나부리의 젊은 여성들과 마찬가지로, 카냐는 양성 반응이 나왔다. 수년 동안 진단을 받지 않은 채로 존재하던 HIV는 그녀의 면역 체계를 약화시켰고, 결핵에 쉽게 감염되도록 했다.

카냐는 겨우 방콕의 홍등가를 빠져나와서 집으로 돌아왔지만, 가족들은 그녀를 도울 수 있는 방법이 없었다. 그녀는 너무 늦게 진단을 받았다. 면역 체계는 약해질 대로 약해져서, 결국 카냐는 결핵에 의한 합병증으로 생을 마감했다.

카냐만 그런 것이 아니었다. 1998년에 타이에서는 전염병으로 인한 사망률이 급증하기 시작했다. 긴축 처방을 받고 난 후 5년 동안 폐렴,

결핵, 에이즈로 인한 사망자 수는 5만 명 이상 증가했다.

카냐와 같은 사례는 1980년대 금융 붐과 함께 시작된다. 해외 투자자들은 동아시아의 "떠오르는 시장"에 흥분을 감추지 못했다. 전 세계 해외 투자의 절반 정도가 동아시아를 향했다. 투자자들은 엄청난 수익을 올렸다. 당시 타이, 인도네시아, 말레이시아와 같은 국가들은 해마다 5퍼센트가 넘는 높은 성장률을 기록했다. 부동산 붐이 일면서, 고용이 증가하고 빈곤율이 낮아졌다. 처음으로 많은 동아시아 어린이들(여자 아이들을 포함하여)이 학교를 갈 기회를 얻었을 뿐만 아니라 수학과 과학의 성적은 서구 어린이들보다 더 높게 나왔다.[2]

세계은행은 이 지역의 몇몇 국가들을 "아시아의 호랑이들(Asian Tigers)"이라고 불렀다. 또한 "아시아의 기적", 세계가 따라야 할 "모델"이라고도 불렀다.[3]

이런 결과가 믿어지지 않는다면, 아마도 너무 좋았기 때문일 것이다. 금융 위기가 시작되기 전까지 국제 금융사회는 아시아의 기적의 이미지를 보존하기 위해서 아주 열심히 노력했다. 예를 들면, 『월스트리트 저널(The Wall Street Journal)』에 게재된 폭로 기사에는 "세계은행은 인도네시아 정부의 요청을 반영하여 인도네시아 경제에 관한 보고서의 논조를 부드럽게 해주었다. 그리하여 인도네시아 정부가 국가 등급을 잘 받도록 하여 자본을 유치하는 데에 도움을 주었다"라는 내용이 적혀 있었다. 150인으로 구성된 세계은행 인도네시아 사무소를 담당하고 있는 경제학자 데니스 드 트레이는 "우리가 담당하고 있는 모든 나라에서 솔직함을 유지하는 것과 사람들을 돕는 것 사이에는 트레이드 오프(trade off : 실업률을 줄이면 물가가 오르고, 물가를 안정시키면 실업률이 오르는 것처럼, 상충되는 관계에 있는 상황을 이르는 말/역주) 관계가 있다"고 말했다. 본질적으로 세계은행은 아시아의 기적을 유지할 수 있도록 기여해야 한다는 생각을 가지고 있었다.[4]

부풀려진 보고서가 모든 사람들을 속이지는 못했다. 일부는 과장을 인식하고 곧 위기가 닥쳐올 것이라는 생각을 가졌다. 1994년, 가끔은 선견지명이 있는 폴 크루그먼이 "아시아의 기적의 신화"를 경고했다. 그는 아시아의 가파른 성장이 기술 개발 혹은 노동 생산성의 증진을 위한 투자가 아니라 해외 자본 유치라는 이상한 방식에 의해서 진행되고 있으며, 이 지역에서 경제 거품의 조짐이 일고 있다고 했다. 부동산 시장에서는 공급 과잉이 나타나고 있었고, 1996년까지 200억 달러에 달하는 부동산이 팔리지 않고 있었다. 많은 건물들이 텅 비어 있었다.[5]

1997년이 되면서 투자자들은 부동산 거래가 주택 거품을 일으키고 있다는 생각에 초조해지기 시작했다. 기회를 결코 놓치지 않는 투자가 조지 소로스와 그의 퀀텀 펀드(Quantum Fund)는 동아시아의 통화 가치가 지나치게 절상되어 있기 때문에 조만간 절하될 것이라는 쪽에 내기를 걸었다. 그의 움직임은 금세 패닉을 일으켰다. 동아시아 지역 전체에서 시장과 통화가 붕괴되었다. 1997년과 1998년 사이에 타이의 바트화 가치와 인도네시아의 루피아화 가치는 각각 75퍼센트와 80퍼센트가 떨어졌다. 도미노가 무너지면서, 동아시아 지역 전체가 순식간에 통화 가치 하락으로 인한 금융 패닉에 빠져들었다. 동아시아로 몰려왔던 자본이 썰물처럼 빠져나가기 시작했다. 외국인 투자자들이 120억 달러에 달하는 부동산 투자와 제조업 투자를 회수하면서, 통화 가치는 더욱 하락했다. 1998년 1월 중순까지, "떠올랐던" 동남아시아 시장의 통화 가치는 금융 위기 이전의 절반 수준으로 떨어졌다.[6]

동아시아 국가들은 미국의 대공황과 비슷한 경제적 재앙을 경험했다. 이 지역의 통화 가치가 떨어졌기 때문에 식료품 가격은 두 배로 올랐고, 그중에서도 쌀을 비롯한 주요 식자재 가격이 가장 많이 올랐다. 설상가상으로 1997년 10월에는 엘리뇨 현상으로 가뭄까지 겹쳐서, 쌀과 주요 곡물의 부족으로 기초 식자재 가격이 더욱 상승했다. 인도네시아의 빈곤율은 겨우 1년 사이에 15퍼센트에서 33퍼센트로 크게 높아졌다.[7]

바로 이런 이유로, 카냐의 부모가 가정을 도와주겠다던 "도시 사람"에게 딸을 보냈던 것이다.

동아시아 사람들은 먹을 것이 없자, 거리로 몰려나와서 시위를 벌이기 시작했다. 1998년 5월에는 자카르타에서 대규모 시위가 발생하여 마침내 수하르토 독재 정권이 무너졌다. 폭력은 나라 전체를 혼란에 빠뜨리면서 공포에 떨게 만들었다. 그 희생자는 대개 여성으로, 당시 성폭행을 당한 여성이 최소 168명인 것으로 나타났다. 주로 경제계에서 두각을 나타내던 중국계 소수민족 또한 집단 폭행의 대상이 되었다.[8]

동아시아 지역에서 폭력으로 인한 부상과 정신적 고통은 공중보건 위기의 전조를 알렸다. 타이와 인도네시아를 비롯한 이 지역 국가들은 러시아에 비해서 보건 서비스 체계가 광범위하게 퍼져 있지 않았는데, 특히 칸차나부리와 같은 농촌 지역은 더 그랬다. 공산주의 몰락 이후에 나타났던 공중보건 위기에서 알 수 있듯이, 국민들의 건강에 재앙이 닥칠 가능성이 매우 커졌다. 동아시아 국가들이 국민들을 보호하는 방식으로 반응할 것인지, 소비에트 이후의 민영화와 긴축이라는 방식으로 반응할 것인지는 확실하지가 않았다.

1990년대 초반의 러시아와 마찬가지로, 아시아의 호랑이들의 정부에도 조언이 끊이지 않았다. 먼저 IMF가 회복을 위한 처방을 제시했다. IMF는 제2차 세계대전 이후에 창립되었는데, 경제가 황폐해진 유럽이 회복을 위해서 분투하던 때였다. IMF의 설립 헌장에는 "경제 안정을 이룩하고, 고용을 증진하여 실업을 퇴치하는 데에 기여한다"는 내용이 명시되어 있었다. 다시 말해서, 급변하는 세계시장을 잘 다스려서 불안정이 주는 폐해로부터 일반 시민을 보호한다는 의미였다.[9]

IMF는 동아시아의 금융 위기가 발생하기 전까지 이 지역에서 미국의 정책에 경제적 추진력을 실어주는 기관으로 널리 인식되었다. IMF는 각국 정부가 수지 균형을 유지할 수 있도록 차관을 공여해왔다. 다른 모든 국제 은행과 마찬가지로, IMF도 차관에 조건을 달았다. 로널드 레이건 대통령과 마거릿 대처 총리가 집권하던 1980년대 중반부터이 조건에 국영 기업의 민영화, 가격과 무역에 관한 규제를 철폐하기위한 시장자유화, 보건과 교육에 대한 정부 지출의 삭감이 포함되기시작했다. 정책의 의도는 가난한 국가에서 민간 기업의 역할을 증진시키고 정부의 개입보다는 시장의 영향력에 힘을 실어주고, 해외 원조에대한 의존도를 줄이고, 인플레이션을 방지하려는 데에 있었다. 선진국의 정책 담당자와 투자자들은 이런 정책이 개발에 도움이 된다고 주장해왔다. 이 정책은 워싱턴에 있는 정책 자문가들로부터 나왔기 때문에, 워싱턴 컨센서스(Washington Consensus)라고도 불린다.[10]

동아시아에서 금융 위기가 진행되는 동안, IMF는 자신이 궁지에 몰리고 있다는 생각을 하게 되었다. IMF에 도움을 요청해야 할 처지에놓이게 된 국가들은 호황기에 IMF의 정책 조언에 따랐던 국가들이었다. 실제로 IMF의 조언은 호황을 부추기면서 이후에 다가왔던 금융 위기를 재촉했다. 결국 IMF는 동아시아 국가들에는 정책의 극적인 변화가 필요하다는 주장을 할 수밖에 없게 되었다. IMF는 1990년대 러시아의 위기에 접근했던 방식과 마찬가지로, 아시아 국가들에도 일률적인 처방으로서 충격요법을 주문했다. 장기적 이익을 위해서 단기적 고통을 받아들이라는 것이었다.[11]

IMF의 처방은 워싱턴 컨센서스에 근거한 것이었으나, 동아시아의 공중보건 전문가들은 이후에 나타나게 될 결과를 우려했다. IMF는 동아시아 국가들이 뉴딜 정책을 모방하기보다는 광범위한 부문에서, 특히 공중보건 부문에서 예산을 삭감할 것을 요구했다. 공중보건 부문의 삭감은 불황기에는 정부 지출 증가로 인한 적자보다는 흑자 기조를 유지해야 한다는 생각에 바탕을 둔 것이었다. 다시 말해서, 흑자 기조를 유지하면 투자자들이 신뢰를 가지도록 해서 궁극적으로는 경제를 빨리 회복시키고 국민들에게 미치게 될 재앙을 피할 수 있다는 것이었다. 그러나 유의미한 많은 데이터들이 흑자 기조가 필요하거나 타당하다는 IMF의 논리를 정면으로 반박했다. 사실상 IMF의 논리는 실제로 나타나는 성공적인 결과라기보다는 반복되는 주장에 바탕을 둔 것이었다. 러시아의 사례에서 알 수 있듯이, 그 결과는 경제적인 측면에서나 공중보건의 측면에서 비참하기 이를 데 없었다.[12]

아시아의 모든 국가들이 금융 위기를 맞이하여 같은 길을 선택했던 것은 아니었다. 일부 국가는 예산을 삭감하라는 IMF의 조언을 따랐지만, 국민들을 지원하기 위해서 사회보장 프로그램에 투자하기로 결정했던 국가도 있었다. 따라서 아시아의 위기는 과학자들이 여러 나라를 대상으로 좀처럼 할 수 없었던 자연적 실험의 환경을 제공했다. 미국에서 대공황 시기에, 일부 주는 뉴딜 정책을 추진했지만 이에 소극적이었던 주도 있었기 때문에 이런 실험이 이루어졌던 것처럼 말이다. 소련이 붕괴되고 나서도 마찬가지였다. 비교적 비슷한 사람들의 집단이 민영화와 긴축에 대해서 서로 다른 정책 노선을 선택했던 것이다.

동아시아 지역에서 자연적 실험은 공통의 경제적 충격으로 시작되었다. 모든 국가들이 실업 증가, 식자재 가격 인상, 부채 증가로 공중보건에 심각한 위협을 받게 되었다. 이런 상황에서 1997년 11월 21일, 한국 정부가 IMF에 긴급 구제 자금을 공식적으로 요청했고, 인도네시아와 타이가 그 뒤를 이었다. 그러나 말레이시아는 다른 길을 갔다. 말레이시아 총리 마하티르 모하마드는 대규모 시위가 벌어지던 동안에도, IMF의 "지원"을 거부했다. 이 지원에는 너무 많은 조건이 있어서, 궁극적으로는 말레이시아인들에게 해로울 것이라고 생각했기 때문이었다. 따라서 말레이시아는 이 실험에서 "대조군(control group)"의 역할을 했다. 말레이시아 정부는 재정 부양책을 추진하기 위해서 70억 링깃을 쏟아부었다. 여기에는 금융 위기의 충격을 경감시키기 위한 조치로서 사회 안전망을 확충하는 것도 포함되었다.[13]

사회보장 프로그램을 축소했던 국가들은 빈곤율이 크게 증가했다. 1998년 한국의 GDP는 30퍼센트나 하락했고, 타이, 인도네시아, 말레이시아는 각각 27퍼센트, 56퍼센트, 34퍼센트 하락했다. 당시 한국은 사회보장 체계를 제대로 구축하지 않은 상태에서 긴축 정책을 강하게 밀어부쳤다. 결국 금융 위기의 충격은 보다 많은 사람들에게 가난의 굴레를 씌웠고, 한국의 빈곤율은 1997년에 11퍼센트에서 1998년에 23퍼센트로 두 배 증가했다. 인도네시아와 타이도 마찬가지였다. IMF로부터 차관을 들여온 국가들이 무자비한 긴축 정책을 추진했던 것에 반해서, 긴축을 피해갈 수 있었던 말레이시아는 빈곤율이 7퍼센트에서

8퍼센트로 증가하는 데에 그쳤다.[14]

불황 기간에 긴축이 빈곤율을 증가시키면서, 국민들의 정신건강도 고통을 받았다. 한국에서는 IMF라는 단어가 "실업"이라는 의미로 통했다. 지난 10년 동안에 감소했던 남성 자살률이 갑자기 45퍼센트나 증가했다. 타이에서는 모든 원인에 의한 사망률이 증가했지만, 특히 자살률은 60퍼센트가 넘게 증가했다.[15]

타이와 인도네시아에서는 든든한 사회 안전망이 없는 상태에서 빈곤율과 식자재 가격이 상승하여 수많은 사람들이 굶주림에 시달렸다. 1998년에는 영양 결핍으로 근육과 지방 조직이 줄어드는 "소모성 질환(消耗性疾患)"에 시달리는 여성들이 20퍼센트나 증가했다. 이 지역 여성들은 자녀들을 위해서 먹을 것을 양보했다. 1998년에 타이에서는 철분, 비타민 B12, 엽산이 부족하여 빈혈 상태에 있는 임산부가 22퍼센트나 증가했다. 금융 위기 이후로 수입 분유의 가격은 세 배나 올라서 가난한 집에서는 갓난아기에게 분유 대신에 가당 녹차를 먹여야 했다. 이런 대체식의 낮은 영양가를 생각하면, 금융 위기 동안에 유아들의 체중이 줄어들고 사망 위험이 커지고 초등학교 학생들의 체중이 줄어드는 것은 피할 수 없는 일이었다.[16]

음식을 제공하기 위한 긴급 구호 프로그램이 절실하게 요구되는 상황이었다. 1939년에 미국의 루스벨트 대통령은 긴급 구호 프로그램을 도입하여 2,000만 명에 달하는 국민들에게 소득과 음식을 지원했다. 또한 미국 중서부 황진지대(黃塵地帶)의 가뭄처럼 천재지변이 발생했을 때에도 식량 공급을 안정시키기 위해서 농업 프로그램을 추진했다. 그러나 IMF는 반대의 전략을 요구했다. 1998년에 동아시아 지역에서 가뭄이 일어났을 때, IMF는 음식 지원을 줄이라고 했다. 더 나아가서 외환시장을 더욱 개방하라고 권고했다. 이런 조치는 타이와 인도네시아의 통화가 투자 자금을 손쉽게 회수하려는 외환 투자자들에게 더 노출되도록 만들어서 통화 안정에 역행하는 것이었다.

결국 타이와 인도네시아의 통화 가치는 계속 떨어져서 두 나라 국민들을 빈곤과 굶주림에 더욱 빠져들도록 했다. 1998년 5월의 소요가 발생하기 불과 몇 달 전인 1월에는 시위대가 자카르타의 중앙시장에 몰려들었다. 식자재 가격 상승에 분노한 여자들은 군 장성 출신의 자카르타 주지사 수티요소를 향해서 소리쳐댔다. 한 여자는 이렇게 말했다. "쌀 가격이 1킬로그램에 4,000루피아로 치솟았어요. 돈이 없어서 2킬로그램 이상은 살 수가 없다고요." 옆에 있던 여자도 말했다. "설탕과 밀가루는 어디에 있죠? 아이들에게 줄 우유도 살 수 없어요." IMF의 조건을 맞추기 위해서 공공 지출을 삭감하려고 했던 주지사는 여자들의 요구에 항복하고 군인들에게 우유를 배급하라고 지시했다.[17]

IMF는 인도네시아 정부에 재정 적자를 억제하기 위한 방편으로 등유세를 25퍼센트 인상하도록 요구했다. 등유는 가난한 사람들이 음식을 만들 때에 사용하는 주요 연료이다. IMF의 수석 경제학자 스탠리 피셔는 쌀 가격이 안정을 되찾았다는 사실을 강조하면서 노동자 계급에 대한 배려를 확인시키려고 했다. 그러나 연료 가격이 오르면, 쌀 가격이 (여전히 높은 수준에서) 안정을 유지하고 있다는 사실은 아무런 위안이 되지 않는다. 연료 없이 쌀만 가지고 밥을 만들 수는 없다.[18]

그러나 말레이시아는 전혀 다른 접근방식을 선택하여, 식자재 가격을 안정시켰다. 1997년에 마하티르 총리는 외환 위기의 주범은 "불필요하고 비생산적이며 부도덕한 외환 거래"에 있다고 주장했다. 이런 거래는 당장 중단되어야 하고 법으로 금지해야 한다고 덧붙였다. 말레이시아는 투기 자본을 통제하고 대미 환율을 고정시켰다. 결과적으로, 투기적 투자자들은 말레이시아 통화 가치의 등락에 내기를 걸기가 어려워졌다. 또한 말레이시아는 가난한 사람들을 위해서 음식 지원 프로그램을 확대했다. 말레이시아는 인도네시아와 타이와는 다르게 영양 결핍 상태에 있는 여성들이 상대적으로 적었다.[19]

동아시아의 금융 위기는 불황에 대처하는 방법에 관한 다양한 이론들을 시험할 수 있는 자연적 실험의 장을 제공했다. 불황 그 자체는 수백만 명에 달하는 사람들을 빈곤에 빠뜨린다. 그러나 위기가 공중보건상의 재앙으로 치닫도록 하는 것은 음식 지원을 줄이고 실업 지원 프로그램을 축소하려는 결정이었다. 말레이시아는 긴축에 대한 대안을 보여주었다. 말레이시아의 정치인들은 통화가 외국으로 빠져나가지 못하도록 통제하고 사회보장 지출을 늘리는 쪽을 선택했다. 타이, 인도네시아, 한국은 긴축이라는 쓴 약을 삼키는 쪽을 선택하여 고통을 겪어야만 했지만, 말레이시아는 그들과 다른 선택을 함으로써 그 운명을 피해갈 수 있었다.

동아시아 전역에 걸쳐서 통화 가치가 붕괴되면서 진통제, 인슐린을 비롯한 필수 의약품의 수입 가격이 급등했다. 인도네시아에서는 의약품 가격이 오르자, 보건 서비스 비용이 67퍼센트나 올랐다.[20]

보건 서비스 비용이 오르면서, 이 비용을 감당하려면 사람들에게는 정부의 도움이 필요했다. 그러나 IMF로부터 차관을 들여왔던 동아시아 국가들은 공중보건 지출을 늘리는 대신에 크게 삭감했다. 타이는 1998년에 IMF의 요구에 따라서 공중보건 지출을 15퍼센트나 삭감했다. 인도네시아는 공중보건 지출을 1997년에 9퍼센트 삭감하고, 1998년에도

13퍼센트 삭감했다. 전체적으로 인도네시아는 1996년부터 2000년 사이에 1인당 개인 지출이 20퍼센트 줄어들었고, 보건 서비스를 위한 정부 지출은 25퍼센트나 줄어들었다.[21]

이로 인해서 국민들은 의료 서비스를 받을 수 없게 되었다. 의료비가 급등하자, 여성과 어린이들은 병원에 갈 수가 없었다. 10세에서 19세까지의 인도네시아 어린이와 청소년의 병원 이용률은 3분의 1이나 떨어졌다. 몇몇 지역에서는 보건소 운영을 위한 예산이 삭감되면서 의료 공급 자체가 사라졌다. 자카르타 주변의 한 도시에서는 의료비 상승 때문에 진료소의 절반 정도가 문을 닫았다. 인도네시아 전역에서 정부 예산의 삭감으로 정부가 운영하는 의료 시설들이 항생제, 철분 강장제, 피임약의 부족을 겪었다. 1998년에 인도네시아 가정생활 조사(Indonesia Family Life Survey)에서는 국공립 병원과 일반 의원 중에서 페니실린 재고가 소진된 곳은 약 25퍼센트에 달했고, 일반 의원 중에서 중요한 항생제인 암피실린이 소진된 곳은 약 40퍼센트에 달했던 것으로 나타났다.[22]

긴축 정책은 효과가 매우 뛰어난 공중보건 프로그램의 예산까지도 삭감하여 에이즈 퇴치에도 역행하는 결과를 낳았다. 금융 위기 이전인 1990년대 초반에, 타이는 에이즈의 진원지였다. 1990년에는 새롭게 발생한 HIV 감염자가 10만 명이었고, 3년이 지나자 100만 명을 넘겼다. 세계보건기구(World Health Organization)의 동아시아 본부 담당 위와트 로자나피타야코른 박사는 에이즈가 타이 전역에 걸쳐서 빠른 속도로 번져가는 모습에 경악을 금치 못했다. 그의 조사팀은 전체 감염자의 97퍼센트가 성노동자를 통해서 감염되었다는 사실을 알아냈다. 1994년에는 성노동자들의 약 3분의 1 정도가 HIV 양성 반응을 보이는 것으로 나타났다. 그럼에도 불구하고 그는 낙관적인 생각을 가졌다. 해결 방법이 보였기 때문이었다. 새로운 감염을 예방하는 가장 확실한 방법은 성매매 현장으로 가서 직접적으로 개입하는 것, 즉 다시 말해서 홍등가로 찾아가서 성노동자와 고객에게 콘돔을 사용하도록 권고하는 것이었다.[23]

이런 캠페인은 로자나피타이야코른 박사 혼자서는 할 수 없는 일이었다. 따라서 그는 "콘돔 없이는 섹스하지 말라"는 메시지를 전하기 위해서 미스터 콘돔(Mr. Condom)으로 알려진 사회 운동가 메차이 비라바이댜와 함께 팀을 구성했다. 두 사람은 타이 전역을 순회하면서 안마 시술소, 매춘업소의 성노동자와 고객에게 공짜로 콘돔을 나누어주며 반드시 콘돔을 사용하라고 권고했다. 만약에 그들이 거부하면, 경찰로 하여금 영업을 중단하게 만들었다.[24]

성과는 놀라웠다. "100퍼센트 콘돔 사용" 프로그램은 두 달도 채 되지 않아서 랏차부리 지역의 성노동자들 가운데 새로운 HIV 감염자의 수를 13퍼센트에서 1퍼센트 미만으로 줄어들도록 했다.[25]

로자나피타이야코른 박사는 이 증거를 가지고 타이 정부에 도움을 요청했다. 이에 타이 정부는 라디오와 텔레비전에서 HIV 예방 광고를 매시간 보내기로 결정했다. 물론 여기에는 예산이 필요했다. HIV 예방을 위한 예산은 1992년에 200만 달러에서, 1996년에 8,800만 달러로 크게 증가했다. 그리고 3년 만에 성노동자들 가운데 콘돔 사용자의 비율은 25퍼센트에서 90퍼센트를 웃돌 만큼 높아졌다.[26]

그러나 아시아 지역에 금융 위기가 닥치면서, IMF가 요구하는 긴축 목표를 달성하기 위해서 타이 정부는 콘돔 배포를 비롯하여 공중보건 예산을 대폭 감축하기로 결정했다. 전체적으로 타이의 공중보건 예산은 54퍼센트나 감축되었다. 보건 당국은 HIV 치료와 예방을 위한 예산만큼은 지켜내려고 했지만, IMF의 끈질긴 요구에 따라서 1998년에는 이것마저도 33퍼센트나 감축되었다. 2000년에는 HIV 예방을 위한 예산이 금융 위기 이전의 4분의 1 수준에도 미치지 못했다.[27]

타이의 보건 체계 데이터를 본 우리는 콘돔 배포량이 1996년 6,000만 개 이상에서 1998년에는 1,420만 개로 뚝 떨어졌다는 사실을 알 수 있었다. 결과적으로 타이의 HIV 예방 프로그램은 무너지기 시작했다. 타이의 에이즈 환자 수는 1997년 인구 10만 명당 40.9명에서 1998년에는 43.6명으로 늘어났다. 모자(母子) 감염을 예방하기 위한 의약품 예산이 감축되고 나서는 전체 수요의 14퍼센트만을 충족시키고 있었다. HIV에 감염된 고아의 수는 1997년에 1만5,400명에서 2001년에 2만 3,400명으로 늘어났다. 이렇게 감염된 아이들의 절반 정도는 적절한 치료를 받지 못해서 5세 이전에 사망했다.[28]

〈그림 3.1〉에서 알 수 있듯이, 타이가 HIV와 같은 전염병을 예방하기 위해서 이루어놓은 발전은 거의 사라졌다. 1950년대부터 1996년까지는 전염병으로 인한 사망자 수가 해마다 10만 명당 약 3.2명이 감소했다. 1998년부터 이런 발전이 퇴보하기 시작했다. 전염병으로 인한 사망자 수는 해마다 10만 명당 약 7.6명이 증가했다. 이렇게 사망자 수가 증가하게 된 주요 원인은 HIV 감염에서 오는 합병증, 폐렴, 결핵을 제대로 치료하지 못했기 때문이었다.[29]

산제이와 같은 자원 봉사자들은 긴축으로 인한 타이 공중보건 체계의 공백을 메우려고, HIV 예방과 치료를 위한 프로그램을 지원하기 위해서 뛰어들었다. 그들은 일부 생명은 구할 수 있었다. 그러나 칸차나부리의 열여섯 살 소녀 카냐와 같은 이들을 구하기에는 너무 늦었다.

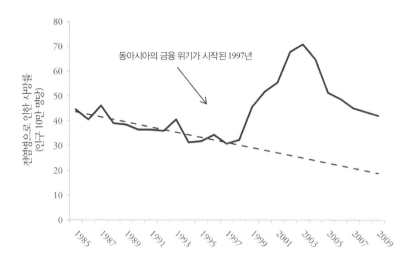

여기서 동아시아의 금융 위기가 시작된 1997년

〈그림 3.1〉 타이의 전염병으로 인한 사망률의 증가[30]

말레이시아는 타이와는 다르게 예산을 감축하라는 IMF의 권고를 무시했다. 그리고 1998년과 1999년에는 공중보건을 위한 지출을 8퍼센트 정도 늘렸다. 지출의 증가는 공중보건 체계를 통해서 치료받는 환자의 수가 18퍼센트나 증가하도록 만들었다. 또한 HIV 예방을 위한 예산의 증가로, 타이의 사례를 모방한 모자 감염 예방 프로그램을 도입할 수 있었다. 다시 말해서 타이에서는 그들이 자랑하는 최고의 공중보건 프로그램이 사라지고, 말레이시아에 이와 동일한 프로그램이 만들어졌던 것이다. 그리고 금융 위기 동안에 인도네시아와 타이에서는 HIV 예방 프로그램이 제대로 작동하지 않았지만, 말레이시아에서는 제대로 작동하여 HIV 감염자 수가 크게 증가하지 않았다.[31]

한편, IMF의 파트너 기관으로서 사회복지와 빈곤 구제를 감독한다던 세계은행은 금융 위기와 IMF 프로그램이 이 지역의 공중보건에 미치는 영향에 관한 질문을 회피하려고 했다. 한국에서는 IMF의 긴축 프로그램을 추진하면서 유아 사망률이 증가했기 때문에, IMF(International Monetary Fund)가 "유아 사망 펀드(Infant Mortality Fund)"로 알려졌다. 세계은행 관리들은 "인도네시아의 보건 지표가 나빠졌는가"를 묻는 질문에, "금융 위기가 공중보건에 미치는 영향과 정책의 효과에 관해서는 완전하고도 일관적인 그림을 그려내기가 어렵다. 일부 표준적인 지표는 재앙에 가까운 결과는 피할 수 있었다는 사실을 말해준다. 예를 들면, 유아 사망률은 지속적으로 '감소하는 추세'를 나타냈다"고 대답했다. 그러나 독립적인 공중보건 연구자들이 영국의 권위 있는 의학 저널『더 랜싯』에 발표한 논문은 세계은행 보고서가 "부정확하고 근거가 부족하다"는 사실을 뒷받침해준다. 대체로 데이터의 출처를 인용할 때에 꼼꼼한 태도를 보이는 세계은행은 유아 사망률의 감소를 주장할 때에는 출처를 인용하지 않았다. 실제로 인도네시아 중앙통계청(Indonesian Central Statistics Bureau)은 유엔 인간개발 보고서(United Nations Human Development Report)에 유아 사망률이 증가한 것으로 보고했다. 이 보고서에는 인도네시아 전체 26개 주 가운데 22개 주에서 평균적으로 14퍼센트 증가했던 것으로 나온다.[32]

이런 결과에도 불구하고, 모든 IMF 프로그램이 처참한 결과를 초래했던 것은 아니었다. 예를 들면, 주류 소비량을 줄이도록 하는 조치는 질병을 예방하는 데에 도움을 주었다. 타이 정부는 1998년 재정 흑자를 유지하라는 IMF의 요구에 따라서 주류 판매세를 인상해야만 했다. 타이 국세청 자료에 따르면, 이 조치는 효과를 발휘해서 주류 소비량이 이후 2년 동안 14퍼센트나 감소했던 것으로 나타났다.

동아시아의 금융 위기가 반드시 국민들의 건강에 피해를 초래한다고만 볼 수는 없었다. 그러나 엄청난 예산 감축은 국민들이 굶주림에 허덕이게 만들고, 의료 서비스의 혜택을 누리지 못하게 했다. 예산 감축은 실적이 보잘것없는 몇몇 프로그램에만 적용된 것이 아니며, 타이의 HIV 예방 프로그램이 세계적으로 인정받고 있다는 사실도 무시되었다. 감축 이후에 나타났던 공중보건의 재앙은 굶주림과 전염병에 맞서 싸우면서 이룩해놓은 발전을 되돌렸다. 동아시아 국가들은 국민들의 건강보다는 긴축의 정치학이 우선할 때에 어떤 결과가 발생하는가를 보여주는 전형적인 사례가 되었다. 러시아에서처럼, 긴축이라는 처방은 동아시아 발전의 궁극적인 원천, 즉 동아시아 사람들에게 피해를 주었다.

금융 위기 이후, 동아시아는 IMF로부터 차관을 제공받았던 국가와 그렇지 않은 국가로 나뉘어졌다. IMF의 권고를 무시하면서 국가 개입이라는 자기만의 길을 추구했던 말레이시아는 국민들에게 커다란 고통을 주지 않았고, 경제는 빠른 속도로 회복되었다. 실제로 말레이시아는 동아시아 지역에서 첫 번째로 경제 회복을 이룩했다. 비록 1998년에는 평균 소득이 감소했지만, 말레이시아 경제는 이듬해부터 회복되기 시작했다. 1998년 식자재 가격이 8.9퍼센트 상승했지만, 2년 뒤에는 회복되어 금융 위기 이전과 비교하여 1.9퍼센트 상승한 수준을 유지했다. 한국은 중간에 해당되는 경우였다. 한국의 경제 규모는 말레이시아보다 더 컸고, 경제 위기 이전에는 정부 지출의 규모도 더 컸다. 따라서 움직일 수 있는 "정책 공간"도 더 넓었고, 가장 고통스러운 예산 감축을 피하기 위해서 IMF와 협상도 능숙하게 할 수 있었다. 그리하여 한국은 말레이시아에 이어 두 번째로 경제 회복을 이룩할 수 있었다.[33]
  2000년에 조지프 스티글리츠는 동아시아의 금융 위기에서 IMF가했던 역할을 다음과 같이 요약했다. "IMF가 했던 모든 일은 동아시아의 불황이 더욱 깊게, 더욱 오래가게, 더욱 풀기 어렵게 만든 것이었다. 실제로 IMF의 처방을 가장 열심히 따랐던 타이가 좀더 독립적인 길을 갔던 말레이시아와 한국보다 더 나쁜 상황을 맞이했다."[34]

아이러니하게도, 지금 예를 들었던 4개국 중에서 IMF의 프로그램을 따르지 않았던 말레이시아만이 IMF가 궁극적으로 내세웠던 경제 목표를 달성할 수 있었다. 사회보장 지출의 감축을 거부했던 말레이시아만이 유일하게 1997년에 정부 재정의 흑자를 기록했다.[35]

IMF 내부에서도 자신의 잘못을 인정하는 사람들이 있었다. 「뉴욕 타임스」로 유출된 비밀 보고서에는 IMF 내부 직원들도 대출 조건이 금융 위기를 더욱 악화시켰다는 사실을 인정한다는 내용이 적혀 있었다. 또한 보고서에는 동아시아 지역에서 은행의 도산을 재촉했던 지속적인 투자 회수를 언급하면서, "우리의 개혁은 은행 체계에 대한 신뢰 회복은 고사하고 '안전 위주의 비행'을 재개하도록 만들었다"는 내용도 있었다. 다시 말해서, 한편으로는 투자자들에게 무시무시한 경고를 했기 때문에, 그리고 다른 한편으로는 고금리와 예산 감축이 경제를 위축시켰기 때문에 IMF 프로그램은 이 지역의 패닉을 더욱 악화시켰다.[36]

동아시아의 자연적 실험은 인상적인 결과를 남겼다. 공중보건 예산의 감축을 거부하고 면역 프로그램과 식량 지원 프로젝트를 고수했던 말레이시아는 예산을 감축했던 이웃나라와는 다르게, 영양실조에 시달리거나 HIV에 감염된 국민이 크게 증가하지 않았다. 유엔 아동기금(United Nations Children's Fund, UNICEF)의 한 보고서는 이렇게 지적했다. "인도네시아, 타이, 한국과는 다르게 말레이시아에서는 금융 위기가 미치는 사회적 충격이 완화되었다는 사실에 의심의 여지가 없었다."오스트레일리아의 공중보건 전문가들은 동아시아의 데이터를 독립적으로 분석하면서 상황을 다음과 같이 설명했다. "이런 결과는 가장 취약한 인구 집단의 요구를 충족시킬 수 있도록 설계된 사회보장 프로그램이 금융 위기가 공중보건과 보건 서비스에 미치는 악영향으로부터 그들을 보호해주는 반드시 필요하고도 중요한 도구라는 사실을 강력하게 뒷받침한다." 존스 홉킨스 보건대학원의 연구자들도 이 생각에 동의했다. 그들은 "사회보장 프로그램은 경기 침체가 공중보건과 보건 서비스에 미치는 악영향으로부터 사람들을 보호해주는 매우 중요한 역할을 한다"고 주장했다.[37]

동아시아의 금융 위기 발생 이후 10년이 지나서 세계적인 대불황이 또다시 인도네시아를 덮쳤다. 이번 위기는 인도네시아가 과거의 잘못으로부터 무엇인가를 배울 기회를 부여했다. 인도네시아 정부는 이번에는 가난한 사람들을 위한 보조금을 올렸다. 따라서 가난한 사람들은 2008년부터 2011년까지 식자재와 연료 가격이 상승하는 동안에도 여전히 음식을 만들기 위한 연료를 구할 수 있었다(이런 상승은 어느 정도는 투자자들이 투자대상을 주택담보 증권에서 곡물로 변경했기 때문이었다).[38]

IMF는 최근 대불황이 발생하고 나서야 과거 동아시아의 금융 위기 동안에 자신들이 저질렀던 잘못을 공식적으로 인정했다. 2012년 10월, IMF는 동아시아 국가들이 긴축과 시장자유화 권고로 입은 경제적 손실이 이전의 추정치보다 3배에 달한다는 사실을 인정했다. IMF는 인도네시아가 권고를 받아들이면 경제가 3퍼센트 성장할 것으로 예상했지만, 실제로는 13퍼센트의 마이너스 성장을 기록했다. 결국 IMF 국장이 공식적으로 사과했다. 그러나 사과는 IMF의 "지원"으로 목숨을 잃은 수백만 명에 달하는 사람들에게는 아무런 의미가 없었다. 앞으로 동아시아 국가들은 가능한 한 IMF에 기대지 않으려고 할 것이다. 이제 동아시아 국가들은 또다른 위기에 대비하여 총 6조 달러에 달하는 외환을 쌓아놓았다. 인도네시아 무역장관 기타 위르자완은 말했다. "사람은 과거를 통해서 배웁니다. 1998년에 우리는 엄청난 고통을 겪었습니다. 우리는 그 고통이 교훈이 되기를 바랍니다."[39]

역사(뉴딜 정책, 러시아의 충격요법, 동아시아의 금융 위기 시 IMF의 권고)가 주는 교훈은 분명하다. 그것은 우리가 분명한 결정을 할 수 있도록 해준다. 우리는 사회에서 가장 취약한 사람들을 희생시키면서 균형 재정을 달성해야 하는가? 캘리포니아 주의 올리비아, 아테네의 크리스툴라스, 스코틀랜드의 매커들, 러시아의 블라디미르, 타이의 카냐와 같은 수천만 명이 잘못된 긴축 프로그램의 희생자가 되도록 내버려두어야 하는가? 그렇지 않으면, 경제적 건강과 인간다운 건강이 함께 가야 한다는 사실을 인정해야 하는가?

II

대불황

4
아이슬란드에 신의 은총이 가득하소서

"아이슬란드에 신의 은총이 가득하소서"

이 말은 2008년 10월 6일 텔레비전 스크린을 통해서 하얀 목판 글자체로 아이슬란드 전역에 전해졌다.

"친애하는 아이슬란드 국민 여러분, 저는 우리 아이슬란드가 커다란 어려움에 처하게 되어 이렇게 텔레비전 연설을 요청했습니다."[1]

인구 31만7,000명의 섬나라 아이슬란드에서는 사람들이 주로 성(姓)을 생략하고 이름만 부른다. 그날의 연설자는 게이르 힐마르 하르데 총리였다. 스크린에 비친 목판 글자체가 그의 모습으로 대체되었다. 푸른색 재킷을 입은 그는 여러 대의 마이크를 앞에 두고 서 있었고, 그 옆에는 아이슬란드 국기가 있었다. 수심이 가득한 그의 얼굴은 부쩍 야위었다.

그는 바짝 긴장한 모습으로 안경을 고쳐 쓰고는 이렇게 말했다. "친애하는 국민 여러분, 아이슬란드 경제가 위기에 처해 있습니다. 최악의 경우에는 은행이 혼란의 소용돌이에 휘말려서 국가부도 사태로 이어질 수도 있습니다."[2]

위기의 조짐은 뚜렷하게 다가왔다. 2008년에 미국의 주택담보 대출에서 비롯된 금융 위기는 마치 바이러스처럼 대서양을 건너서 유럽 주식시장을 강타하고는 이제는 작은 섬나라로 넘어왔다. 그해 12월, 『이코노미스트』지는 "경제 규모를 감안하면, 아이슬란드의 은행 붕괴는 지금까지 어느 나라도 겪어본 적이 없었던 엄청난 타격을 줄 것이다"라고 보도했다. 금융 위기는 평화로웠던 국가 아이슬란드에 엄청난 충격으로 다가왔다. 많은 사람들이 파멸을 예고했다. 아이슬란드의 대형 은행들은 모두 파산했고, 주식 가격은 90퍼센트나 폭락했으며, 아이슬란드 GDP의 9배에 달하던 투자가 2008년 10월에 불과 일주일 만에 사라졌다. 급기야 아이슬란드 공중보건연구원이 자살률을 낮추기 위해서 지역 신문사에 긍정적인 내용의 기사를 써달라는 부탁을 하기에 이르렀다. 금융경제 정보를 제공하는 미디어 그룹 블룸버그(Bloomberg)에서는 당시의 상황을 이렇게 보도했다. "이번 사태는 리먼 브라더스(Lehman Brothers) 파산 이후의 불황과는 비교가 되지 않는다. 이것은 공황이다."[3]

결과적으로 아이슬란드 국민들의 건강은 제2차 세계대전 이후로 가장 큰 위협을 받게 되었다. 아이슬란드의 보편적 보건 서비스 체계는 급증하는 부채로 파산에 직면했다. 아이슬란드에서는 정부가 공중보건 체계 전체를 운영했고, 민간 병원과 보험은 사실상 존재하지 않았다. 따라서 의료 서비스를 위한 정부 보조금이 고갈되면, 사람들은 병원을 이용할 수가 없었다. 또다른 위협은 아이슬란드 통화 크로나화의 가치가 떨어져서 필수 의약품의 수입 가격이 급등하게 되었다는 사실이다. 정부 예산이 바닥나기 시작하면, 의약품을 수입할 수 없게 된다. 게다가 이런 위험들에 더해서, 실업과 주택 압류의 가능성이 우울증, 자살,

심장병을 일으키면서, 아이슬란드의 공중보건 체계를 압박했다.[4]

게이르 총리는 연설을 계속했다. "저는 지금 상황이 국민들에게 커다란 충격이 될 것이고, 불안과 공포를 일으키게 될 것이라는 사실을 잘 알고 있습니다. 바로 지금이 우리 아이슬란드 국민들이 힘을 합쳐서 불굴의 의지로 역경에 맞서야 할 때입니다. 저는 우리 모두가 우리의 삶에서 가장 중요한 것을 지켜내고, 지금 몰려오는 폭풍으로부터 그것의 가치를 보존해야 한다고 생각합니다."

아이슬란드는 대불황에 맞서 싸우는 다른 나라들과는 다른 데가 있었다. 많은 사람들이 미국, 영국, 그리스, 스페인에 관심을 집중하는 동안, 아이슬란드는 불황이 공중보건에 미치는 영향을 관찰하기 위한 작은 실험실이 되어주었다. 첫째, 비슷한 문화와 식습관을 가진 사람들이 드문드문 거주하는 섬 지역을 관찰함으로써, 유럽 연합처럼 규모가 큰 지역에서는 측정하기가 어려웠던 경제 정책의 효과를 정확하게 집어낼 수 있었다. 아이슬란드에서는 거의 모든 사람들이 같은 수준의 건강보험 혜택을 받고 있었고, 모든 사람들의 진료, 입원, 사망에 대한 기록을 찾아낼 수 있었다. 이에 반해서, 유럽은 건강보험 혜택 그 자체와 보장 범위가 서로 다르고, 건강보험 체계에서 사각지대도 존재했기 때문에(특히 노숙자처럼 가장 취약한 계층이 여기에 해당되었다), 어떤 사람에게 질병이 발생하게 된 요인을 정확하게 관찰하기가 어려웠다. 둘째, 아이슬란드는 노르딕 스타일의 강력한 사회보장 프로그램을 가지고 있었다. 이런 프로그램에는 식량 보조, 주택 보조, 재취업 프로그램이 포함되어 있었다. 아이슬란드 국민들은 최소한 금융 위기가 시작되기 전까지는 정부에 대한 신뢰가 대단했다. 그리고 국민들의 사회참여 수준도 매우 높아서, 많은 사람들이 친목 단체나 클럽의 회원으로 활동했다. 이 때문에, 전 세계 사회과학자 네트워크가 실시했던 세계가 치조사(World Values Survey)에서 1990년대 후반부터 아이슬란드는 세계에서 "가장 행복한" 국가로 나타났다(세계에서 가장 불행한 국가는 러시아였다). 따라서 아이슬란드는 엄청난 금융 위기에도 불구하고, 국가의 장점(특히 민주적 참여, 사회적 지원, 사회보장 체계)이 공중보건상의 재앙을 예방하고 회복력을 준다는 우리의 가설을 검정하기에 아주 좋은 장소가 되었다.[5]

아이슬란드에서 어떤 일이 일어났는지를 알기 위해서 그리고 우리의 가설을 적절하게 검정하기 위해서는 이 작은 섬나라가 미국의 주택담보 대출에서 비롯된 금융 위기로부터 영향을 받게 된 이유를 이해해야 한다. 이런 연결은 위기 동안에 사회보장 프로그램을 축소해야 할 것인가 혹은 그대로 유지해야 할 것인가에 대한 선택과, 그 선택의 이유를 고민해야 할 아이슬란드 정부에 중요한 교훈을 전해준다.

이야기는 아이슬란드의 호황, 거품, 불황에 관한 역사와 함께 시작된다.

유로 존의 외부에 위치한 아이슬란드는 자기 자신의 통화인 크로나화를 가진, 자부심과 독립심이 강한 국가이다. 그러나 역사적으로 부유한 국가는 아니었다. 아일랜드 수도사에 의해서 발견되었고 노르웨이 바이킹에 의해서 재발견되었으며, 이후 덴마크로부터 식민 지배를 받았던(식민 지배는 20세기 초반까지 이어졌다) 아이슬란드는 1940년대까지 서유럽에서 가장 가난한 국가 중의 하나였다. 당시 아이슬란드의 주산물은 어류였다. 제2차 세계대전 이후로 아이슬란드 경제는 부분적으로 푸른 석호와 온천욕을 찾는 관광객을 유치하여 서서히 성장할 수 있었다.[6]

1990년대 중반부터, 아이슬란드 정부는 어업과 관광 산업을 넘어서 경제를 확장시키기로 결정했다. 아이슬란드의 전략은 바로 케이맨 제도(Cayman Islands : 자메이카의 북서쪽에 있는 섬들로 영국의 식민지/역주)와 같은 소규모 국가처럼 역외 금융의 중심지가 되는 것이었다. 아이슬란드는 세계 억만장자들을 위한 조세피난처가 되기로 했다. 2000년대 초반에 아이슬란드는 상업 은행 부문과 투자 은행 부문을 통합하여 새로운 대출 상품과 수익성이 높은 투자 상품을 개발하기 위한 길을 열었다. 동아시아 국가들이 금융 위기에 이르기 전의 모습을 상기시키듯이, 아이슬란드의 도시 계획가들은 금융 도시에서 웅장한 건물이 나날이 늘어가는 모습을 이렇게 자랑했다. "아시아에 두바이가 있다면, 아이슬란드에는 레이캬비크가 있다."[7]

가장 인기가 있는 투자 상품은 위험도 가장 컸다. 민간 은행인 란즈방키가 운영하는 인터넷 뱅킹 프로그램인 아이스세이브(IceSave)는 외국인 투자자들을 끌어들이기 위해서 6퍼센트에 달하는 고금리를 제공했다. BBC는 이것을 두고, "최고의 구매"라는 브랜드를 붙여주었다. 아이스세이브는 순식간에 외국인 투자자들로 넘쳤다. 예를 들면, 금리가 높고 경제 여건이 안정적이라는 전망에 이끌려서 자신의 퇴직 예금을 아이스세이브에 예치했던 영국인만 하더라도 30만 명이 넘었다. 심지어는 케임브리지 대학교와 독립 기관으로서 금융감시 기능을 하는 영국 회계감사 위원회(UK Audit Commission)조차도 기금의 상당 부분을 아이슬란드로 옮겨놓았다. 아이슬란드의 다른 은행들도 란즈방키의 성공을 거울삼아서 예금을 끌어들이기 위해서 높은 금리를 제공했다. 이런 예금 규모 덕분에 아이슬란드의 3대 은행(란즈방키[Landsbanki], 카우프싱[Kaupthing], 글리트니르[Glitnir])은 세계 300대 투자 신탁으

로 자리매김하게 되었다.[8]

2007년 초에 이르자, 아이슬란드는 1인당 국민소득이 미국보다 60 퍼센트나 높은, 세계에서 다섯 번째로 부유한 국가가 되었다. 많은 자본이 아이슬란드로 흘러들어오면서, 경제학자들은 아이슬란드를 "자본 유입의 광맥"이라고 불렀다. 기업이 돈을 쉽게 빌릴 수 있었기 때문에, 경제는 호황을 누렸다. 실업률은 2.3퍼센트로 떨어져서 유럽에서 가장 낮은 실업률을 기록했다.[9]

모든 사람들이 아이슬란드의 혜성과도 같은 등장에 찬사를 보냈다. 『월스트리트 저널』은 "아이슬란드의 기적"을 "세계에서 가장 위대한 성공 스토리"로 묘사하면서 떠들썩하게 보도했다. 로널드 레이건 대통령 시절에 경제자문 위원회 위원을 지냈던 경제학자 아서 래퍼도 이 대열에 동참하면서, "아이슬란드는 세계의 모델이 되어야 한다"고 말했다.[10]

그러나 이런 흐름의 이면에서는 아이슬란드 경제가 절벽에서 균형을 유지하고 있었다는 사실을 간과해서는 안 된다. 아이슬란드는 은행 투자자들에게 높은 수익을 제공하기 위해서 수입을 늘리고 외환을 과도하게 차용하여 외환 적자를 엄청나게 많이 발생시켰다. 1990년대 동아시아 국가들의 모습을 떠올리게 하는 상황이었다. 아이슬란드의 기업과 신축 빌딩은 아이슬란드 은행으로부터 받은 대출금에 의존했다. 아이슬란드 은행들은 위험한 해외 투자를 믿고 대출금을 지급했다. 그러나 해외 투자(예를 들면, 미국의 주택담보 증권)는 높은 수익을 약속하기는 했지만, 수익은 아직 실현되지 않은 상태였다. 그리고 파멸이 임박했음을 알리는 첫 번째 경고가 나왔다. 2006년에 덴마크의 단스케 은행(Danske Bank)은 아이슬란드 경제를 외국의 금융 흐름에 지나치게 의존하기 때문에 폭발이 임박한 "간헐천 경제(geyser economy)"라고 불렀다. 2007년 8월에는 런던 정치경제 대학의 로버트 웨이드가 아이슬란드인들에게 위험한 경제 전략을 공개적으로 경고했으나, 아이슬란드 금융업계와 정부 관료들은 그를 "공연히 소란을 피우는 사람"으로 치부했다. 금융 전문가 로버트 알리버도 2007년과 2008년에 아이슬란드에 와서 위험을 경고하면서 "1년 후면 위기가 닥칠 것"이라고 말했지만, 아이슬란드 금융업계는 이를 무시했다. 위기가 닥치기 5개월 전인 2008년 3월, 아이슬란드 총리는 이렇게 말했다. "최근 몇몇 나라의 신문에서 아이슬란드 경제에 관한 부정적인 기사가 게재되어 우리를 놀라게 했습니다. 그러나 모든 지표와 예측 결과는 앞으로의 전망이 밝다고 말해줍니다. 전반적으로 아이슬란드 경제는 강하고 은행은 건전합니다."[11]

아이슬란드 정부가 직접 나서서 문제가 있다는 사실을 부정하고 몇 달 지나지 않아서, 미국에서 흘러나온 충격파가 아이슬란드 경제를 강타했다. 아이슬란드 금융 장관이 "모든 것이 수포로 돌아갔다"는 말까지 해야 하는 상황이 벌어졌다. 대서양 맞은편의 미국에서는 "모기지 부도 스와프(mortgage default swap)" — 미국 은행이 잘못된 가정으로 모기지를 묶어서 판매한 투자 상품) — 가 부동산 가격에 거품을 일으켰고, 결국 그것은 폭발했다. 아이슬란드 은행들은 고객 예금의 대부분을 미국 모기지와 주식에 투자했다. 미국에서 주택이 압류되고 주식시장이 붕괴하는 동안, 아이슬란드 은행들은 투자금의 상당 부분을 날려버리고 자신의 투자자들에게 투자금을 돌려줄 수 없는 처지에 놓였다. 예금자들은 아이스세이브가 미국 주식시장의 붕괴로 자신의 예금을 돌려주지 못할 것을 우려하고는 예금을 인출하기 시작했다.[12]

그들의 판단은 옳았다. 2008년 10월에 예금자들이 예금을 빠르게 인출하고, 아이슬란드 주가지수가 90퍼센트나 하락하면서 아이스세이브는 무너지기 시작했다. 2008년부터 2010년 사이에 아이슬란드의 GDP는 13퍼센트나 하락했고, 실업률은 3퍼센트에서 7.6퍼센트로 증가했다. 소득이 줄어들면서 주택담보 대출금을 제대로 납부하지 못하는 주택소유자가 거의 4만 명에 달했고, 압류된 주택만도 1,000호가 넘었다. 실업자가 많아지면서 조세 수입이 감소하여, 공중보건 체계, 실업 지원, 연금 지급, 사회보장 프로그램을 위한 재원을 확보하는 데에도 문제가 생겼다.[13]

아이슬란드 중앙은행은 늘어나는 정부의 빚을 갚을 수 있도록 유럽 국가들에 도움을 요청했다. 그러나 아이슬란드는 순식간에 국제 사회로부터 따돌림을 받는 신세가 되었다. 투자금의 거의 전부를 잃어버린 국가에 자금을 지원하려는 국가는 없었다. 수만 명에 달하는 영국인들이 그들이 평생 동안 저축한 돈을 아이스세이브에 예치했다가 몽땅 날려버린 일이 생기고 나서 영국에 거주하는 아이슬란드인들은 거짓으로 페로 제도(Faroe Islands : 북대서양 아이슬란드와 영국 사이의 21개의 섬으로 이루어진 화산도군으로 덴마크령이다/역주) 출신인 것처럼 행세하면서 지내야 했다. 한 아이슬란드인은 BBC 기자와의 인터뷰에서 아이슬란드 출신에게 가해지는 대중들의 조롱에 관해서 언급하면서, "그들은 우리를 테러리스트처럼 바라봅니다"라고 말했다. 당시 BBC는 "아이슬란드 : 생각지도 못했던 영국의 새로운 적(Iceland : Britain's Unlikely New Enemy)"이라는 헤드라인을 뽑았다.[14]

따라서 아이슬란드가 주변 국가들로부터 도움을 받지는 못할 것이라는 사실이 명백해졌다. 또한 불황의 정치학은 아이슬란드에 내부의

적을 만들어주었다. 아이슬란드에서 인구의 1퍼센트도 되지 않는 은행 업자들은 금융 붐을 타고서 아이슬란드 통화가 강세를 띨 때에 자신들의 부를 증식시켰다. 아이슬란드의 은행 엘리트들은 러시아의 과두지배 세력과도 같았다. 그들은 벌어들인 돈으로 SUV를 구매하고 일본으로부터 값비싼 참치를 사들이고 캐비어를 먹고 전용 비행기를 탔다. 또한 그들은 강세를 띠면서 오르는 통화를 가지고 외국 은행으로부터 돈도 쉽게 빌릴 수 있었다. 그들이 이렇게 빌린 돈은 크로나화로 환산하여 9조5,000억에 달했다. 이는 국내 제조업 생산액의 9배가 넘는 금액으로서 세계에서 두 번째로 높은 비율이었다. 그러나 불과 몇 개월 만에 크로나화 가치가 1유로당 70크로나에서 190크로나로 떨어지면서 재앙이 아이슬란드를 덮쳤다. 아이슬란드인의 3분의 1 이상이 집을 비롯하여 주요 재산을 잃었다. 소요가 한때 평화로웠던 섬나라를 뒤흔들면서 사람들의 분노가 정부를 향했다. 아이스세이브가 남긴 빚과 그밖의 실패했던 투자가 남긴 빚을 갚아야 하는지를 두고 사람들의 생각은 둘로 나뉘었다. 어업에 종사하는 폴란드 이민 사회가 갑자기 증오와 비난의 대상이 되었다. "무능한 정부"라는 표현이 유행했다. 혼란의 와중에 스웨덴 출신의 영화 제작자 헬기 펠릭손은 분열되고 있는 국가의 모습을 카메라에 담을 기회를 포착하고는 아이슬란드의 불황, 사회적 갈등을 「아이슬란드에 신의 은총이 가득하소서(God Bless Iceland)」라는 제목의 다큐멘터리로 제작하기 시작했다.[15]

결국 아이슬란드 정부는 부채를 관리할 방법을 찾기 위해서 어쩔 수 없이 최종 대부자에게 의지하기로 결정했다. 2008년 10월, 아이슬란드는 IMF에 구제 자금을 요청했다. IMF가 유럽 국가로부터 구제 자금을 요청받는 것은 1976년 이후 처음이었다(1976년에 영국이 구제 자금을 요청했다). IMF는 늘 그랬듯이, 아이슬란드에도 긴축 정책을 내놓았다. 아이슬란드는 21억 달러를 빌릴 수 있었지만, 공공 지출을 GDP의 15퍼센트만큼 삭감해야 했다. 비록 아이스세이브 프로그램은 정부가 아닌 민간 은행의 관리대상이었지만, 아이스세이브가 개인 투자자에게 진 빚을 빠른 시일 내에 갚기 위해서는 아이슬란드 정부가 긴축 정책을 엄격하게 시행해야 했다. 아이스세이브가 진 빚은 아이슬란드 경제 규모의 몇 배에 달했다. 그리고 IMF는 2016년부터 2023년까지 7년 동안에 아이슬란드의 총소득의 50퍼센트에 달하는 금액을 개인 투자자들에게 갚을 것을 요구했다. 다시 말해서 매우 신속하게 갚으라는 의미였다.[16]

아이슬란드인들은 심각한 도덕적 문제에 직면하게 되었다. 만약 국민의 한 사람으로서 자국 은행업자들의 부정 행위에 대해서 책임이 있다면, 그 책임은 어느 정도까지일까? 아이슬란드의 납세자들은 민간 은행의 잘못된 투자 결정에서 비롯된 빚을 갚도록 요구받았다. 이는 사치를 일삼으면서 엄청난 빚을 쌓아놓은 소수의 부자들과 그 빚을 갚을 것을 요구받은 일반 국민들 사이에서 이미 거대한 불평등이 나타났던 국가에 또다시 등장한 심각한 소식이었다. 아이슬란드의 18만2,000가구 중에서 10만 가구는 빚이 거의 없거나 아예 없었다. 이에 반해서 244개에 해당되는 부자 가구가 투자로 인해서 1가구당 100만 달러가 넘는 빚을 발생시켰다. 소수의 은행업자들만이 위험이 높은 투자를 했지만, 아이슬란드 국민 전체가 그들의 빚을 떠맡으면서 고통을 감당해야 했다.[17]

예산 절감의 부담은 IMF 경제학자들이 경제 회복을 위해서 중요하게 인식하지 않는 분야에 무겁게 주어졌다. 특히 공중보건 체계에는

30퍼센트 절감이 할당되었다. 믿기지 않는 일이지만, IMF는 보건 서비스를 "사치재"로 간주하고 이에 대한 지출을 다른 유럽 국가들과 비교했는데, 아이슬란드는 상대적으로 공중보건 지출이 많았다. 이 때문에 IMF 경제학자들은 아이슬란드가 공중보건 부문의 민영화를 촉진하기 위해서 이 부문의 정부 지출을 줄여야 한다는 생각을 했다.[18]

아이슬란드의 보건부 장관은 이처럼 아이스세이브의 빚을 갚고 예산을 절감하려는 계획안에 항의의 뜻으로 사표를 제출했다. 그는 IMF의 요구대로 공중보건 예산을 30퍼센트 절감하는 것에 반대했다. 이 정도 수준의 절감은 교육이나 군사와 같은 다른 부문에서의 평균적인 절감의 두 배가 넘는 것이었다. 우리의 동료로서, 아이슬란드에서 곧 최고 의료책임자가 될 그뷔드욘 마그누손 박사는 2009년 9월에 오스트리아의 가슈타인에서 열린 유럽 보건 포럼에서 우리에게 이런 농담을 했다. "IMF와 흡혈귀와의 차이가 무엇인 줄 아십니까? 흡혈귀는 산 사람의 피를 빨아먹지만, IMF는 당신이 죽고 나서도 당신의 피를 빨아먹습니다."[19]

다른 나라의 사례에서 알 수 있듯이, 불황으로부터 들려오는 좋지 않은 금융 소식이 반드시 공중보건에 재앙을 초래하는 것은 아니다. 다만 재앙을 초래하게 될 잠재력이 있을 뿐이다. 우리는 아이슬란드가 루스벨트 대통령의 뉴딜 정책의 길을 가기를 기대하는 한편, IMF가 러시아의 대실패를 재연하도록 압박할까 우려하면서, 아이슬란드의 공중보건 데이터를 주의 깊게 살펴보았다. 마그누손 박사도 아이슬란드 국민들의 건강에 대한 우리의 우려에 공감하면서, 아이슬란드가 공중보건 체계를 유지해야 한다고 강조했다. 그는 공중보건 위기를 예방하기 위한 정책을 논의하기 위해서 2009년 10월 레이캬비크에서 컨퍼런스를 개최하기로 계획했고, 그 컨퍼런스에 우리를 초대했다. 아마 마그누손 박사의 연구팀과 아이슬란드 정부 내에서 공중보건과 사회 문제를 총괄하는 부서가 공동으로 그 컨퍼런스를 주관했을 것이다. 그는 사람들이 아이슬란드에 관해서 궁금해하는 많은 질문들을 우리에게 알려주었다. 예산을 대폭 삭감하라는 IMF의 권고에 공중보건 체계는 어떻게 대처할 것인가? 국민들이 우울증과 정신건강 문제에 시달리지 않도록 어떤 정책을 추진할 것인가? 과거의 경제 불황에서 발생했던, 사람들의 건강을 위협하는 것으로 알려진 또다른 위험에는 어떤 것들이 있는가? 슬프게도, 그는 가슈타인 컨퍼런스가 끝나고 며칠 뒤에 심장마비로 유명을 달리했다.

우리는 마그누손 박사의 소망에 경의를 표하면서, 레이캬비크 컨퍼런스에서 예전의 불황이 사람들의 건강에 미쳤던 영향에 관한 데이터를 제출했다. 우리는 불황이 어떻게 자살과 구소련 붕괴 이후 해당 국가들에서 나타났던 불행한 사건의 위험을 높이는가 그리고 동아시아 국가들이 어떻게 서로 다른 운명을 겪게 되는가에 관한 역사적 증거를 보여주었다. 아이슬란드는 장점이 많은 국가이지만, 데이터는 아이슬란드가 사회보장 프로그램의 예산을 대폭 삭감하면(특히 IMF의 요구대로 보건 서비스와 사회 서비스 예산을 대폭 삭감하면), 국민들의 건강에 미치는 위험은 엄청나게 커질 것이라는 사실을 말해주었다.

레이캬비크 컨퍼런스에서는 논쟁이 양쪽으로 갈라져서 진행되었다. 긴축에 찬성하는 이들은 긴축이 투자자들에게 신뢰감을 심어주어서, 아이슬란드가 더 이상 공황의 나락으로 떨어지지 않도록 그리고 공중보건에 재앙이 초래하지 않도록 돕기 위해서 투자자들이 자금을 지원해줄 것이라는 주장을 펼쳤다. 그러나 과거의 불황이 전해주는 데이터는 증거보다는 이데올로기에 바탕을 둔 그들의 주장을 뒷받침하지 않았다. 우리는 과거의 불황 데이터로부터 전면적인 긴축이 공황을 피할 수 있도록 해준다는 증거를 찾을 수 없었다. 오히려 그 반대였다. 긴축은 실업을 늘리고 소비를 줄여서 경제를 침체의 늪에 빠뜨렸다.

긴축 논쟁을 해결하는 방법은 데이터를 살펴보는 것이다. 여기서 중요한 문제는 재정 긴축 혹은 경기 부양이 공중보건을 증진하고 경제가 회복하도록 도와주는가에 있다. 이 논쟁은 "재정승수(財政乘數, fiscal multiplier)"의 계산에 달려 있다. 재정승수란 현재의 정부 지출 1달러에 대해서 미래의 경제 성장으로 창출되는 달러를 추정한 값이다. 재정승수가 1보다 크다는 것은 정부 지출이 증식 효과가 있다는 의미이다. 다시 말해서 정부 지출 1달러는 미래의 경제 성장으로 1달러가 넘는 가치를 창출한다. 재정승수가 1보다 작다는 것은 정부 지출을 1달러 늘렸음에도 경제가 더 나빠진다는 의미이다. 다시 말해서 비효율성을 낳거나 경제를 더욱 효율적으로 상승시켜줄 민간 부문의 자본을 정부가 쓸데없이 끌어들이고 있다는 의미이다.

IMF 경제학자들은 확실한 데이터도 없이, 거의 모든 국가에서 재정승수는 약 0.5 정도라고 가정했는데, 이는 정부 지출이 경제를 위축시킨다는 의미였다. 따라서 예산 감축은 경제를 상승시켜준다고 주장했다. 그러나 그들은 실제 데이터를 가지고 재정승수를 계산하지 않았다. 또한 그들은 모든 형태의 정부 지출은 그 효과가 같다고, 즉 초등학교에 대한 정부 지출과 군비 지출은 경제적 효과가 같다고 가정했다. 이런 가정은 설득력이 부족했다. IMF가 긴축을 주장하더라도 예산 감축의 부문별 효과에 관한 데이터가 없다면, 어떤 감축이 경제에 가장 해롭게 작용할 것이지 그리고 어떤 감축이 가장 덜 해롭게 작용하면서 회복의 전망을 가장 높여줄 것인지를 어떻게 알 것인가?

이런 상황은 검정할 수 없는 가정에 바탕을 둔 이론적인 수학 모델이 아니라 현실에 근거하고 데이터에 바탕을 둔 접근방식을 요구했다. 우리는 실제 데이터를 가지고 IMF의 추정치를 다시 계산해보았고, 이 데이터를 정부 프로그램의 유형별로 구분하는 작업도 병행했다. 정부 지출의 주요 영역에서 지출 혹은 감축이 실제로 어떤 결과를 낳았는지를 자세하게 관찰할 수 있도록 해주는 작업이었다. 우리는 유럽 25개국, 미국, 일본의 10년에 걸친 데이터를 사용하여 IMF가 아이슬란드의 재정승수를 너무 낮게 가정했다는 사실을 확인했다. 실제로 경제 전체의 재정승수는 약 1.7이었다. 따라서 긴축 정책은 경기를 후퇴시키는 효과를 미쳤다.

IMF는 재정 긴축이 경제에 미치는 피해를 낮게 추정했을 뿐만 아니라 공중보건 예산의 감축으로 발생하는 훨씬 더 커다란 피해를 간과했다. 공중보건과 교육 부문의 재정승수는 가장 커서 3을 넘었다. 이에 반해서 국방 부문의 재정승수는 1보다 훨씬 더 작았고, 또한 은행을 위한 구제 금융도 마찬가지였다. 이 숫자는 의미가 있다. 국방 부문에 지출되는 대부분의 돈은 국내 제조업이나 기술 개발 부문의 고용 창출에 더 이상 기여하지 않기 때문이다. 이 돈은 대부분 실제로 자국 경제를 떠나서 외국의 무기 판매업자에게 넘어가거나 제트 전투기의 연료비처럼 회수할 수 없는 비용으로 쓰인다. 또한 뭉칫돈은 결국 외국 은행에 예치되어서 고용 창출이나 기술 개발에 재투자되지 않듯이, 은행을 위한 구제 금융은 좀처럼 경제를 진작시키지 않는다. 그러나 공중보건과 교육 프로그램은 단기적으로나 장기적으로 경제에 이익이 된다. 이런 부문은 단기적으로는 자금을 보다 잘 흡수하여 교사와 간호사의 생산 활동이나 기술력이 있는 기업으로 흘려보내고, 장기적으로는 교육과 공중보건 서비스 부문으로의 투자가 유능하고 건강한 노동력을 만든다.[20]

2009년에 아이슬란드의 저널리스트들이 이런 결과에 대한 설명을 듣기 위해서 데이비드를 초청했을 때에, 데이비드는 그들에게 이렇게 설명했다. "하강하는 비행기에서 엔진을 끄집어내는 것은 옳지 않다. 이제는 브레이크가 아니라 액셀러레이터를 밟아야 할 때가 되었다." 많은 경제학자들이 재정 긴축에 관한 우려에 공감했다. 예를 들면, 조지프 스티글리츠는 아이슬란드 텔레비전에 출연하여, "IMF가 긴축을 하라고 하면, 당장 쫓아내버리십시오"라는 말까지 했다. 그러나 이런 충고에 따라서 행동하기는 쉽지가 않았다. 금융 위기를 겪었던 동아시아 국가들과 마찬가지로, 아이슬란드는 중앙은행의 규모가 작고 국가의 부채가 GDP의 8배가 넘는다는 사실을 감안할 때에 자본을 유치할 만한 방법이 별로 없었다. 절박한 상황에서 아이슬란드는 최종 대부자의 역할을 하는 IMF 쪽으로 기울어졌다.

그러나 아이슬란드 정부가 아이스세이브의 빚을 갚고 재정 긴축 정책을 대규모로 추진할 것을 주요 골자로 하는 대출 협정에 관한 IMF의 심사를 마치기 전인 2010년 초에 이상한 일이 벌어졌다. 근대 민주주의 국가의 대통령이 이 계획을 거부하고 국민의 뜻을 묻겠다고 한 것이었다.[21]

이런 조치는 어느 정도 2009년 초에 시작된 소요 때문이었다. 그해 1월에 1만 명이 넘는 아이슬란드 국민들이 가두시위를 벌이다가 의회 건물 주변에서 경찰과 충돌했다. 시위는 처음에는 비교적 평화적으로 진행되어 일종의 거리 파티처럼 여겨질 정도였다. 최루탄이 터지고 화염병을 던질 때까지는 그랬다. 사람들은 의회 건물에 계란, 헌 구두, 토마토를 던지면서, 북도 치고 추위에 언 몸을 녹이기 위해서 모닥불을 피웠다. 그리고 은행의 도박 빚을 갚기 위한 예산 감축을 당장 중단하고 "부패한" 정부는 물러가라고 외쳤다. 의회 내에서는 시위대를 부랑자 집단으로 규정하고 무시하려는 움직임을 보였다. 그러나 시위에 참가한 사람들은 자신들의 정체를 분명하게 규정했다. 시위대의 일원인 스툴라 존손은 기자들에게 말했다. "이 자리에 모인 사람들은 '행동주의자'도 아니고 '투사'도 아닙니다. 모두가 평범한 시민들입니다."[22]

결국 게이르 총리는 자리에서 물러났다. 의원들 중의 한 사람은 "우리는 시위를 예의주시하고 있습니다. 그리고 국민들로부터 변화를 원한다는 메시지를 받았습니다"라고 말했다. 시위 참가자가 1만 명이라면 소규모로 여겨질 수도 있다. 그러나 아이슬란드에서는 인구의 3퍼센트가 참가한 대규모의 시위이다. 미국에서 인구의 3퍼센트가 참가하는 시위라면 시위대의 규모가 1,000만 명에 달한다.[23]

아이슬란드의 시위는 민주적인 조치를 이끌었다. 1944년에 덴마크로부터의 독립 여부를 묻는 투표를 실시한 이후 처음으로 2010년 3월에 국민 모두가 참여하는 투표가 실시되었다. 은행업자들의 빚을 어떻게 처리할 것인가에 대한 결정은 유권자의 선택에 맡겨졌다. 아이슬란드 정부는 국민의 세금으로 은행업자의 빚을 대신 갚고 아이스세이브 투자자의 투자금을 돌려주기 위해서 예산을 크게 감축해야 하는가? 그렇지 않으면, 은행의 도박 빚을 대신 갚아주지 말고 대규모의 긴축을 거부하고 경제를 다시 일으키기 위한 투자를 할 것인가? 아이슬란드 국민의 93퍼센트가 은행업자의 빚을 대신 갚는 데에 반대 의사를 표시했다.[24]

주식시장은 투표 결과에 부정적으로 반응했다. 월스트리트의 태도는 17세기 철학자 존 로크와 도처에 존재하는 밀턴 프리드먼과 같은 사람의 사상을 대변했다. 미국 헌법의 사상적 기반을 제공했던 로크는 정부 지출에 관한 민주적 정책 투표의 위험성을 우려했다. 다시 말하면, "다수의 횡포(tyranny of the majority)"가 소수의 지적 엘리트들만이 이해할 수 있는 경제의 복잡성을 잘 알지 못하면서 자신의 이익만 생각하는 화난 군중들을 위험에 빠뜨린다는 의미였다. 자유시장주의자 밀턴 프리드먼은 어렵고도 고통스러운 결정을 기꺼이 해내는 컴퓨터에게 경제적 결정을 맡겨야 한다는 주장을 했던 것으로 유명하다. 아마도 평범한 시민들은 국가의 부채와 IMF가 권고하는 예산 감축과 같은 어려운 결정, 즉 자신의 미래를 구원하는 데에 대단히 중요한 결정을 스스로 하고 싶지 않을 것이라는 뜻이다. 이 견해가 옳다면, 아이슬란드의 정치인들은 중대한 국가의 일을 국민들의 결정에 맡김으로써 파멸의 길로 가게 된다.[25]

그러나 모든 전문가들이 민주적 조치를 비난했던 것은 아니었다. 세계적인 경제 위기가 임박했음을 경고했던 로버트 웨이드는 아이슬란드 언론을 통해서 자신의 생각을 알리려고 했다. 그는 뉴딜 정책과 마찬가지로 고용 프로그램을 가동하는 데에 자금을 투입할 것을 권고했다. 그래서 실업자들이 단순히 실업 수당을 받는 대신에 다시 일을 할 수 있어야 한다는 것이었다. 이처럼 일자리를 다시 찾은 사람들이 소득을 발생시켜서 경제에 활력을 불어넣을 수 있다. 실제로 일자리가 없는 젊은이들이 지나치게 많으면, 일을 해본 적이 없거나 심지어는 이민을 가서 다시는 돌아오지 않는 "잃어버린 세대(lost generation)"가 나타나게 된다. 웨이드는 기업들로 하여금 직원을 해고하는 대신에 노동시간을 단축하여 그들이 노동시장에 계속 남아 있도록 할 것을 장려했다. 또한 은퇴자들이 기본적인 생활을 영위할 수 있도록 정부가 연금 제도를 그대로 유지할 것을 권고했다.[26]

따라서 아이슬란드인의 "노(No)"라는 외침(아이슬란드어로는 네이[Nei]이다)은 주요 논쟁에서 중요한 시금석이 될 것이다. 웨이드의 권고를 따랐을 때, 아이슬란드 유권자들은 무엇이 그들에게 최선인지를 몰랐고, 이기적이었으며, 잘못한 것인가? 대신에 월스트리트, 프리드먼, IMF의 권고를 따라서 긴축이라는 쓴 약을 삼키면서 은행업자들의 빚을 대신 갚아야 했는가?

우리는 국민 투표 이후에 벌어졌던 상황을 계속 주시하기 위해서 경제와 공중보건 데이터를 살펴보고, 이를 예상했던 상황과 비교해보았다. 먼저 우리는 세계보건기구 유럽 사무국이 집계한 아이슬란드의 사망 통계를 살펴보았다. 아이슬란드가 최악의 위기를 겪던 2007년부터 2010년까지 사망률은 전국에 걸쳐 꾸준히 감소했다. 금융시장의 붕괴 이후로 자살률은 약간 증가했지만, 통계적으로 유의미한 정도는 아니었다. 2007년 인구 10만 명당 자살자 수는 11.4명이었고, 2008년에는 12.1명으로 증가했지만, 2009년에는 다시 11.8명으로 감소했다. 아이슬란드 인구가 약 30만 명을 조금 넘는다는 사실을 감안하면, 2007년에는 37명, 2008년에는 38명, 2009년에는 36명이 자살한 것으로 나타나서 의미 있는 변화가 발생했다고 볼 수는 없었다.[27]

우리는 스트레스에 더욱 민감한 또다른 지표로 심장병 발병률을 살펴보기 위해서 병원 내원 통계를 조사했다. 아이슬란드에서는 보건 서비스가 체계적으로 갖추어져 있어서, 응급실을 찾는 모든 환자들의 신원과 함께 건강 문제에 관한 확인이 가능했다. 지난 세월에 유럽 국가들이 겪었던 불황을 연구하면서, 우리는 금융 위기가 발생하면 심장병 환자가 단기적으로 증가하는 경향이 있음을 확인했다. 그러나 아이슬란드에서는 심장병 발병률의 뚜렷한 증가를 확인하지 못했다. 심장 응급실을 찾는 전체 환자의 수는 약간 증가했지만, 2008년에 41주일 동안만 그랬다. 그리고 이런 증가는 스트레스를 많이 받는 경향이 있는 노동이 가능한 연령대의 남자들이 아니라 여자들에게만 나타났다. 그러나 주간의 변동에서 나타나는 일시적인 현상은 아이슬란드의 인구 규모를 감안했을 때에 통계적으로 유의미하지는 않았다.[28]

우리가 불황 기간에 일반적으로 나타나는 아이슬란드인의 스트레스 증가를 나타내는 무엇인가를 놓치지는 않았을까? 장기적으로 건강에 미치는 효과를 관찰하기에는 기간이 너무 짧은 것은 아니었을까? 불황 기간 중에는 사람들이 돈이 없기 때문에 의료 서비스를 제대로 받지 못했을 것이라고 주장할 수도 있겠지만, 이런 주장은 설득력이 없다. 아이슬란드는 보편적 보건 서비스 체계를 가지고 있었다. 충격요법을 경험했던 러시아인들과는 다르게, 모든 사람들이 의료 서비스를 보장받았고, 병원과 진료소는 문을 닫지 않았다. 따라서 아이슬란드인들이 의료 서비스를 제대로 받지 못했을 것이라는 주장은 옳지 않다.

우리는 금융 위기가 공중보건에 미치는 또다른 영향을 찾아내고 이에 대한 아이슬란드의 반응을 알아보기 위해서 공중보건과 복지에 관한 다른 데이터를 살펴보았다. 놀랍게도 아이슬란드 국민들의 호흡기 질환이 늘어났다. 스트레스와 관련된 흡연이 늘어난 것으로 보였는데, 이는 아이슬란드 국민 3명 중 1명이 흡연자라는 사실을 감안하면 충분히 가능한 일이었다. 그러나 상황을 더욱 자세히 관찰하니, 호흡기 질환은 금융 위기와는 무관했고 2010년 4월 아이슬란드의 에야피얏라흐

요쿳 화산 폭발과 관련이 있었다. 당시 아이슬란드 국민들은 아이슬란드 섬을 여러 날 동안 뒤덮었던 유독성 연기에 노출되었다.[29]

우리는 방향을 바꾸어서, 어쩌면 정신질환에 시달린 사람들은 더 많았을 수도 있다는 생각에 이와 관련된 데이터를 살펴보기로 했다. 이번에도 41주일 동안의 불가사의한 일시적인 기간을 제외하고는 정신질환에 시달린 사람들이 더 많아졌다는 사실은 확인하지 못했다. 도대체 41주일 동안 무슨 일이 일어났을까? 41주일 동안에는 스트레스를 일으킬 만한 두 가지 사건이 일어났다. 게이르 총리는 "아이슬란드에 신의 은총이 가득하소서"라는 연설을 하면서, 국민들이 최악의 경우가 닥칠 것이라는 두려움을 느끼도록 만들었다. 그리고 영국에서는 고든 브라운 총리가 아이스세이브 프로그램에 대한 영국 예금자들의 투자금을 회수하기 위해서 2001년에 제정된 반테러법(Anti-Terrorism Act)을 발동했다. 이 법은 리비아의 국가 원수 카다피로부터 영국 자산을 회수할 때에도 적용된 법이었다. 우리는 단기적으로 어떤 스트레스가 극심한 정신적 고통으로 병원을 찾는 사람들이 많아지도록 하는지를 알 수는 없지만, 이런 상관관계는 스트레스와 불안이 금융 위기 그 자체와 관계가 있을 뿐만 아니라 정책 담당자들이 국민에게 어떤 일이 닥치더라도 보호받을 것이라는 믿음을 주기 위해서 경제적 위협에 어떻게 반응하는가와도 관계가 있다는 생각을 하게 만든다.[30]

공중보건의 관점에서 보면, 정신질환으로 병원을 찾는 사람 수의 증가는 빙산의 일각일 뿐이다. 우울증이나 정신질환으로 고통받는 사람들 가운데 소수만이 정신병원에 입원하거나 의사에게 도움을 청한다. 나머지 사람들은 공중보건 체계에 나타나지 않는다. 우리는 두 건의 아이슬란드 보건 조사의 결과들을 검토해보았다. 이 조사는 다양한 계층의 아이슬란드 국민 3,783명을 추적 조사한 것이었다. 첫 번째 조사는 금융 위기 이전인 2007년에 실시되었고, 두 번째 조사는 금융 위기 이후인 2009년에 실시되었다. 조사 결과는 세계보건기구가 제시한 우울증에 관한 표준적인 척도에 따르면 우울증 증세를 보인 남성이 1.5퍼센트 증가했다는 사실을 보여주었다. 그러나 이 정도의 증가는 그 폭이 매우 작아서 표준적인 국제 기준에 따르면 통계적으로 아무런 의미가 없었다. 여기서 아주 흥미로운 사실은 교육 수준이 낮거나 독신이거나 직업이 없는 더욱 취약한 집단에서도 우울증 증세를 보일 가능성이 더 높지 않았다는 점이다. 이에 반해서, 우울증 증세를 보인 여성은 2.4퍼센트 증가하여 우울증에 여성이 더 취약한 것으로 나타났다. 그러나 이 정도 수준의 증가도 크지는 않아서 통계적으로는 의미가 없었다. 전체적으로 우리는 아이슬란드에서 금융 위기의 결과로 우울증 환자가 증가했다는 사실을 뒷받침할 만한 결정적인 증거를 찾지 못했다고 말할 수 있다.[31]

실제로 아이슬란드에서는 경제 위기에도 불구하고 "긍정적인" 증세를 보인 사람들이 더 많았다. 예를 들면, 그들은 원기를 회복하여 아침에 더 상쾌한 기분으로 일어날 때가 많았다고 했다. 이런 긍정적인 증세는 일을 덜하고 여가시간을 많이 가지는 데에서 나왔을 것이다. 우리는 조사 데이터의 신뢰성을 다시 확인하기 위해서 이 데이터를 우울증 전문가 펠리시아 후퍼트가 있는 케임브리지 대학교로 가져갔다. 그녀는 데이터를 살펴보고는 "매우 훌륭하다"는 평가를 내렸다.

이 모든 것들이 2012년에 유엔의 의뢰로, "행복 경제학자(happiness economist)" 리처드 레이어드가 작성하고 유엔이 처음으로 발표했던 세계행복보고서(World Happiness Report)의 내용과 일치했다. 무엇보다도 "국민총행복(gross national happiness)", "행복지수(happy index)"의 측면에서 보면 아이슬란드는 세계 최고 수준이었다. 또한 아이슬란드는 금융 위기를 겪으면서도 조사대상 국가들 가운데 "긍정적인 정서(좋은 분위기)" 측면에서 가장 높은 수준을 기록했다.[32]

그렇다면 아이슬란드는 경제적으로 엄청난 위기를 겪으면서도 어떻게 국민들의 행복과 건강을 유지할 수 있었을까?

아이슬란드 경제학자들은 연구팀을 구성하여 아이슬란드 전역으로부터 입수한 데이터를 분석하고는 우리가 아이슬란드 보건 조사를 검토했던 결론과 일치하는 결론에 도달했다. 그들은 여가시간이 많아지는 현상처럼 긍정적인 추세의 일부는 불황 그 자체와 연관이 있을 가능성이 있다는 사실을 확인했다. 또한 2007년과 2009년의 아이슬란드 보건 조사에는 음주, 흡연을 비롯하여 기타 공중보건과 관련된 주요 위험 요인뿐만 아니라 식습관에 관한 질문도 포함되어 있었다. 연구팀은 금융 위기 동안에는 아이슬란드 국민들이 건강에 좋지 않은 흡연, 음주, 패스트푸드 소비를 줄인다는 사실을 알아냈다. 이런 변화는 어느 정도는 가격 변화와 소득 감소가 원인이었다. 대체로 담배나 주류의 가격이 오르면, 사람들은 그것을 덜 소비한다. 그리고 외식보다는 집에서 식사하는 쪽을 선택한다. 또한 아이슬란드 국민들은 금융 위기 이전에 비해서 잠을 더 많이 잤는데, 이는 일하는 시간이 줄어든 것과 관련이 있었다. 연구팀은 이처럼 불황이 건강에 도움이 되는 변화를 **초래했다**는 결정적인 증거를 제시할 수는 없었지만, 공중보건 통계가 불황 시기에는 긍정적인 방향으로 움직인다는 증거는 찾을 수 있었다.[33]

식습관을 개선하고 술을 덜 마시면, 건강은 좋아지는 것으로 나타났다. 2009년 10월에 맥도날드는 크로나화 가치가 폭락하면서 토마토와 양파 가격이 폭등하자 아이슬란드에서의 "특별한 경영상의 어려움"을 토로하면서 아이슬란드에서 철수했다. 당시 한 프랜차이즈 가맹업주는 "독일로부터 수입하는 양파 1킬로그램을 사려면, 고급 위스키 한 병에 해당하는 가격을 지불해야 합니다"라고 말했다. 맥도날드가 떠나고, 외국으로부터 수입하는 패스트푸드를 먹으러 나가는 대신에 집에서 지역 식자재로 만든 음식을 먹는 사람들이 점점 더 많아졌다. 결과적으로 패스트푸드의 소비량이 감소하면서 지역에서 잡히는 생선의 소비량이 증가했다. 실제로 아이슬란드의 경제 회복은 어느 정도는 전통 어업의 부활로 추진력을 얻은 셈이었다. 그리고 이는 당연히 수출 붐으로 이어졌다.[34]

또한 아이슬란드는 경제를 되살리기 위해서 주류 판매점을 민영화하라는 IMF의 권고를 거부하고 주류에 대해서는 국가가 독점하는 형태를 계속 유지했다. 1980년대와 1990년대에 아이슬란드에서는 술을 구매하기가 어려웠다. 이후 아이슬란드는 자국 통화 가치의 하락으로 주류의 수입 가격이 엄청나게 높아지자, 이 가격을 그대로 유지하면서 엄격하게 통제했다. 이 정책은 아이슬란드 국민들에게 스트레스를 풀기 위해서 술을 마시려면 상당히 비싼 대가를 치르도록 했다.[35]

따라서 전체적으로는 불황 시기에 나타나는 주요 현상 중의 일부가 실제로 국민들을 더욱 건강하게 해준다고 말할 수 있다. 그러나 민주적 정책 투표는 어떤가? 재정 적자를 동반하는 정부 지출, 아이스세이브 투자자들에 대한 지급 유예는 아이슬란드 경제와 공중보건에 결정적인 피해를 주는가?

아이슬란드 정부는 국민들의 건강과 복지를 지켜내기 위해서 두 가지 중요한 조치를 취했다. 첫째, 긴축을 강력하게 추진하라는 IMF의 권고를 무시하고, 뉴딜 정책의 현대판이라고 할 정책을 추진했다. 아이슬란드는 금융 위기가 발생하기 전에도 견실한 사회보장 체계를 갖추고 있었다. 아이슬란드 정부는 이 체계를 유지하기 위해서 국민 투표를 실시한 이후, 어려움에 처한 국민들을 훨씬 더 많이 지원했다. 2007년 아이슬란드 정부의 지출은 GDP의 42.3퍼센트였다. 2008년에는 57.7퍼센트로 증가했고, 이후로도 지금 이 글을 쓰고 있을 때까지 금융 위기 이전보다 10퍼센트가 넘는 수준을 계속 유지해왔다. 이런 증가는 인플레이션을 일으키지도 않았고 부채가 도저히 상환할 수 없을 정도로 늘어나도록 하지도 않았고 외환에 지나치게 의존하도록 만들지도 않았다. 다시 말해서, 긴축론자들이 경기 부양 프로그램에서 발생될 것이라고 주장하는 재앙은 발생하지 않았다.[36]

아이슬란드는 공중보건 체계 예산을 크게 삭감하여 균형 재정을 달성하려고 하지 않았다. 아이슬란드의 통화 가치가 떨어지면, 국립보건서비스가 의약품을 수입하기 위한 예산이 부족해진다. 그러나 아이슬란드 정부는 이런 어려움을 2007년부터 2009년까지 공중보건 예산을 1인당 38만 크로나에서 45만3,000크로나로 늘리는 방식으로 헤쳐나갔다. 그 결과, 반드시 필요한 치료는 보장되었고, 몸이 아픈 환자들이 치료를 받지 못하는 일은 발생하지 않았다.

또한 아이슬란드는 국민들에게 음식, 일자리, 주택을 보장하는 사회보장 체계를 계속 유지했다. 실업자의 재취업을 지원하기 위해서 노동시장 프로그램도 대폭 강화했다. 중소기업의 부채를 면제해주는 새로운 정책도 도입했다. 이는 미래에 현금 흐름이 양호하리라고 판단되는 중소기업에는 부채의 일부 혹은 전부를 탕감해주는 정책이었다. 결과적으로 고용주는 불황 기간에도 기존 직원을 해고하지 않고 새로운 직원을 고용할 수 있었다. 파리에 위치한 경제협력개발기구(Organization for Economic Cooperation and Development, OECD)는 "아이슬란드 정부는 실업자에게 적합한 일자리를 제공하고 훈련을 지원하기 위해서 고용 증진을 위한 예산을 크게 늘렸다"고 보고했다. OECD는 긴축 정책을 권고하는 IMF와 비슷한 입장을 견지하지만, IMF에 "사람을 생각하면서"(즉 사회보장 체계를 유지하면서) 일을 처리하라는 강력한 메시지를 전하기도 했다.[37]

아이슬란드의 사회보장 지출은 2007년 2,800억 크로나(22억 달러)에서 2009년 3,790억 크로나(30억 달러)로 GDP 대비 21퍼센트에서 25퍼센트로 증가했다. 이런 증가로 사회보장 지출은 실업 수당과 의료 보장의 범위를 넘게 되었다. 추가적인 지출은 새롭게 시행된 "부채 탕감" 프로그램을 위한 것이었다. 예를 들면, 주택 가격보다 주택담보 대출금이 더 높을 경우에 정부는 주택담보 대출금 중에서 주택 가격의 110퍼센트를 초과하는 부분을 탕감해주었다. 그리고 빈곤 상태로 분류된 사람에게는 주택담보 대출금의 상환을 돕기 위해서 보조금을 지급했다. 이는 매우 파격적인 조치였다. 대불황을 겪었던 다른 국가들에서는 국민들을 위해서 아이슬란드처럼 파격적인 조치를 취하지 않았다. 예를 들면, 스페인에서는 파산을 선언하고 집에서 쫓겨나서 노숙자가 되더라도 남은 대출금을 계속 갚아야 했다. 그러나 아이슬란드에서는 부채 탕감 프로그램이 집에서 쫓겨나지 않도록 해주었기 때문에 노숙자가 크게 늘어나지 않았다. 아이슬란드에서 소득 보조를 받는 가구는 2007년에 4,000가구에서 2010년에 7,000가구로 늘어났다. 지원 프로그램 덕분에, 아이슬란드는 금융 위기에도 불구하고, 빈곤의 위험에 처한 가구가 거의 늘지 않았다. 이런 사회보장 프로그램이 없었더라면, 아마도 아이슬란드 인구의 3분의 1 정도는 빈곤 상태에 빠졌을 것이다. 또한 아이슬란드의 복지부 장관은 "복지 감시단(Welfare Watch group)"을 운영하여 불황으로 국민의 건강과 복지가 위축되는 상황이 발생하면, 이를 정부에 알리도록 했다. 그리고 복지 감시단의 건의는 대부분 실행으로 옮겨졌다.[38]

아이슬란드가 불황을 맞이하여 사회 안전망을 유지했던 것과 더불어, 또다른 중요한 특징은 국민의 단결력이었다. 초기에 나타났던 부유한 채무자와 나머지 국민 간의 갈등에도 불구하고 국민 투표는 새로운 단결의 시기를 맞이하도록 했다. 아이슬란드 국민들은 모두가 위기를 함께 겪고 있다고 생각했다. 아이슬란드는 서유럽에서 "사회적 자본(social capital : 종전의 인적, 물적 자본에 대응되는 개념으로 사회 구성원들이 힘을 합쳐 공동 목표를 효율적으로 추구할 수 있게 하는 무형의 자본/역주)"이 가장 잘 발달되어 있는 국가였다. 이는 국민들이 이웃, 직장, 교회 등에서 강한 유대감을 가지고 있다는 것을 의미했다. 국민들이 구소련 시대의 모노고로드에 소외된 채로 버려져 있던 러시아와는 다르게, 아이슬란드 국민들은 강력한 공동체 네트워크를 가지고 있었다. 우리는 아이슬란드 공항에 도착했을 때, 거의 모든 사람들이 성은 생략하고 이름만 부르면서 서로 가깝게 지내는 모습에 적잖이 놀랐다. 사람들은 일을 마치고 가족 혹은 친구와 함께 사우나나 한증막에 가고는 했다. 이는 스트레스를 풀 수 있을 뿐만 아니라 조금은 보기 흉한 모습을 보여주면서 서로에게 유대감을 느끼게 했다. 이 모든 것들이 위기를 맞이했을 때, 민주 정신을 고양시키는 데에 도움이 되었다. 그리고 아이슬란드의 불평등 수준은 금융 위기 이전에는 갑자기 높아졌지만, 이후로는 다른 북유럽 국가들과 비슷한 수준으로 낮아졌다.[39]

따라서 아이슬란드의 경제 불황은 국민들의 건강에 커다란 위기를 초래하지는 않았다. 실제로 금융 위기가 미친 영향은 흥미를 끌 만한 영화를 만들 정도도 아니었다. 헬기 펠릭손이 제작한 다큐멘터리 「아이슬란드에 신의 은총이 가득하소서」에 대한 품평회가 여러 곳에서 열리면서, 비평가들은 문제점을 지적하기 시작했다. 어떤 이는 영화가 극적인 효과를 줄 만한 소재가 충분하지 않다는 점을 지적했다. 영화 평론의 관점에서 보았을 때에, 이 영화의 문제는 아이슬란드가 예상했던 만큼 무너지지 않았다는 데에 있었다.[40]

금융 위기를 맞이하여 아이슬란드 정부가 보인 반응은 평범하지 않은 처방이 요구될 때에도 민주주의를 수호하는 것이 얼마나 중요한지를 보여주었다. 어려운 결정을 해야 할 때에도 스스로 관리할 수 있다면 쓴 약을 삼키기가 더 쉽다.

1990년대와 2000년대 초에는 아이슬란드 경제의 "금융화"가 맹렬하게 진행되었다. 은행은 실제로 유용한 재화와 서비스를 생산하는 기업 혹은 새로운 기술을 개발하는 기업에 투자하기보다는 위험이 큰 투자를 선택했다. 이런 흐름은 먼저 아이슬란드 국민들을 위험에 처하도록 만들었다. 그러나 세심하게 관리하자, 위기는 아이슬란드 국민들이 그들의 가치를 재발견하고 경제가 지금처럼 새로운 토대를 바탕으로 번성할 수 있는 기회가 되었다. 2012년에 아이슬란드 경제는 3퍼센트 성장했고, 실업률은 5퍼센트 아래로 떨어졌다. 이에 반해서 보수당 연립 정부가 긴축 프로그램을 추진하는 영국 경제는 침체를 거듭했다. 같은 해 6월에 아이슬란드는 예정보다 일찍 대출금을 상환했다. 스탠더드 앤드 푸어스(Standard and Poor's), 무디스 인베스터스 서비스(Moody's Investors Service)와 함께 세계 3대 신용평가 기관 가운데 하나인 피치

레이팅스(Fitch Ratings)는 처음에는 아이슬란드의 선택을 "이단의 위기 관리 프로그램"이라고 불렀지만, 2012년 초에는 아이슬란드의 신용 등급을 높여서 "투자하기에 안전한 곳"이라는 평가를 내렸다.[41]

IMF도 나중에는 아이슬란드의 독특한 접근방식이 "놀라울" 정도로 견실한 회복을 이루었다는 사실을 인정했다. IMF의 개혁안들은 이전의 입장에서 후퇴하는 내용을 담고 있으면서 항상 지난 전철을 되풀이하는 식이었다. 이번에 IMF는 사후적 평가에서 아이슬란드가 주는 한 가지 중요한 교훈을 다음과 같이 평가했다. "사회적 혜택은 아이슬란드 정부가 위기 이후에 아이슬란드식 복지 국가의 주요 요소를 유지하기 위해서 정해놓은 목표에 따라서 보장되었다. 이는 견실한 재정을 설계함으로써 달성될 수 있는데, 여기서 견실한 재정은 정부 지출을 삭감하되 취약 계층을 보호하기 위한 복지 지출은 예외로 하며, 고소득층에 세금을 더 많이 부과하여 세수(稅收)를 증대하는 식으로 이룰 수 있다." 비록 관료적인 언어로 표현했지만, 경제 회복과 복지를 위해서는 사회보장 프로그램이 반드시 필요하다는 사실을 IMF가 인정한 것은 혁신적인 사건이라고 볼 수 있다.[42]

이런 평가는 아이슬란드식 접근방식의 타당성을 강력하게 뒷받침하지만, 모두가 이에 만족하지는 않았다. 영국과 네덜란드는 세금을 걷어서 아이스세이브 프로그램이 민간 투자자들에게 진 빚을 갚고 긴축 정책을 강력하게 추진하라고 아이슬란드 정부를 압박했다. 2011년 4월, 아이슬란드에서는 또다른 국민 투표가 실시되었다. 이번에는 전체 유권자의 60퍼센트가 아이스세이브 투자자들에게 진 빚을 당장 갚기로 하는 협약을 아이슬란드가 주요 채권자인 영국과 네덜란드와 체결하는 데에 반대했다. 「파이낸셜 타임스」가 보도했듯이, 아이슬란드인들은

"시민을 은행보다 우선시" 했다. 이후 글리트니르 은행의 은행장을 지냈던 라루스 웰딩에게 사기 혐의로 유죄 선고를 내린 것은 채권국에 대한 화해의 표시이기도 했다. 당시 아이슬란드 대통령 올라퓌르 라그나르 그림손은 "아이슬란드 정부는 국민들을 구제하고 은행업자들을 감옥에 보냈습니다. 그런데 북아메리카 대륙에서는 반대로 움직이고 있습니다. 아이슬란드를 제외한 유럽에서도 마찬가지입니다"라고 말했다. 아이슬란드 은행업자들은 "대마불사"를 믿었으나, 아이슬란드 정부는 그들의 이런 믿음을 외면했다. 결과적으로 유럽의 나머지 국가들은 계속 어려움을 겪었지만, 아이슬란드만큼은 각종 지표를 통해서 성공적인 회복을 확실하게 보여주었다.[43]

이 책을 쓰고 있는 지금, 긴축 계획의 조건이었던 아이스세이브 프로그램 채무자에 대한 채무이행 신청이 국제 법정에 회부되었다. 영국과 네덜란드의 검찰이 조속한 채무이행을 요구하기 위해서 아이슬란드 정부를 상대로 소송을 제기한 것이다. 동시에 아이슬란드 정부는 긴축을 거부하고 결정적으로 중요한 사회보장 프로그램에서 똑똑한 투자 선택을 함으로써 많은 생명을 구할 수 있었다. 비록 아이슬란드 정부는 은행업자들이 다른 사람들의 돈을 가지고 무모한 베팅을 하도록 내버려두었지만, 국민들은 그들이 저질러놓은 혼란을 정리하는 방법을 정하기 위해서 개입할 수 있었다. 아이슬란드 정부는 국민들이 더 이상의 피해를 입지 않도록 보호하는 동시에 경제를 회복시켜서 성장가도를 달릴 수 있도록 현명한 선택을 했다.

또한 아이슬란드 국민들은 아이스세이브의 재앙으로부터 교훈을 얻었다. 그들은 재앙이 또다시 발생하지 않도록 사전 예방조치를 취했다. 2011년 7월에는 25명의 국민들이 나서서, 국민들이 자연자원을 직접

관리하고 금융계와 정계의 결탁을 방지할 수 있도록 참여하는 크라우 드소싱(crowdsourcing : 생산과 서비스의 과정에 소비자 혹은 대중이 참여하도록 개방하여 생산 효율을 높이고, 수익을 참여자와 공유하는 방법/역주) 형태의 개 헌안을 만들었다. 아이슬란드의 모든 국민들은 소셜 미디어 애플리케 이션을 활용하여 6개의 개헌 항목에 대해서 대답할 수 있었다. 그리하 여 2012년 10월 투표에 참여한 아이슬란드 국민들 중 3분의 2가 개헌 안에 찬성하여 기존의 헌법은 크라우드소싱에 기반을 둔 새로운 헌법 으로 대체되었다.[44]

아이슬란드 국민들은 그들의 정치 지도자들이 민주주의를 가장 중 요하게 생각했기 때문에 사회적 혜택을 보장받을 수 있었다. 아이슬란 드 국민들은 사회보장 프로그램에 찬성표를 던졌고, 이는 튼튼한 사회 를 뒷받침했다. 2009년에 게이르 총리는 이렇게 말했다. "책임 있는 정 부라면 국민들의 미래를 가지고 위험한 짓을 하지 않습니다. 심지어 은행 체계 자체가 위기에 처해 있을지라도 말입니다." 아이슬란드 정 부는 재정 긴축의 길을 가지 않고 공중보건, 주택, 재취업, 보건 서비스 지원을 위해서 반드시 필요한 사회보장 프로그램을 유지하는 쪽을 선 택했다.[45]

아이슬란드 국민들이 우리의 조언에 귀를 기울였다고 주장할 수 있 다면 좋겠지만, 어려운 시기에 국민들의 건강을 지키기 위해서 공중보 건 데이터를 면밀하게 검토하고, 확실하고도 필요한 안전장치를 마련 하는 것을 선택한 사람은 바로 그들 자신이었다. 신은 아이슬란드를 구원하지 않았다. 아이슬란드를 구원한 것은 바로 아이슬란드 국민들 자신이었다. 반면에 〈그림 4.1〉에서 알 수 있듯이, 아이슬란드로부터 멀리 떨어져 있는 유럽 국가 그리스는 상황이 그다지 좋지 않다. 다음

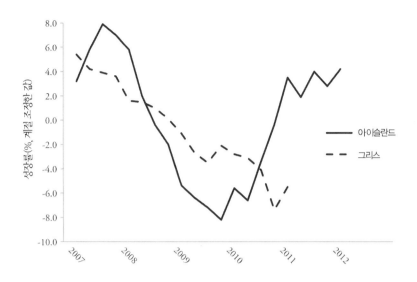

〈그림 4.1〉 신속하게 회복하는 아이슬란드 경제와 서서히 몰락하는 그리스 경제[46]

장에서는 유럽 중앙은행과 IMF가 급진적인 긴축 정책을 부과하면서 그리스의 민주주의를 중단시켰을 때 그리스에서 어떤 일이 발생했는지를 살펴볼 것이다.

5
그리스의 비극

전직 공군장교 출신으로 수려한 외모를 가진 50대의 안드레아스 로베르도스는 매춘부들을 찾고 있었다. 그러나 자신의 성적 욕망을 해소하기 위한 것은 아니었다.

2012년 5월 1일 아침, 의사 출신의 그리스 보건부 장관 안드레아스 로베르도스는 경찰청과 법무부 직원들과 함께 아테네의 오모니아 광장 주변을 걷고 있었다. 로베르도스는 정파 간의 경쟁이 치열했던 그리스 총선이 열리기 열흘 전부터 확실한 조치를 취하기로 이미 마음을 굳히고 있었다.

2012년 4월, 그리스 의회는 로베르도스가 이끄는 보건부가 성관계를 통해서 전염되는 질병에 대해서는 본인의 동의 없이 검사할 수 있도록 하는 규정을 시행하기로 했다. 이처럼 새롭게 시행되는 규정은 그리스 전역의 병원이 제출했던, 성관계를 통해서 전염되는 질병에 관한 보고 내용을 토대로 한 것이었다. HIV에 새롭게 감염된 환자 수는 2011년 1월부터 5월 사이에만 52퍼센트나 증가했다. 이는 놀랄 만한 증가였다. 주로 개발도상국에서 유행하는 질병으로 간주되었던 HIV가

21세기가 도래하면서 그리스에서 자리를 잡기 시작했다. 지난 10년 동안에 서유럽 국가들 중에서 HIV 감염자 수가 그리스처럼 급증한 곳은 그 어디도 없었다.[1]

그리스에서 HIV가 유행하고 있다는 소식은 세계적인 뉴스거리가 되었다. 이는 그리스가 다른 유럽 국가들에 비해서 뒤처지고 있다는 징후이기도 했다. 재임을 노리는 로베르도스로서는 그리스 공중보건 체계의 붕괴가 세계인의 관심거리가 되는 상황이 무척 난감했다.

2011년이 지나갈 무렵, BBC가 그리스를 "유럽의 병자(sick man of Europe)"라고 묘사하자, 로베르도스는 특단의 조치를 취해야겠다는 생각이 들었다. 그리스 정부는 IMF와 유럽 중앙은행의 압박으로 공중보건 예산을 크게 삭감했다. 이런 분위기 속에서 HIV 예방 프로그램은 가장 먼저 폐지되었다. 이에 로베르도스는 홍보 수석들을 소집하여 회의를 열었다. 그 자리에 모인 사람들은 성관계를 통해서 전염되는 질병의 감염률이 크게 높아진 적이 있는 거의 모든 나라에서 시행했던 계획을 내놓았다. 바로 가장 취약한 사람들을 희생양으로 삼는 것이었다.[2]

로베르도스는 국영 텔레비전에 등장하여 "믿을 만한 가장들"의 새로운 보호자 역할을 자임하면서 불황으로 길을 잃은 그리스 사회에서 도덕과 미덕을 회복시키겠다는 맹세를 했다. 또한 그는 매춘부들을 "그리스 사회의 위험 인물", "비위생적인 폭탄"으로 규정하면서, 빠른 시일 내에 체포할 것을 다짐했다. 한편 그가 이끄는 보건부는 HIV 양성 반응을 보인 매춘부들의 사진을 언론에 제공하고, 그들을 "수백 명의 목숨을 앗아가는 올가미"라고 표현했다.[3]

아테네의 뒷골목 여기저기에서 매춘부들의 호객 행위가 멈추지 않자, 그리스 경찰은 신타그마 광장(아테네의 중심부에 있으며, 주변에 의회 건물이 있어서 '헌법 광장'이라고도 불린다) 주변의 5성급 호텔인 그랜드 브레타그네 호텔을 에워쌌다. 경찰은 호텔 손님들을 일제 단속으로부터 보호하고 노숙자로부터 차단했다. 노숙자들은 주로 거지, 마약 중독자, 거리를 떠도는 아이들로서 버려진 가게, 지하철역 주변, 광장 주변에서 생활했다. 주택 압류가 늘어나고 사회보장 체계가 무너지면서 노숙자는 2009년에서 2011년 사이에 25퍼센트나 증가했다. 살인사건도 2010년에서 2011년 사이에 두 배로 늘었는데, 주로 그랜드 브레타그네 호텔 주변의 다운타운에서 급증했다.

경찰은 브레타그네 호텔 손님들을 호텔 주변에서 진을 치고 있는 성난 시위대로부터 보호했다. 브레타그네 호텔은 그리스의 미래에 대한 열띤 논쟁에서 확고한 태도를 취하고 있는 유럽 중앙은행, 유럽 위원회 (European Commission : 유럽 연합의 집행기관), IMF 관료들을 일컫는, 이른바 "트로이카(troika)"의 비공식적인 거주지였다. 2010년 5월에 구제 금융에 관한 협상이 지연되면서, 시위대는 광장을 중심으로 모이기 시작했다. 10명도 채 되지 않던 규모가 수백 명, 수천 명으로 불어나면서, 아테네 경찰과의 충돌이 시작되었다. 경찰은 민주주의를 요구하는 시위대에게 최루탄, 경찰견, 시위 진압용 차량으로 맞섰다.

그리스의 비극에 관한 이야기는 본질적으로 아이슬란드의 상황과 정반대로 전개되었다. 그리스의 민주주의는 트로이카의 요구를 받아들이면서 중단되었다. 제2차 세계대전 당시의 배급 제도 이후로 유럽 국가들이 겪었던 그 어떤 상황과도 다르게, 긴축이라는 잔인한 처방은 정부와 은행이 초래한 손실의 대가를 대신해서 치르는 가난하고 취약한 사람들의 생명을 위협했다. 공중보건 위기에 관한 새로운 뉴스가 계속 들려오면서, 정부는 커져가는 재앙에 맞서서 해결 방안을 모색하기는커녕 그 증거를 인정하지 않으려고만 했다.

불행하게도 그리스는 깨닫지도 못하는 채로 긴축 정책이 건강에 미치는 효과를 시험하는 실험실이 되었다. 이처럼 극단적인 재앙이 발생하게 된 근원은 금융 정책의 실패, 부정부패, 조세 회피와 함께 궁극적으로는 민주주의의 결여가 한꺼번에 몰려온 데에 있었다. 아이슬란드와는 다르게 그리스 국민들의 의지는 표출될 수 없었다.

우리는 그리스가 혼란에 빠져들게 된 원인을 이해하기 위해서 최소 40년에 걸친 그리스의 역사를 살펴보았다. 1967년부터 집권했던 그리스 군사정권이 1974년에 붕괴되었을 때, 그리스는 유럽에서 가장 가난한 국가에 속했다. 민주화 이후의 그리스 경제는 관광, 해운, 농업을 기반으로 발전하기 시작했다. 관광객들은 그리스의 미코노스, 산토리니와 같은 '파티의 섬'의 백사장으로 몰려들었다. 그리고 그리스 농부들은 목화, 과일, 채소, 올리브유를 주변 국가들에 공급했다. 1980년대와 1990년대에 그리스 경제는 천천히 그러나 꾸준히 성장하여 연평균 1.5퍼센트에 약간 못 미치는 성장률을 기록했다.

이후로 그리스는 2001년 1월에 EU에 가입하면서 호황으로 가기 위한 길을 열었다. EU 자본이 그리스로 몰려들면서 건설 산업이 활기를 띠었다. 처음 5년 동안에는 사회기반 시설을 구축하기 위해서 유럽 구조기금(European Structural Funds)으로부터 240억 달러를 도입했다. 그리스 정부는 EU 기금을 지나칠 정도로 많이 빌려서, 이를 해운업 발전을 위한 항만과 2004년 아테네 올림픽 개최를 위한 스포츠 시설과 같은 대규모 건설 프로젝트에 동원했다. 심지어는 영국 귀족들이 약탈하여 영국 박물관에 전시해놓은 파르테논 대리석 조각 작품(Parthenon Marbles)의 반환을 요구하기 위해서 대형 박물관을 짓기도 했다. 그리스의 박물관 건설 사업은 유럽에서 최대 규모의 문화 프로젝트 중의 하나로 건설비만 2억 달러에 달했다.[4]

EU 기금, 외국인 투자, 세금과 이자율의 인하로 인해서 2000년대 중반까지 그리스 경제는 뜨겁게 달아올랐다. 2006년 2월에는 그리스의 재경부 장관 게오르게 알로고스쿠피스가 "우리는 경제 기적을 달성하고 있다"는 말까지 했다. 그해 6월, 그리스 경제는 7.6퍼센트라는 가장 높은 GDP 성장률을 기록했다(이에 반해서 포르투갈, 스페인을 비롯하여 그리스와 비슷한 경제 상황에서 출발했던 EU 국가들은 연간 2퍼센트에도 못 미치는 성장률을 계속 이어갔다).[5]

그러나 이런 상황의 이면에서는 그리스 경제를 어렵게 만드는 요인이 도사리고 있었다. 그리스 정부는 사회기반 시설을 확충하기 위해서 해마다 5퍼센트의 적자를 기록했는데, 이는 높은 성장률 때문에 유지될 수 있었다. 문제는 정부 지출이 많다는 데에도 있었지만, 정부가 외국 기업을 유치하려는 노력의 일환으로 2000년에 40퍼센트였던 법인세율을 2007년에는 25퍼센트로 낮추었기 때문에 적자가 계속해서 불어났다는 데에도 있었다. 결론은 그리스가 건전한 거시경제 정책과는 반대 방향으로 가고 있었다는 것이다. 즉 좋은 시절에 미래에 대비하여 저축을 하지 않고 지나치게 지출을 많이 하고 있었다. 이처럼 위험한 경제 개발 패턴은 곧 그리스 국민들의 건강에 악영향을 미칠 수 있었다.

2008년에 미국 은행들이 무너지기 시작하면서, 그리스의 금융권은 후폭풍에 시달려야 했다. 아이슬란드 국민들과는 다르게, 그리스 국민들은 한 차례가 아니라 수차례의 금융 지진을 겪어야만 했다. 첫 번째 지진은 "수요 충격(demand shock)", 즉 건설 수요뿐만 아니라 그리스 재화와 서비스에 대한 수요의 부족이었다. 그 다음으로는 "실제 숫자의 충격(real numbers shock)"이 뒤따랐는데, 이는 그리스 경제 데이터가 조작된 것이라는 사실을 드러냈다. 마지막으로 "긴축 위기(austerity crisis)"가 전국을 강타했다. IMF와 유럽 중앙은행이 구제 금융의 조건으로 그리스에 부과했던 조치에서 비롯된 충격이었다. IMF와 유럽 중앙은행은 이런 조치가 경제 회복에 기여하거나 공중보건에 미치는 피해를 예방하는 데에 도움이 되지 않는다는 데이터와 증거가 많이 있음에도 불구하고(심지어 IMF의 내부 자료에도 있다), 이에 대한 미련을 버리지 못했다.

그리스를 뒤흔들었던 수요 충격은 미국에서 주택담보 증권의 가치가 뚝 떨어진 여파로 발생했다. 2008년 5월부터 2009년 5월까지 아테네 증권거래소에서 거래되던 주식의 가치는 60퍼센트나 떨어졌다. 그리스 경제는 아이슬란드 경제에 비해서 위험한 해외 투자 거래에 직접적으로 노출되어 있지 않았지만, 위험한 투자를 받는 쪽에 있었기 때문에 간접적으로 위험에 노출되어 있었다. 유럽의 투자자들이 재산을 잃게 되자, 그리스 섬으로의 호화로운 여행이 당장 중단되었고 그리스의 과일과 채소 수입도 감소했으며 건설 프로젝트도 중단되어서 크레인이 허공에 매달려 있게 되었다. 유럽과 북아메리카 대륙의 은행들은 구제 금융을 지원받았지만, 이 구제 금융이 그리스 경제에 파급 효과를 일으키기에는 역부족이었다. 그리스의 금융 부문이 서서히 나락으로 떨어지면서 그리스 가구의 평균 소득은 2008년에는 0.2퍼센트 하락했고, 2009년에는 3.3퍼센트 하락했다.[6]

첫 번째 금융 지진인 "수요 충격" 이후에는, 두 번째 금융 지진인 "실제 숫자의 충격"이 뒤따랐다. 그리스 경제는 정부가 주장하는 것보다 훨씬 더 취약하다는 사실이 밝혀진 것이었다. 위기가 발생하기 전에 EU의 통계 작성기관인 유로스타트(EuroStat)는 그리스 경제 보고서에 나타난 몇몇 숫자들을 표시해두었다. 예를 들면, 유럽 위원회의 회계 감사에서는 그리스 당국이 일부 부채를 고의적으로 정부 부채가 아닌 것으로 분류하고 있다는 사실이 밝혀졌다. 독일 회계 감사관들도 컴퓨터 알고리듬을 사용하여 회계 조작처럼 보이는 곳을 찾아냈다. 그리스 정부에서 일하는 누군가가 회계 보고서를 꾸며 예산 실적이 더 좋게 보이도록 집계하기 위해서 몇몇 숫자들을 부풀려서 기록했던 것이다.[7]

투자자들은 금융이 취약하고 거품이 형성되고 있다는 징후를 느꼈지만, 이를 외면했다. 경제 위기로 인해서 그리스 경제가 전 세계의 검증을 받게 될 때까지 말이다. 2010년 초가 되면서 그리스의 실제 금융 상황은 EU 회계 감사관들이 생각했던 것보다도 훨씬 더 나쁘다는 사실이 밝혀졌다. 기자들은 그리스 정치 지도자들이 그리스가 지난 10년 동안 EU로부터 실제로 빌린 금액의 규모를 감추기 위한 거래를 주선하는 조건으로 투자은행인 골드만삭스(Goldman Sachs)에 수억 달러를 지급했던 사실을 밝혀냈다. 그리스의 부채 데이터는 그리스의 유로 존 편입을 위해서 철저하게 조작되어왔다. 그리고 골드만삭스는 부채 데이터가 EU 회계 감사관들의 상세한 심사를 통과할 수 있도록, 조작을 덮어주는 작업을 훌륭하게 수행했다. 실제로 그리스의 부채 규모는 2007년에 GDP의 105퍼센트에서, 2010년에는 143퍼센트로 증가했다.[8]

2010년 초에 그리스의 실제 경제 상황을 폭로하는 뉴스가 전해지면서 패닉이 뒤따랐다. 2010년 4월에 신용평가 기관들은 그리스 정부가 발행하는 채권을 "정크(junk)" 수준으로 낮추었다. 이런 평가 결과는 그리스에서 사업 기회를 찾아서 경제 회복에 도움을 줄 수도 있었을 투자자들을 두려움에 떨게 만들었다. 그리스 정부 채권의 이자율은 실제 상황을 몰랐던 투자자들이 두려움을 느끼면서 걷잡을 수 없이 오르기 시작하여 2009년 2퍼센트였던 것이 2010년에는 10퍼센트로 증가했다. 상황이 이렇게 흘러가면서 그리스 정부가 부채를 상환하기 전에 지급해야 할 이자 비용도 크게 올랐다.[9]

실제 숫자의 충격이 있고 난 후에는 수요 충격보다 훨씬 더 커다란 고통이 뒤따랐다. 그리스의 GDP는 더욱 가라앉아서 2010년에는 3.4퍼센트가 하락했다. 재산가들은 돈을 해외 은행에 예치했다. 따라서 충격의 대가를 치르는 것은 일반 국민들이었다. 실업률은 2008년 5월에 7퍼센트에서, 2011년 5월에는 17퍼센트로 치솟았다. 고등학교 혹은 대학교를 졸업하고 처음으로 직장을 찾는 젊은이들의 실업률은 19퍼센트에서 40퍼센트가 되었다. 새로운 교육을 받은 세대가 성인이 되자마자 실업자가 되었다.[10]

그리스 경제는 붕괴 직전에 놓여 있었다. 불확실성이 그리스의 부채 상환 능력을 약화시키고 그리스 통화가 유럽의 나머지 국가들과 연동되어 있는 상황에서, 그리스 정부는 쓰레기 수거와 소방서 운영과 같은 국민의 기본적인 요구를 충족시킬 업무를 수행하기 위한 예산의 확보마저도 쉽지 않았다. 결국 그리스 정부는 IMF에 도움을 요청하지 않을 수 없었다. 2010년 5월에 IMF는 국영 기업과 사회기반 시설의 민영화, 사회보장 예산의 감축이라는 일반적인 단서 조항을 달아서 대출금을 지원했다. 또한 그리스 정부가 동의한다면, IMF와 유럽 중앙은행은 그리스 정부가 부채를 갚도록 하기 위한 3년짜리 구제 금융 계획의 일부로 1,100억 유로를 빌려줄 수도 있었다. 그리스의 채권자들(여기에는 그리스의 건설 거품을 일으키는 데에 일조했던 프랑스와 영국의 은행들이 포함된다)도 이른바 헤어컷(haircut : 가격이 하락한 채권의 장부 가치를 현실화하는 것/역주)을 실시하여 부채의 절반을 탕감하고 대출금의 이자율을 낮추는 데에 동의했다.[11]

IMF 패키지의 수용 여부는 공공 토론의 장에서 다루어져야 할 문제였다. 그러나 그리스의 정치 지도자들은 대안이 없다고 생각했다. 그리스의 총리이자 집권당인 '범그리스 사회주의 운동(PASOK)'의 대표이기도 한 게오르기오스 파판드레우는 애초부터 IMF 패키지를 수용하는 것 이외에는 다른 대안이 없다는 말로 그리스 국민들을 설득하려고 했다. 2010년 5월에 협상이 한창 진행될 때, 그는 이 결정을 "붕괴와 구원" 간의 흑백 논리로 설명했다. 어느 누구도 그리스에 돈을 빌려주려고 하지 않았다. 그러나 그는 IMF 구제 금융이 초래할 고통을 인식하고 있었다. IMF 계획을 승인하면서 그는 이렇게 말했다. "지금 우리의 결정은 앞으로 국민들에게 커다란 희생을 요구할 것입니다."[12]

전체적으로 IMF의 목표는 3년 동안에 그리스의 정부 예산을 총 230억 유로 감축하는 것이었다. 이는 그리스 경제 규모의 약 10퍼센트에 해당되었다. 그리고 그리스 정부의 적자 폭을 2014년까지 GDP의 14퍼센트에서 3퍼센트 이하로 줄이기 위해서 국영 기업을 매각하여 600억 유로를 확보하려고 했다. 트로이카의 대출 기록은 공공 부문 노동자들이 대량 해고, 임금 삭감, 연금 삭감에 직면하여 예산 감축으로 가장 많은 피해를 보게 된다는 사실을 말해주었다. 또한 구제 금융은 연료와 이와 관련된 제품의 세율을 10퍼센트 인상하도록 요구하여 국민들의 호주머니를 텅 비게 하고 구매력을 감소시켰다.

2010년 5월에는 그리스의 시민단체인 아메시 디모크라티아 토라(Amesi Dimokratia Tora)의 주도로 트로이카의 계획에 대한 반대 시위가 일어났다. 정파를 초월한 수천 명의 사람들이 신타그마 광장으로 모여들었다. 시위는 처음에는 평화적으로 진행되었지만, 곧 과격해지면서 세 사람의 사망자가 발생했다. 밤이 되자, 화염병이 날아들면서 아테네의 하늘에는 불길이 치솟았다. 이런 혼란의 와중에도 감축을 피해간 기관이 있었는데, 바로 경찰청이었다. 경찰청은 경찰관 2,000명을 새롭게 충원하여 시위 진압에 동원했다. 경찰과 군대가 사용하게 될 최루탄, 시위 진압용 장비, 탱크를 구매하기 위한 예산도 증액되었다.[13]

그리스 시위대는 아이슬란드와 마찬가지로 구제 금융에 관한 국민 투표를 요구했다. 이에 파판드레우 총리는 정부가 가장 취약한 계층을 보호하겠다는 약속을 하면서 이렇게 말했다. "정부는 가장 약한 사람들을 보호하기 위해서 최선의 노력을 기울이겠지만, 그리스 국민들에게는 힘든 미래가 기다리고 있습니다." 그럼에도 불구하고, IMF의 첫 번째 긴축 패키지는 국민 투표 없이 2010년 5월부터 시행되었다.

우리는 그리스의 금융 상황이 악화되기 직전인 2007년부터 경제 변화가 공중보건에 미치는 영향에 관해서 연구하면서 병원, 비영리 기관, 보건부, 가계조사 보고서 등을 통해서 그리스 보건 체계에 관한 데이터를 입수하기 위해서 최선의 노력을 기울였다. 이를 통해서 우리는 실업률의 증가, 주택 압류 건수의 증가, 개인 부채의 증가와 같은 문제를 알리는 조기 징후를 찾아낼 수 있었다. 이 모든 징후가 공중보건의 악화를 알리는 위험 인자들이었다. 그리스는 사회보장 프로그램이 크게 약화되면서, 특히 급진적인 긴축 정책 이후에는 지원이 필요한 사람이 갑자기 늘어나는 상황에 제대로 대처할 수가 없었다.

긴축 정책이 공중보건에 미치는 영향을 정확히 수량적으로 파악하기는 어려웠다. 이런 주제에 관한 정부 보고서는 발간이 지연되었거나 구할 수가 없었다. 그리고 보고서가 발간되었더라도 공중보건 체계가 개선되고 있다는 주장뿐이었다. 심지어 한 보고서에서는 효율성의 증진으로 공중보건 체계가 발전했다는 자랑까지 늘어놓았다. 그러나 그리스를 비롯하여 여러 나라의 신문들에서 의사들이 들려주는 일화적인 이야기는 심각한 문제가 발생하고 있다는 우려가 들게 했다.

공중보건 체계가 무너지면, 대개 착한 사마리아인들(곤경에 빠져 있는 사람의 진정한 친구들/역주)이 공백을 메우기 위해서 다가온다. 「뉴욕 타임스」는 공중보건 체계의 혜택을 받을 수 없게 된 환자들을 무료로 치료해주는, 숨은 영웅과도 같은 그리스 의사들의 네트워크를 소개한 적이 있었다. 아테네의 소티리아 종합병원의 종양내과 과장 코스타스 시리고스 박사는 자신이 본 최악의 유방암 환자에 관해서 설명했다. 그녀는 트로이카의 보건 서비스 개혁 정책으로 1년 동안 치료를 받을 수 없었다. 그녀가 무료 진료소를 찾았을 때에는 종양이 이미 피부로 침투해서 옷에까지 배어나오기 시작했다. 그녀는 몹시 고통스러워하면서 궤양이 되어버린 상처를 휴지로 닦아냈다. 시리고스 박사는 기자에게 말했다. "그녀를 처음 보았을 때, 할 말을 잃었습니다. 모두가 눈물을 흘렸지요. 그런 모습은 교과서에서나 나오지, 여태껏 한번도 본 적은 없었습니다. 지금까지 그리스에서 아픈 사람은 누구든지 항상 도움을 받을 수 있었기 때문입니다."[14]

트로이카의 긴축 정책의 목표인 "공중보건 체계의 근대화"는 재난을 피할 수 있을 것처럼 들렸다. 공중보건 체계의 근대화를 원하지 않는 사람이 누가 있겠는가? 그리스의 체계는 실제로 개혁이 필요했고, 이는 유럽의 공중보건 연구자들 사이에서 널리 알려진 과제였다. 문제는 트로이카의 계획이 공중보건 전문가에 의하거나 최소한 그들의 의견을 참고하여 작성된 것이 아니라는 데에 있었다. 오히려 그 계획은 공중보건 전문가의 조언을 전혀 받지 않은 경제학자들에 의해서 작성되었다. 이것은 정부가 자동차의 제조 과정을 잘 아는 사람의 이야기는 듣지 않고서 자동차 산업을 근대화하겠다는 것과 마찬가지였다.[15]

IMF의 "복구" 계획은 분명하지 않은 산수에 바탕을 두었다. 그 목표는 "보편적 보건 서비스 체계를 유지하고 그 질을 향상시키면서 공중보건 지출을 GDP의 6퍼센트 혹은 그 이하로 유지한다. 단기적으로는 거시적 차원에서 원칙을 정하고 비용을 통제하는 데에 집중한다"는 것이었다. 6퍼센트의 목표가 어디에서 나왔는지에 대해서는 아무런 언급이 없었다. 실제로 다른 모든 서구 국가들은 기본적인 보건 서비스 체계를 유지하기 위해서 이보다 훨씬 더 많이 지출하기 때문에 당혹스러울 뿐이었다. 예를 들면, 그리스 정부에 긴축 정책을 가장 강력하게 주문한 독일 정부는 보건 서비스에 GDP의 10퍼센트 이상을 지출한다.

IMF는 적자를 줄이기 위해서는 훌륭한 조치처럼 보이지만, 사실은 위험천만한 아이디어들을 계속 생각해냈다. 이런 아이디어들은 사실상 사람들이 의료 서비스를 이용하지 못하도록 했다. 그중 하나가 바로 의료비 지원을 삭감하는 것이었다. 이를 위해서 IMF와 그리스 정부는 "외래 환자를 위한 의약품 지원을 GDP의 1.9퍼센트에서 1.3퍼센트로 줄이기"로 합의했다. 그리스의 의약품 지출이 증가하게 된 원인을 생각해보면, 이런 삭감은 IMF의 다른 프로그램들과 마찬가지로 상당히 위험해 보였다.

그리스는 2001년 EU에 가입한 이후로 의약품 지출이 엄청나게 상승했다. 처음에는 원인이 분명하지 않았으나, 정직하지 못한 거래가 주요 원인으로 지목되었다. 그리스에서는 환자와 제약회사가 의사에게 약을 더 많이 처방해달라고 청탁하고 그 대가로 파켈라키(fakelaki : 작은 봉투를 뜻하는 그리스어로 뇌물이라는 의미로 쓰인다)를 건네거나 거액의 돈을 의사의 은행구좌로 직접 송금한다는 이야기가 공공연히 전해졌다. 또한 제약회사는 의사들과 영업에 도움이 되는 관계를 형성하기 위해서 창의적인 방식을 동원하는데, 예를 들면 의사들을 하와이에서 열리는 호화로운 휴가성 컨퍼런스에 초대하거나 회사의 자문위원으로 초빙하여 수당을 주는 방식이었다.[16]

그러나 IMF가 의약품 지출이 늘어나는 추세를 정확하게 감지했더라도, 그 해결책은 오히려 문제를 더 심각하게 만들었다. 의약품 마케팅과 영업을 규제하는 대신에, 병원의 예산을 삭감하여 병원이 의약품과 의료기를 조달하는 데에 어려움을 겪도록 했다. 얼마 지나지 않아서 항생제가 바닥난 병원이 생기고, 치료를 받기 위한 대기시간이 두 배로 길어졌다가 다시 세 배로 길어지게 되었다. 환자들은 대도시에 위치한 병원에서도 의사를 만나기가 어려워졌다. IMF의 첫 번째 구제 금융 패키지가 시행된 후 얼마 지나지 않은 2010년 5월, 제약회사 노보-노르디스크(Novo-Nordisk)는 트로이카의 가격 인하 이후로 더 이상 수지가 맞지 않는다는 이유로 그리스에서 발을 뺐다(그리스 정부는 노보-노르디스크에 3,600만 달러를 갚아야 했다). 이로 인해서 일자리가 사라졌을 뿐만 아니라 5만 명에 달하는 당뇨병 환자들이 인슐린을 구하는 데에 어려움을 겪게 되었다.[17]

이런 상황에서 그리스 국민들의 건강은 계속해서 나빠져갔다. 2009

년에는 자신의 건강이 "나빠졌거나 매우 나빠졌다"고 응답하는 사람이 2007년에 비해서 15퍼센트 증가했다. 이 결과는 전체적인 사망률과도 상관관계가 있어서, 다른 데이터를 얻을 수 없을 때에는 사회의 공중보건 상태를 나타내는 지표로 널리 사용될 수 있다(여기서 아이슬란드와 또다른 비교를 할 수 있는데, 아이슬란드 국민들은 금융 위기 이전에 비해서 자신의 건강이 나빠지지 않았다고 대답했다).[18]

우리는 금융 위기 동안에 사람들의 건강이 나빠지는 원인을 찾기 위해서 데이터를 더욱 자세히 살펴보았다. 그 결과, 우리는 금융 위기 이전인 2007년과 비교하여 2009년에는 사람들이 치료를 받기 위해서 의사를 찾아가는 횟수가 15퍼센트 정도 감소했다는 사실을 알아냈다. 대기시간이 길어지거나 치료비가 올라서 치료를 받을 수가 없었던 것이다. 또한 사람들은 민간 병원의 치료를 받을 형편이 되지 않아서 주로 국공립 병원이나 진료소에 의지하게 되었다. 민간 병원을 찾는 사람들이 줄면서 국공립 병원이 예전에 비해서 약 25퍼센트 정도 늘어난 수요를 감당해야 했다. 그러나 그리스 정부의 긴축 정책은 새로운 수요를 충족시켜주기는커녕 의사를 비롯하여 의료지원 인력을 3만5,000명이나 감축하도록 했다. 결과적으로 대기시간은 참을 수 없을 정도로 길어졌다. 게다가 임금이 줄어든 의사들은 그리스 사회의 오랜 관행이라고 할, 절박한 환자들이 건네는 뇌물에 쉽게 넘어가게 되었다. 이런 현상은 또다른 비효율을 낳았고 가난한 국민들을 의료 혜택으로부터 더 멀어지게 만들었다.[19]

불황과 긴축의 조합은 상당한 고통을 일으켰다. 예산 감축, 진료소 폐쇄를 비롯하여 여러 가지 "숨은" 피해를 낳았다. 체계의 변화에서 가장 많은 피해를 보는 이들은 보살핌이 필요한 노인들이었다. 우리가 추정한 바로는 65세 이상 노인들 중에서 최소한 6만 명이 금융 위기와 긴축 기간 중에 필요한 의료 서비스를 받지 못한 채로 지내고 있었다.

신체적 건강뿐만 아니라 정신적 건강도 마찬가지로 악화되었다. 자살률은 2007년부터 2009년까지 20퍼센트나 증가했는데, 주로 남자들의 자살이 두드러졌다. 이런 분위기를 반영하듯이, 각종 상담 센터에서는 도움을 요청하는 전화가 두 배로 늘어났다. 그러나 이는 빙산의 일각일 뿐이었다. 예나 지금이나 그리스인들은 정신질환을 수치스럽게 생각하고 도움을 요청하지 않으려고 한다. 또한 그리스 정교회는 자살자에 대한 장례를 거부하기 때문에, 그리스에서는 자살로 추정되지만 수치심을 느끼는 가정의 명예를 지켜주기 위해서 "원인 불명의 사망"으로 처리된 경우가 많았을 것으로 추정된다.[20]

긴축 정책 이후로 공중보건 프로그램이 붕괴되면서, 전염병 발병률이 갑자기 높아졌다. 그리스 질병관리본부(Hellenic Centre for Disease Control and Prevention)는 전염병 예방 프로그램의 예산을 대폭 감축한 이후로, 전염병이 크게 늘어나고 있다는 사실을 파악했다. 지난 40년 동안에 그리스의 살충제 분사 프로그램은 모기가 일으키는 전염병을 효과적으로 예방하는 역할을 했다. 남부 지방에서는 이 예산이 감축되면서 2010년 8월에 웨스트 나일 바이러스(West Nile Virus)가 유행하여 그리스 남부와 마케도니아 중부에서만 62명이 사망했다. 또한 1970년대 이후 처음으로 그리스 남부의 라코니아와 이스트 아티카에서 말라리아가 발생했다. 이에 유럽 질병관리본부(European Centre for Disease Prevention and Control)는 그리스 남부 지방 여행객들에게 말라리아에 걸리지 않도록 모기약이나 모기장과 같은 비품을 준비하도록 권고했다. 이는 오래 전 사하라 이남 아프리카나 아시아의 열대 지방

여행객들에게나 보냈던 특별 경고였다.[21]

그러나 무엇보다 가장 두드러진 현상은 지난 수십 년 동안 유럽에서는 유일하게 아테네를 중심으로 HIV가 유행했던 일일 것이다. 처음에는 매춘이 원인으로 지목되었다. 그러나 데이터를 자세히 들여다보면, 로베르도스가 온라인으로 사진을 공개한 성노동자 29명 중에서 28명이 정맥주사 마약 중독자였다는 사실을 알 수 있다. 따라서 마약 중독도 주요 원인이라고 할 수 있다.[22]

그리스 질병관리본부의 전염병학자들은 HIV 감염의 경로를 추적했다. 유럽의 여러 지역들과 마찬가지로 그리스에서도 HIV 감염의 상당 부분은 감염된 주사 바늘을 재사용한 데에서 비롯되었다. 따라서 전염병학자들은 HIV 감염을 추적하고 필요한 경우에 신속한 조치를 취하기 위해서 정기적으로 진료소의 데이터를 감시하고 마약 중독자의 혈액을 조사했다. 2011년에는 이런 감시와 조사를 통해서 384명의 새로운 HIV 감염자를 확인할 수 있었다. 그들은 이성애자와 동성애자 간에는 HIV 감염률의 차이가 거의 없다는 사실도 확인했다. 대신에 2011년 1월부터 10월까지 새로운 HIV 감염자의 상당수가 감염된 주사 바늘을 사용했던 사람들이었고, 이들이 새로운 감염에서 10배나 증가했다는 사실을 확인했다.

신타그마 광장에서 몇 블록 떨어진 곳에서 자기 삶의 대부분을 보낸 우리 동료들 중의 한 사람은 "아테네 거리에서 마약 중독자가 지금처럼 많았던 적이 없어요"라고 말했다. 아테네 경찰서는 그녀가 본 것을 정확하게 확인시켜주었다. 2010년부터 2011년까지 헤로인 중독자는 20퍼센트 증가했고, 절망에 빠져 있는 사람들(특히 실업률이 40퍼센트에 달하는 젊은 층)이 거리에서 마약에 의지해서 살고 있었다.[23]

세계보건기구는 주사 바늘에 의한 HIV 감염에 대해서 해결 방법을 내놓았다. 감염을 예방하기 위해서 모든 국가에서 마약 중독자 한 사람당 연간 약 200개의 새 주사 바늘을 확보하라는 것이었다. 이 추정치는 주사 바늘 교환 프로그램이 마약 중독자의 증가를 초래하지 않으면서 HIV 감염을 효과적으로 줄일 수 있다는 1990년대의 광범위한 연구에서 얻은 데이터에 기반을 둔 것이었다. 그러나 그리스의 전염병학자들이 마약 중독과 관련된 HIV 감염을 경고하던 바로 그때에, 주사 바늘 교환 프로그램의 예산은 삭감되었다. 결과적으로 그리스 질병관리본부는 마약 중독자 한 사람당 겨우 3개의 주사 바늘만이 확보되었던 것으로 추정했다. 더구나 2010년 10월, 아테네의 마약 중독자 275명을 대상으로 실시했던 한 조사에서는 그들 중 85퍼센트가 마약 중독자 재활 프로그램에 참여하려는 의지가 강했음에도 불구하고 참여하지 못한 것으로 나타났다. 또한 긴축 정책을 추진한 이후 아테네를 비롯한 그리스의 주요 도시에서 재활 프로그램의 대기시간이 3년이 넘는 것으로 조사되었다.[24]

이 상황에서 그리스 보건부가 선택할 수 있는 방안은 많지 않았다. 보건부의 예산은 40퍼센트나 감축되었다. 그러나 민주주의에 바탕을 둔 정치적인 대안은 존재했다. 국민들을 보호하기 위한 한 가지 방법은 외국의 투자자들이 자신의 돈을 돌려달라고 외치더라도 아이슬란드의 길을 따르는 것이었다. 아이슬란드 국민들은 보건, 위생(아테네에서는 몇 주일 동안 쓰레기를 회수하지 않는 지역이 많았다)을 비롯하여 반드시 필요한 서비스를 위한 예산을 확보하기 위해서 아이스세이브의 부채 상환을 연기하여 천천히 상환하는 쪽에 표를 던졌다.[25]

HIV가 유행하고 있다는 사실이 분명해지던 시점인 2011년 11월에,

파판드레우 총리는 아이슬란드 방식의 해법을 시도했다. 그는 IMF와 유럽 중앙은행이 제시한 긴축 정책 2라운드에 관해서 국민 투표를 실시할 것을 발표했다. 실제로 그리스 국민들의 눈에는 긴축 프로그램이 제대로 작동하지 않는 것으로 보였다. 모든 부문에서 예산을 절감했음에도 불구하고, 그리스 정부의 부채는 계속 증가하여 2011년에는 GDP의 165퍼센트에 달했다. 그러나 트로이카와 독일을 비롯한 여러 나라의 투자자들에게 투자금을 조속히 상환하라는 유럽 정치 지도자의 압력으로 인해서 파판드레우 총리는 국민 투표를 취소할 수밖에 없었다. 처음에 국민 투표는 그리스 각료들의 지지를 받았지만, EU 지도자들은 반대 의사를 분명히 했다. 그리고 파판드레우 총리는 그리스 의회의 불신임 투표에 회부되어 사임하게 되었다. 아이러니하게도, 유럽 국가들이 지중해 남부의 민주화를 지지하면서 리비아의 독재자 무아마르 카다피 축출 운동을 돕던 시기에, 지중해 북부의 민주주의의 발상지 그리스에서는 민주적 투표를 가로막는 일이 생겼다.[26]

보건부 장관이 공중보건 예산의 감축을 요구하는 IMF에 맞서 저항하다가 사임했던 아이슬란드와는 다르게, 그리스의 보건부 장관 로베르도스는 난국을 직접 돌파하려고 했지만 쉽지 않은 일이었다. 2009년 한 해에만 공중보건 예산이 240억 유로에서 160억 유로로 감축되었고, 이듬해 구제 금융은 훨씬 더 많은 감축을 요구했다. 이런 이유로, 그리스 보건부는 새롭게 떠오르는 HIV와 말라리아에 대처할 만한 예산이 없었던 것이다.

2012년 3월에 아테네에서 개최된 한 컨퍼런스에서 우리는 HIV 감염자가 크게 늘어나고 있음을 보여주는 그리스 질병관리본부의 데이터를 그리스 보건부에 제출하면서, 주사 바늘 교환 프로그램을 확대할 것을 촉구했다. 놀랍게도, 보건부를 대표하여 나온 사람들이 이에 전혀 관심이 없어 보였다. 그들은 이 통계가 북부 아프리카와 동유럽 출신의 HIV에 감염된 사람들이 그리스로 이민을 왔기 때문이라고 생각했다. 우리가 이 통계는 HIV에 감염된 사람들의 대다수가 그리스 출신이라는 사실을 보여준다고 지적했지만, 그들은 아무 대답도 하지 않았다.

그리고 몇 주일이 지나자, 그들은 모른 척하는 쪽에서 확실하게 부정하는 쪽으로 입장을 바꾸는 모습을 보였다. 2012년 3월에 그리스의 공중보건 체계에 관한 우리의 연구 결과가 의학 저널 『더 랜싯』에 발표되자(동료 전문가들은 우리의 데이터 분석이 적절했고, 중요하면서도 놀랄 만하다는 평가를 내렸다), 그리스 보건부 공무원들은 이를 무시하려고 했다. 예를 들면, 우리가 자살자 수를 전체적으로 17퍼센트 증가한 것으로 보고하자, 보건부 공무원 중의 한 사람은 이 데이터가 실제로 보건부에서 나왔음에도 불구하고 이를 그리스의 정신건강 위기에 관한 "섣부른 확대 해석"으로 간주했다. 그러나 우리가 이끌어낸 결론은 다른 대학교의 독립적인 연구자들에 의해서 자주 인용되었다. 그 동안에도 그리스뿐만 아니라 그밖의 여러 나라의 조사에서 밝혀졌다시피, 자살률과 우울증 발병률은 계속 증가했다.[27]

2012년 5월 선거가 있기 직전에, 로베스도스 보건부 장관은 그리스의 공중보건 문제가 심각해지고 있는 상황에 공개적으로 우려의 뜻을 표했다. 그러나 그의 우려는 그리스의 보건 문제보다는 선거와 더 많은 관련이 있었다. 그는 외국인 혐오증에 호소하면서 희생양을 찾으려고 했다. 이민자들이 가장 큰 골칫거리이며, 공중보건 체계에 "짐"으로 작용했다는 논리였다. 그는 "복지 사기(welfare fraud)"를 대대적으로 단속하면, 2억3,000만 유로에 달하는 경비를 절감하여 납세자의 부담을 덜어줄 수 있다고 주장했다.

　로베르도스의 발언 이후 대규모 긴축으로 이민자와 일반 시민 모두가 고통을 겪었다. 2009년과 2010년의 예산 감축은 이미 이민자를 위한 보건 서비스의 3분의 1을 폐지하도록 만들었는데, 2012년 두 번째 구제 금융으로 또다시 감축이 시행되면서 보건 서비스 프로그램은 거의 마비 지경에 이르렀다. 이 프로그램은 그들이 지적하는 이민자뿐만 아니라 일반 시민의 수요도 감당하지 못했다. '세계의 의사들(Medecins du Monde : 국제 의료지원 단체로 주로 저소득 국가에서 운영된다)' 그리스 지부가 운영하는 '거리의 진료소'는 그들의 의료지원 서비스가 필요한 환자들이 금융 위기 이전에는 그리스 국민의 3퍼센트였지만, 지금은 그 10배인 30퍼센트에 달하는 것으로 추정했다. 그리고 노벨 평화상을 수상한 또다른 국제단체인 '국경 없는 의사회(Medecins Sans Frontieres)'는 주로 전쟁으로 폐허가 된 지역의 난민촌에서 봉사활동을 펼치지만, 그리스의 무너진 공중보건 체계를 수습하기 위해서 그리스인을 위한 긴급 구호 프로그램을 가동하기 시작했다.

　우리가 생각하기로는 그리스의 긴축은 또다른 위기를 초래하면서 국부(國富)의 궁극적인 원천인 사람을 손상시키고 있었다. 그러나 모두가 이 생각에 동의하지는 않았다. 2012년 11월에 경제학자 리쿠르고스 리아로풀로스는 『브리티시 메디컬 저널』의 편집자에게 그리스에는 "공중보건과 관련된 비극은 없다"는 내용의 편지를 썼다. 그는 "의료 보장을 받지 못하는 사람들이 많으며, 교회를 비롯한 여러 민간단체가 도움을 주기 위해서 힘을 모으고 있다"는 사실은 인정했지만, "환자들이 진료를 거부당하고 있다는 증거는 없다"고 주장했다. 그러나 그는 HIV 실태 조사, 소득과 생활 여건에 관한 EU 통계, 말라리아 실태 보고서, 자살률 통계를 비롯하여 그의 연구팀이 보고하는 데이터까지도 포함하여, 실질적인 증거들을 무시하고 있었다.[28]

리아로풀로스의 편지는 뉴욕의 국립개발연구원(National Development and Research Institutes) 산하 HIV/AIDS 연구소 소장 새뮤얼 프리드먼 박사가 2012년 7월에 그리스의 상황을 "그리스 정부가 하는 일은 HIV를 그리스와 주변 국가로 전파하기 위한 진원지를 창출하는 것"이라며 매우 걱정스럽게 묘사하고 나서 곧 대중들에게 알려졌다. 또한 리아로풀로스가 편지를 쓴 시점은 유럽 질병관리본부 소장 마르크 스프렝거 박사가 이틀에 걸쳐서 그리스 병원과 진료소 방문을 마쳤던 시점과 일치했다. 그 방문 이후에 그가 내린 다음과 같은 결론은 세계적인 화젯거리가 되었다. "나는 금융 위기가 장갑, 가운, 소독용 알코올과 같은 기본적인 필수품조차 해결하지 못하게 만드는 상황을 보았다." 스프렝거 박사의 결론은 어느 누구도 부정할 수 없는 증거가 되었다. "우리는 그리스가 항생제에 내성이 강한 감염의 경우에 아주 나쁜 상황에 있다는 사실을 이미 알고 있었다. 그리고 나는 그곳의 병원을 방문하고 나서 우리가 일촉즉발의 순간에 도착했다는 확신을 가질 수 있었다."[29]

우리는 리아로풀로스의 배경을 살펴보고, 그가 이처럼 변명의 여지가 없는 상황을 굳이 변명하려고 하는 이유를 알게 되었다. 그는 긴축정책을 추진하려는 트로이카의 그리스인 수석 자문관 중의 한 사람으로서 로베르도스 장관으로부터 거액의 자문료를 받고 있었다. 또한 그는 그리스의 공중보건 데이터를 OECD에 보고하는 책임을 맡고 있었다. 아이러니하게도, 그의 부하 직원이 OECD에 제출했던 보고서는 그의 주장과는 상당히 다른 결론을 담고 있었다. 2008년부터 입수 가능한 가장 최근 연도인 2010년과 2011년 사이에 유아 사망률과 충족되지 못한 의료 서비스는 각각 40퍼센트와 47퍼센트가 증가한 것으로 나타났다. 리아로풀로스의 팀이 보고서를 책임지지만, 그는 보고서가 담고 있는 데이터를 인정하지 않는 것으로 보였다.

더 공식적인 부정은 보건부에서 흘러나왔다. 그리스 국민들이 대기 시간이 길고 진료소가 멀리 떨어져 있고 치료비가 너무 비싸서 의료 서비스를 받는 데에 어려움이 따르기 때문에 의사를 찾지 않는다는 보고서가 발간되자, 보건부는 병원 예산의 감축은 "재무 관리의 효율성 증진에 따른 긍정적인 결과"라고 당당하게 주장했다. 이론적으로 이런 주장은 더 적은 비용으로 더 많은 사람들을 치료할 수 있다는 것을 의미한다. 그러나 실제로는 치료를 받는 사람이 줄어서 비용이 감소하는 결과를 낳았다.[30]

일선에서 일하는 사람들은 긴축이 국민들의 건강을 위협한다는 사실을 잘 알고 있었다. 말라리아가 유행했던 한 도시의 시장이면서 의사이기도 한 재니스 그리피오티스는 보건부의 기만에 좌절과 분노를 나타냈다. 그는 보건부 공무원들이 독립적인 국제단체가 말라리아의 유행을 직접 관찰하고 이 사실을 보고할 때까지 말라리아의 실태에 관한 데이터를 숨기고 있다고 말했다. 그리피오티스 박사는 그리스 공무원들이 "대책을 강구하지 않고 사실을 감추기에만 급급했다. 심지어는 나를 미친놈 취급했다"고 말했다. 국경 없는 의사회 프로그램의 간사 아포스톨로스 베이지스는 상황이 심각함에도 불구하고 보건부가 제대로 대처하지 않는 모습에 격분하면서 "사태의 심각성을 알리기 위해서 경종을 울려야 한다"고 말했다.[31]

보건부는 표준적인 보건 통계의 수집을 회피하고 공식적인 발표를 꺼렸다. 따라서 조사하기를 좋아하는 저널리스트들이 보건부의 역할을 대신했다. 그들은 마약 중독자들이 매달 700유로씩 지급되는 보조금을 타기 위해서 고의적으로 HIV에 감염되려고 하고, 부모들이 자녀를 더 이상 양육할 수가 없어서 버리는 일이 발생하고, 임산부에 대한 HIV 감염 검사를 더 이상 시행하지 않아서 수십 년 만에 처음으로 HIV의 모자 감염이 발생한다는 이야기를 폭로했다.[32]

또한 그들은 그리스 국민들의 건강에 미치는 또다른 피해를 폭로했다. 이는 스코틀랜드의 매커들 집안에 닥쳤던 피해와도 같았다. 그리스 정부는 장애인의 자격과 그들에 대한 복지 지원 규정을 다시 쓰면서, "복지 사기"라는 핑계를 내세워 그들의 자격을 박탈하고 지원을 중단했다. 2011년 7월에 발간된 IMF 보고서의 129쪽에는 정부 지출을 줄이기 위한 조항이 적혀 있었다. "전체 연금 수급자 중에서 장애 연금 수급자의 비율이 10퍼센트를 넘지 않도록 축소하는 것을 목적으로 한다. 이를 위해서는 2011년 8월까지 장애인의 정의와 관련 규정을 개정한다." 「파이낸셜 타임스」의 앤드루 잭은 이런 개정이 오랫동안 신체적 장애 상태에 있던 그리스인들에게는 어떤 의미인지를 해석했다. 그는 레스토랑에서 일하는 조이 케제르바라는 여성과 인터뷰를 했다. 그녀는 금융 위기가 일어나기 전에는 희귀성 유전 장애인 수포성 표피박리증(epidermolysis bullosa)을 앓고 있는 딸의 치료를 위해서 정부로부터 매달 4,500유로를 받았다고 했다. 이 병은 어린이에게 화상과도 같은 물집이 온몸 전체에 생기는 것으로, 상처 감염을 방지하기 위해서 살균한 바늘을 사용해야 하고 드레싱을 자주 해야 하기 때문에 치료비가 많이 든다. "복지 사기"에 관한 새로운 규정에 따라서 케제르바에게는 딸의 치료를 위한 지원이 중단되었다. 그녀는 "우리에게는 남은 시간이 별로 없어요. 이미 저축해놓은 돈을 거의 전부 써버렸습니다"라고 말했다. '희귀병 치료를 위한 모임'의 간사 디미트리오스 시노디노스는 그녀의 경우에 관해서 언급하면서, "희귀병 환자의 대다수가 정부 지원금이 크게 줄어들어서 아주 어려운 상황에 처해 있습니다"라고 말했다.[33]

긴축 정책은 그리스의 공중보건을 엉망으로 만들어버렸다. 아테네는 HIV가 유행하고 노숙자가 크게 증가하고 자살률이 늘어나는 와중에도 공중보건 지출을 2009년 106억 유로에서 2012년 70억 유로로 줄였다. 2012년 2월에는 의사들이 감축에 항의하는 시위를 하루 동안 벌이기도 했다. 아테네 의사협회 회장 게오르게 파툴리스는 보건 서비스 체계에 대한 정부의 급진적인 개혁이 혼란을 가중시키고 있다고 설명했다. 심지어는 어떤 환자가 어떤 서비스를 보장받을 수 있는지에 대해서 아는 사람이 아무도 없었다. 약사들도 정부의 사회복지 예산의 감축은 약국의 폐쇄를 의미한다고 주장하면서 사회보험 기금의 미지급을 두고 이틀 동안 시위를 벌였다.

그리스 정부가 국민들의 커져가는 고통을 무시하면서, 그리스 경제체에 대한 IMF의 공격은 쉬지 않고 계속되었다. 트로이카에게는 공중보건 데이터의 수집과 분석은 관심 밖의 일이었고, 새로운 긴축 프로그램만이 중요했다. 2012년 11월 말, IMF와 유럽 파트너들은 그리스의 세 번째 긴축 프로그램에 합의를 보았다. 주요 내용은 공중보건 예산을 20억 유로 더 감축하는 것이었다.

긴축 프로그램은 280억 유로의 구제 금융과 함께 다가왔지만, 그리스 경제는 여전히 회복과는 거리가 멀었다. 정부 부채는 계속 증가하여 2012년에는 GDP의 160퍼센트를 상회했다. 이 모든 돈이 그리스 경제를 회복시키거나 정부 부채를 지탱하는 데에 쓰이지 않았다고 한다면 믿기지 않을 것이다. 「뉴욕 타임스」는 IMF와 유럽 중앙은행이 그리스에 쏟아부은 구제 금융이 실제로는 그리스에서 재앙과도 같은 거품을 일으키는 데에 기여했던 영국, 프랑스, 미국, 독일의 채권자들에게 돌아가고 있다고 보도했다. 결국 그리스가 받은 구제 금융은 그리스를 돕는 데에 쓰이지 않고 세계의 은행 엘리트들이 어설프게 투자했던 돈을 회수하는 데에 쓰인 꼴이 되고 말았다.

2012년이 되자, 동아시아와 아이슬란드의 금융 위기에서와 마찬가지로, IMF는 긴축 정책이 초래할 피해를 과소 추정했다는 사실을 인정할 수밖에 없었다. 긴축 정책을 뒷받침하는 논리의 중심에는 IMF의 재정승수에 대한 가정이 있었다. 재정승수란 현재의 정부 지출 1달러에 대해서 미래의 경제 성장으로 창출되는 달러를 추정한 값이다. IMF는 재정승수를 0.5로 가정하여 정부 지출을 줄여야 경제 회복에 도움이 된다고 보았다. 그러나 긴축 프로그램에서 나오는 실제 경제 데이터는 IMF가 예상하는 것보다 훨씬 더 저조했고, IMF는 그들의 계산이 잘못되었다는 사실을 인정해야 했다. 2012년 2월, IMF는 수석 경제학자들에게 재정승수를 다시 계산하도록 했다. 그들은 재정승수가 1보다 크다는, 우리가 계산한 것과 똑같은 결과를 얻었다. 실제로 IMF의 한 경제학자는 "우리는 긴축 정책이 실업과 경제에 미치는 부정적인 효과를 낮게 평가했습니다"라고 말했다. 따라서 트로이카가 주장하는 이른바 "도움"이라고 하는 것이 실업 문제를 악화시키고 기업의 투자를 위축시키고 유럽 전역에 걸쳐서 투자자의 신뢰를 떨어뜨리는 결과를 낳았고, 궁극적으로 공중보건에 재앙을 초래했다.[34]

그리스에서 긴축 정책은 잘못된 정책일 뿐만 아니라 긴축 중에서도 최악의 긴축 정책이었다. 보건 서비스에 투자된 공적 자금은 다른 부문에 투자된 자금에 비해서 훨씬 더 신속하게 좋은 효과를 나타낼 수 있다. 실제로 유럽과 북아메리카에서 보건 서비스는 불황 속에서도 성장을 견인하는 얼마 되지 않는 부문들 중에 하나이다. 보건 서비스 투자는 고용(간호사, 의사, 의료 기사 등)을 창출하고 기술 개발(실험실 연구, 혁신)을 견인하고, 다른 어떤 종류의 정부 지출보다 경제를 훨씬 더 많이 진작시킨다.

그리스에 고난을 부과하는 것은, 정치적으로는 어떨지 몰라도 경제 회복을 위해서는 바람직하지 않은 전략이었다. 이런 메시지는 금융 엘리트들이 정해놓은 원칙에 따라서 움직이는 유럽뿐만 아니라, 사실상 전 세계에 경고를 보내는 것이었다. 독일의 앙겔라 메르켈 총리는 유럽은 그리스의 구제 금융 패키지를 교훈으로 삼아야 한다고 주장하면서 이렇게 말했다. "IMF의 권고를 따라서 그리스가 선택한 길은 쉬운 길이 아니었다는 사실을 알아야 합니다. 결과적으로 그리스가 선택한 길을 피하기 위해서 할 수 있는 모든 노력을 기울여야 합니다."[35]

그리스의 비극은 긴축 정책이 실패한 경제를 구원해주지 않는다는 사실을 알려주었다. 긴축 정책은 해결보다는 문제의 한 부분을 차지했다.

긴축 정책에 대한 대안으로서, 가장 돋보이는 것은 바로 아이슬란드식 해법이다. 아이슬란드는 급진적인 긴축 정책에 반대하고 사회적 지출을 늘렸다. 그러자 경제가 회복하기 시작했다. 아이슬란드는 역사상 최악의 은행 위기를 맞이하면서도 공중보건 지출을 20퍼센트나 늘렸다. 아이러니하게도, 독일의 정치 지도자들조차도 독일 투자자들에게 투자금을 당장 갚으라고 그리스를 압박하면서도, 사회보장 지출의 삭감은 잘못된 정책이라는 사실을 부정하지 않았다. 2009년에 독일 정부는 독일 경제를 진작시키기 위해서 GDP의 1.5퍼센트인 500억 유로를 지출했다. 독일의 보수적인 정치인이자 보건부 장관인 다니엘 바르는 2012년 베를린에서 열린 세계보건 정상회의(World Health Summit)에서 이 사실을 자랑하면서 사회보장 체계에 대한 투자는 경제 성장을 위해서 반드시 필요하다고 주장했다.[36]

대조적으로, 유럽 국가들은 시장을 대공황 이후 최악의 위기 상황으로 몰아갔던 은행들에는 구제 금융을 쏟아부으면서, 정부의 회계 부정이나 경제 전략에 거의 영향을 미치지 못하는 그리스 국민들에게는 불이익을 부과했다. 경제학자 제임스 갤브레이스는 그리스 국민들에게 부과된 불이익을 "집단적 처벌(collective punishment)"의 한 가지 형태라고 설명했다. 유럽에서 이런 수준의 처벌은 유례가 없는 일이었다. 제2차 세계대전 이후 독일조차도 무너진 경제를 재건하기 위한 마셜 플랜(Marshall Plan : 제2차 세계대전 이후 서구 여러 나라에 대한 미국의 원조 계획/역주)의 한 부분을 차지하는 대규모 투자로부터 혜택을 보았다.[37]

그리스 국민들이 분노하고 절망하는 것은 당연한 일이었다. 가장 극적인 시위는 2012년 10월, 독일의 메르켈 총리가 그리스를 방문했던 때에 일어났다. 시위대는 돌을 던지고 나치 깃발을 불태우고 "제4제국에 반대한다!"고 외치면서 "메르켈은 물러나라. 그리스는 독일의 식민지가 아니다", "유럽 연합이 웬 말인가, 그것은 바로 노예를 의미한다", "그들은 우리를 지옥으로 보내고 있다"라고 적힌 깃발을 내걸었다. 메르켈 총리를 호위하기 위해서 동원된 6,000명에 달하는 경찰들은 시위대를 향해서 페퍼 스프레이(매운 고추에서 추출한 물질로 만든 호신용 스프레이로서 상대방이 한동안 눈을 못 뜨고 숨쉬기가 곤란하게 만든다/역주)를 쏘고

섬광 수류탄을 터뜨렸다. 그리스인들은 제2차 세계대전 이후에 미국과 유럽으로부터 구제 금융을 지원받은 적이 있는 독일이 그리스에 긴축 정책을 요구하는 아이러니를 잊지 않았다.[38]

그리스가 추진했던 긴축 정책의 폐해는 경제적인 범위를 넘어서 아이슬란드가 공중보건 측면에서 안정을 유지하는 데에 매우 중요한 요인이 되었던 사회적 결속까지도 뒤흔들었다. 또한 그리스의 정치 상황은 대공황 이후의 유럽에서 긴축의 정치학이 초래했던 현상과 마찬가지로, 급진적인 극우 정당의 복귀를 알렸다. 예를 들면, 신나치황금여명당(neo-Nazi Golden Dawn Party)은 트로이카가 남긴, 사회 안전망의 결함을 은폐하기 위해서 개입했다. 그들은 아테네 거리에서 굶주린 사람(최소한 그리스 주민증을 가진 사람)에게 식사를 제공했다. 황금여명당 당원들이 거리를 배회하면서 이민자 "추방"을 외치자, 인종차별주의자들의 공격이 빈번해졌다. 지금은 추방의 대상이 게이와 레즈비언으로 확대되었다. 이런 상황은 유럽에서 파시즘과 제2차 세계대전의 길을 열었던 대공황 시대의 정치학을 떠올리게 했다. 위기의 원인을 외국인의 탓으로 돌리려는 주장이 인기를 끌면서 황금여명당은 2012년 5월 총선에서 300개의 의회 의석 중에서 21개 의석을 차지하기에 이르렀다.

그리스가 오직 외국인 때문에 위기를 맞이하게 되었다는 주장은 확실히 잘못되었다. 많은 사람들이 자신의 재산 수준을 넘는 생활을 했고 조세를 회피하고 회계 부정을 저질렀다. 그러나 그리스 정부가 불황에 대처하는 방식은 경제 상황의 악화가 공중보건의 재앙으로 이어지도록 하는 것이었다. 아이슬란드의 공중보건 실태가 뉴딜 정책을 추진하던 때의 미국과 많이 닮았다면, 그리스의 공중보건 실태는 충격요법과 대규모 민영화의 여파에 시달렸던 러시아와 많이 닮았다.

그리고 일흔일곱 살의 노인 디미트리스 크리스툴라스가 그리스 의회 건물 앞에서 권총 자살을 하던 2012년 4월 4일 아침에도 달라진 것은 없었다. 그는 젊은 시절에 약국을 운영하면서 연금보험료를 성실하게 납부했다. 그러나 아이러니하게도, 그는 더 이상 자신의 몸을 돌볼 약조차도 살 돈이 없었다. 그가 받던 연금도 퇴직 수당도 모두 삭감되었다. 그에게는 더 이상 출구가 보이지 않았다.

III

회복력

못 하나가 없어서 말편자를 잃었다네.
말편자가 없어서 말을 잃었다네.
말이 없어서 기수를 못 보냈다네.
기수를 못 보내서 소식을 못 전했다네.
소식을 못 전해서 전투에서 졌다네.
전투에서 져서 왕국을 잃었다네.
못 하나가 없어서 전부를 잃었다네.

6
치료를 할 것인가 말 것인가

다리에 댄 부목이 그녀의 인생을 망쳐버리던 순간, 다이앤의 나이는 마흔일곱 살이었다.[1]

다이앤은 캘리포니아 주의 한 차터 스쿨(charter school : 미국의 교육 개혁의 일환으로 학부모, 교사, 자치단체 등이 협력하여 설립한 초중 공립학교의 일종/역주)에서 교사로 일했다. 2009년에 캘리포니아 주가 교육 예산을 81억 달러 삭감하기로 결정하자, 그녀는 일자리를 잃었다. 그러자 의료보험 자격도 함께 사라져서, 개인적으로 보장보험에 가입하여 매월 일정액을 부담해야 했다. 다이앤은 자신의 형편에서 최선의 보험에 가입했지만, 자기 부담금이 상당히 높았다. 따라서 보험회사가 보장을 해주더라도 자신이 부담해야 할 금액이 5,000달러가 될 정도로 의료비가 많이 나오는 경우라면, 그녀는 치료를 받아야 할 것인가를 두고 한 번 더 생각해야 했다.[2]

일자리를 잃고 이처럼 자기 부담금이 높은 의료보험에 가입한 지 거의 1년이 지난 어느 날 오후, 다이앤은 다리에 커다란 부목을 댄 채로 아파트 마룻바닥을 걷고 있었다. 그녀는 당뇨병을 앓고 있었기 때문에,

작은 상처가 큰 상처가 되어 치료하기 어려운 궤양이 될 수도 있었다.

다이앤은 의사를 만나서 항생제 처방을 받는 데에 드는 비용을 더 이상 부담할 수가 없었다. 그래서 자신이 직접 다리를 치료를 하기로 결심했다. 뜨거운 물에 담그고, 비누로 씻어내고, 문지른 다음에 항생 연고를 바르는 식으로 온라인에서 알아낸 방법을 따른다면 다리에서 새어나오는 붉은 진물이 사라질 것이라는 희망을 가지고 말이다.

몇 주일이 지나자, 다이앤은 몸에서 열이 나고 식은땀이 나기 시작했다. 그리고 그녀는 정신을 잃었다. 다행히도, 이웃사람이 다이앤의 머리가 커피 테이블에 부딪히면서 유리가 깨지는 소리를 들었다. 그는 911을 불렀고, 경찰이 다이앤 집의 현관문을 부수고 들어가서 상황을 확인하고는 앰뷸런스를 불렀다.

이때가 바로 산제이가 중환자실에서 다이앤을 만났을 때였다. 그녀의 다리는 절단을 해야 할 정도로 상처가 심했다. 치료를 일찍 받았더라면 그 지경까지 되지 않았을 것이었다. 설상가상으로 혈관까지 감염되었고, 감염으로 인해서 패혈성 쇼크까지 일어나서 혈압이 최저 40, 최고 80으로 떨어졌다. 혈압이 계속 떨어지면, 치명적인 심장마비가 올 수도 있었다. 산제이는 이런 상황을 방지하기 위해서 경정맥을 통해서 카테터를 주입하여 심장의 오른쪽까지 연결시켜놓았다. 그리고 정맥 주사를 놓아서 혈압 상승제를 투여했다. 다이앤의 신장은 감염으로 기능을 멈추었다. 그래서 그녀의 사타구니에 신장투석기를 연결시켰다. 그러나 이렇게 연결해놓은 신장투석기가 문제를 일으켰다. 신장투석기가 이차적인 혈압 저하를 일으키면서, 다이앤은 뇌졸중을 겪었다.

지금 다이앤은 사설 요양원에서 지내고 있다. 그녀는 마흔일곱 살의 나이에 말을 할 수 없고 신체의 오른쪽 부분을 움직일 수 없다. 의료보험에 가입하지 않았거나 가입했더라도 제대로 된 보장을 받지 못하는 수많은 환자들처럼, 그녀는 치료비가 무서워서 치료를 계속 뒤로 미루었다. 그러나 아이러니하게도, 그녀의 입원비는 30만 달러가 넘는다. 게다가 뇌졸중으로 반신불수가 되면서, 앞으로 남은 인생 동안 캘리포니아 주정부로부터 매년 수만 달러에 달하는 비용을 지원받아야 한다. 그녀는 잠자리에서 등을 돌리는 일부터 시작해서 몸을 씻는 일을 포함하여 기도가 막히지 않도록 음식을 입의 왼쪽으로 넣는 일까지, 24시간 동안 누군가의 보살핌을 받아야 한다.

다이앤의 이야기는 미국에서 날마다 일어나는 아주 비극적인 사례이다. 돈이 없어서 꼭 받아야 할 치료를 뒤로 미루다가 생긴 일이었다.

다이앤의 경우는 특히 더 비극적인데, 그녀에게 부목을 대야 하는 상황이 몇 년 뒤에 왔더라면, 새로 제정된 '의료보험 의무가입법(Patient Protection and Affordable Care Act, PPACA)'에 따라서 치료비를 보장받을 수 있었기 때문이다. 이 법안은 의회를 통과하고 2010년 3월 23일에 버락 오바마 대통령이 정식으로 서명함으로써 발효되었다. 이 법이 있기 전에는 약 20퍼센트의 미국인이 다이앤처럼 자기 부담금이 높은 의료보험에 가입하여 의료비 부담 때문에 필요한 치료를 받지 못하고 있었다. 새로운 법은 모든 사람들이 직장이 없더라도 적절한 수준에서 의료비 보장을 받을 수 있도록 했다. 적절한 보장을 받을 수 있었더라면 다이앤이 비극을 피할 수 있었을 것이라고 확실하게 말하기는 어렵지만, 아마도 다이앤이 부담해야 할 금액은 크게 줄어들었을 것이다. 이는 대불황 이후로 서서히 회복되는 경제 속으로 나서서 다이앤이 다시 일자리를 알아볼 수 있었을 것임을 의미한다.

오바마 대통령이 이끄는 미국 정부가 대불황으로 인한 다이앤의 비극처럼, 피할 수 있는 상황이 다시는 일어나지 않도록 절실하게 필요한 조치를 취하고 있는 동안, 영국의 국립보건서비스(National Health Service, NHS)는 그 반대의 길을 가기 시작했다. 이전의 보편적 보건 서비스 체계는 국민들에게 든든한 보호막이 되어주었다. 따라서 불황 때문에 보건 서비스로부터 소외되는 사람은 없었다. 그러나 지금 영국의 보수당 정부는 긴축의 정치학에 바탕을 두고 NHS에 경쟁 원리, 시장주의, 민영화를 도입하여 예전의 미국식 모델을 따라가고 있다. 민영화가 영국 국민에게 무엇을 의미하는지를 알려면, 먼저 미국식 보건 서비스 체계가 불황 기간에 그토록 어려운 상황에 놓이게 된 이유를 알아야 한다.

미국식 보건 서비스 체계는 대불황 전에도 국민들의 의료비를 제대로 보장해주지 못했다. 비록 미국인의 3분의 2는 고용주를 통해서 의료보험 혜택을 받고 있었지만, 나머지 3분의 1(고용주가 의료보험을 제공하지 않거나 파트타임으로 일하거나 자영업에 종사하는 사람)은 연방 의료보험 프로그램의 자격이 되지 않는다면 자기가 알아서 의료비 문제를 해결해야 했다. 그들은 사설시장을 통해서 의료보험에 가입해야 했는데, 보험료를 많이 낼 수가 없어서 자기 부담금이 높은 보험에 가입해야 했다. 더구나 의료보험 의무가입법(PPACA)이 통과되기 전에는 보험회사들이 당뇨병이나 고혈압과 같은 과거의 병력을 기준으로 의료 보장의 범위를 제한할 수도 있었다. 따라서 민간 보험에 가입한 사람들은 완전한 보장을 받지 못하는 경우가 많았다. 전체적으로는 미국에서 의료보험이 없는 사람은 전체 국민의 13퍼센트(약 4,000만 명)에 달했다.

대불황은 이처럼 불충분한 보건 서비스 체계를 커다란 위기 상황으로 몰아넣었다. 불황으로 일자리를 잃게 되자, 또다른 600만 명의 미국인들이 의료보험까지도 함께 잃어버렸다. 의료 보장을 받지 못하면 매우 위험한 상황을 맞이하게 된다. 2009년의 한 조사 결과에 따르면, 의료 보장을 제대로 받지 못하는 국민들은 그렇지 않은 국민들에 비해서 조기 사망의 가능성이 40퍼센트나 더 높은 것으로 나타났다. PPACA가 통과되기 전인 대불황 시기에 의료 보장을 제대로 받지 못해서 사망에 이른 사람은 약 3만5,000명에 달하는 것으로 조사되었다.[3]

　직장 의료보험을 잃게 된 미국인들은 대불황 기간 중에 선택의 여지가 별로 없었다. 일부는 사설시장을 통해서 보험에 가입하려고 했지만, 3분의 1 정도의 사람들이 과거의 병력을 비롯하여 다양한 이유로 가입이 거부되었다. 또다른 일부는 2인 기준으로 연간 2만5,000달러에 달하는 보험료를 낼 수가 없어서 가입하지 못했다. 불황은 보험료를 더 인상하도록 만들었다. 미국의 보험회사들이 불황에 따른 경영난을 이유로 보험료를 인상했던 것이다. 캘리포니아 주의 민간 보험회사로 웰포인트(WellPoint)의 자회사인 앤섬 블루 크로스(Anthem Blue Cross)는 보험료를 39퍼센트나 인상했다. 미국 의사협회는 이 행위(흔히 추방[Purging]이라고 알려져 있다)에 공식적으로 비난 성명을 발표했지만, 이를 중단시키기 위해서 할 수 있는 일은 없었다.[4]

　일부는 공공보험의 자격이 있었다(4인 가족을 기준으로 소득이 2만 3,050달러 미만이면 이 자격을 얻을 수 있었다). 이들은 미국 정부가 극빈자를 위해서 지원하는 의료보험인 '메디케이드(Medicaid)'를 신청할 수 있었다. 그러나 2009년 이후로 메디케이드 지원자가 해마다 8.3퍼센트가 늘어나자, 주로 공화당 출신의 일부 정치인들과 공직자들이

메디케이드를 위한 정부 지출이 점점 늘어나는 데에 불만의 목소리를 내기 시작했다.[5]

미국 전역에서 주정부 공직자들이 메디케이드 예산을 감축하기 위한 방법을 찾기 시작했다. 그들은 처방전 발급과 의사의 방문에 들어가는 비용에 대해서는 자기 부담금을 높여서 공동 부담률을 높이려고 했다. 또한 혜택을 줄이고 의료 서비스 제공자에게 새로운 세금을 부과하고, 메디케이드 직원의 고용을 동결하고 일시적 해고 혹은 정리해고와 함께 임금 삭감을 추진했다. 2009년 불황이 최고조에 달한 이후로, 40개 주에서 메디케이드 예산을 최소한 1년간 감축했다. 그중에서 29개 주가 이듬해에도 감축했고, 그중에서 15개 주가 3년에 걸쳐 감축했다.[6]

감축의 장기적 효과를 말하기에는 너무 이르지만, 미국인들의 건강이 나빠지고 있는 징후는 여기저기서 나타났다. 보험료를 줄이기 위해서 자기 부담금을 올렸던 미국인들 가운데 많은 사람들이 다이앤처럼 치료를 포기하기 시작했다. 자기 부담금이 높은 보험으로 갈아탔던 가정은 그렇지 않은 가정에 비해서 치료를 받아야 할 상황에서 의사를 찾는 비율이 14퍼센트 낮은 것으로 나타났다.[7]

미국 국민들이 의료비 지출을 중단한 부분은 주로 예방 차원의 지출이었다. 예를 들면, 불황 기간에는 대장암을 확인하기 위한 대장 내시경 검사를 보장해주는 의료보험에 가입한 사람이 50만 명이나 감소했다. 2009년 3월부터 4월까지 시행된 조사에 따르면, 만성 질환을 앓고 있는 미국인들 중 40퍼센트가 비용 문제로 이런 질환을 치료하기 위한 처방을 제대로 지키지 못하는 것으로 나타났다.[8]

그리스와 마찬가지로, 미국의 불황과 긴축은 환자들이 의사를 만나서 필요한 치료를 받기 위한 대기시간이 길어지도록 했다. 미국의 응급실은 불황 이전에도 이미 환자들로 넘쳐났다. 환자들이 비용 부담 때문에 예방을 위한 치료를 받지 못하고 다이앤과 같은 상황을 맞이하게 되면서, 외래 환자보다 응급실을 이용하는 환자들이 늘어났다. 의사들은 넘치는 환자들 때문에 "한계점에 도달한 상태"가 되었다. 이처럼 넘쳐나는 응급실은 환자들에게 대기시간의 연장뿐만 아니라, 정말 긴급한 환자에 대한 무관심, 의료 서비스 질의 저하를 의미했다.[9]

간단히 말해서 미국의 보건 서비스 체계는 대불황 시기에 국민들을 지켜주지 못했다. 미국인들은 의료비 부담 때문에 제대로 된 치료를 받지 못했다. 그리고 때로는 다이앤처럼 비극적인 상황을 겪기도 했다.

그러나 혜택을 받은 집단도 있었다. 대불황 시기에 의료보험 회사의 이윤이 천정부지로 치솟았다. 2009년 미국 5대 의료보험 회사들이 벌어들인 이윤은 122억 달러에 달했다. 이는 2008년에 비해서 56퍼센트나 늘어난 액수였다. 한편, 의료보험 자격을 상실한 미국인은 2009년 한 해만 하더라도 290만 명에 달했다. 그리고 2010년에도 의료보험 회사의 이윤은 9월까지 평균 41퍼센트가 증가하여 불황에도 불구하고 유례없는 성과를 올렸다. 뜻밖의 이윤은 환자들의 희생을 바탕으로 한 것이었다. 의료보험 회사들이 질병의 가능성이 높은 사람들을 추방하면서, 환자 치료를 위한 보험금 지급액이 줄어들었고 이윤은 늘어났다. 과거에는 보험 가입자가 많을수록 이윤이 많아질 것이라고 생각했지만, 웰포인트의 CEO 앤절라 브레일리는 2008년 기업의 새로운 목표를 다음과 같이 설정했다. "우리는 가입자들을 위해서 이윤의 가능성을 희생시키고자 하지 않는다."[10]

따라서 부자는 더욱 부유해지고 아픈 사람은 더욱 아파졌다. 간단히 말해서, 이것은 미국 의료보험 시장의 해묵은 문제였다.

보건 서비스 부문에서는 시장이 제대로 작동하지 않는다는 것은 오랫동안 널리 알려진 사실이었다. 노벨 경제학상 수상자 케네스 애로는 시장은 때로 저렴한 가격으로 고품질의 보건 서비스를 제공하지 못한다는 유명한 논문을 1963년에 발표했다. 이는 보건 서비스라는 상품이 참치 통조림과 같은 상품과는 다르기 때문이다. 하나의 중요한 이유는 보건 서비스에 대한 요구는 예측하기가 어렵고 매우 비싸다는 데에 있다. 사람들은 언제 심장마비가 닥칠지, 언제 관상동맥 우회술 수술을 받아야 할지를 알지 못한다. 따라서 언제 돈을 모아야 할지도 예상할 수가 없고, 예상할 수 있다고 하더라도 중요한 수술을 받게 되면 거의 빈털터리가 된다. 바로 이런 이유로 사람들은 보험에 가입한다. 그리고 이는 어떤 치료는 받을 수 있고 어떤 치료는 받을 수 없다는 결정을 다른 누군가에게 맡기는 것을 의미한다.[11]

그러나 민간 보험회사는 본질적으로 이윤을 추구하는 조직이다. 이윤을 늘리기 위한 방법에는 오직 두 가지가 있다. 수입을 늘리고 비용을 줄이는 것이다. 수입은 보험 가입자들이 매달 납부하는 보험료이고, 비용은 보험 가입자들에게 치료비로 지급하는 보험금이다. 따라서 보험회사는 치료비가 가장 적게 드는 건강한 사람을 가입시키고 치료비가 가장 많이 드는 허약한 사람을 가입시키지 않으려는 사악한 유인(誘因)을 가지고 있다.

이는 공중보건 연구자들이 흔히 말하는 '의료 제공의 반비례 법칙(inverse-care law)'을 보여준다. 1971년에 처음 알려진 이 법칙은 "치료가 가장 필요한 사람이 치료를 가장 적게 받고, 가장 덜 필요한 사람이 가장 많이 받는다"는 것을 의미한다. 또한 이 법칙은 치료를 받을 수 있는 능력이 지불 능력에 달려 있는 보건 서비스 체계에서 가장 두드러지게 나타난다고 알려져 있다. 따라서 시장 원리가 미국의 보건 서비스 체계를 지탱하는 셈이다.[12]

그리고 시장 원리에 기반을 둔 체계가 더 효율적이라는 믿음이 널리 퍼져 있지만, 사실 이것은 잘못된 믿음이다. 상당수의 미국 국민들이 보건 서비스 혜택을 받지 못하고 있었지만, 미국은 보건 서비스 부문에서 다른 어떤 나라보다 더 많이 지출하고 있었다. 미국은 대불황 기간 동안에 GDP의 19퍼센트를 공중보건 부문에 지출했지만, 다른 선진국들은 7-11퍼센트를 지출했다. 이런 비효율성은 계속 심화되고 있었다. 1970년에 미국의 보건 서비스 지출은 750억 달러, 즉 1인당 356달러였고, 2010년에는 2조6,000억 달러, 1인당으로는 8,402달러였다. 이는 인플레이션율의 4배가 넘는 증가였다. 계란 12개의 가격이 같은 비율로 올랐다면, 지금은 15달러가 되었을 것이고, 우유 1갤런(약 3.8리터/역주)은 27달러가 되었을 것이다.

이처럼 보건 서비스 지출이 지나칠 정도로 크게 늘어난 이유는 미국인들이 고령화되거나 허약해졌기 때문이 아니다. 예를 들면, 흡연율은 유럽이 더 높고, 고령 인구비율은 일본이 더 높다. 비만, 기술 개발, 의료 시설의 높은 가동률도 지출이 이처럼 엄청나게 늘어난 원인이 되지는 않았고, 처방약의 연구와 개발도 마찬가지였다.

오히려 미국은 지출에 대한 본전도 제대로 뽑지 못하고 있었다. 예방을 위한 치료를 중심으로 현명하게 지출하는 체계가 아니라 의료비가 더 많이 드는 "환자 치료(sick care)" 중심으로 움직이고 있었다. 비용을 지불할 능력이 되는 사람은 양질의 치료를 받을 수 있다. 그러나 의사들이 반드시 비용 측면에서 가장 효과적인 치료를 선택하지는 않는다. 대신에 그들은 때로 CT 촬영이나 인공관절 치환술처럼 비용이 많이 드는 검사나 치료를 처방한다. 이런 검사나 치료는 의학적으로 반드시 필요하지는 않지만 높은 수익을 발생시킨다. 결과적으로, 미국식 보건 서비스 체계에서 가장 혜택을 많이 보는 쪽은 환자가 아니라 보험회사, 병원, 제약회사와 같은 의료 서비스의 제공자였다.[13]

미국은 보건 서비스 지출에서 세계 1위이지만, 보건 서비스 체계는 거의 모든 측면에서 기대에 미치지 못하고 있다. 유럽과 비교했을 때, 미국은 병원 내 감염률, 의료 사고로 인한 사망률, 병원 치료를 받지 못해서 발생하는 피할 수 있는 사망률이 높다. 미국의 피할 수 있는 사망률은 유럽의 평균보다 40퍼센트가 더 높아서, 해마다 거의 4만 명 정도가 병원 치료를 제대로 받지 못해서 생을 마감한다. 세계보건기구는 사망률과 통증 치료의 측면에서 미국의 보건 서비스 체계를 선진국 중 최악으로 평가했다.[14]

이런 보건 서비스 체계는 2010년에 '오바마 보건 서비스 법안'이라고 불리는 PPACA가 통과되기 전까지의 모습이었다. 이 체계는 경제 위기를 맞은 미국 국민들에게 한심할 정도로 도움이 되지 않았다.

다른 국가들의 보건 서비스에 대한 접근방식은 대불황과 같은 경제적 충격에도 회복력을 주는 것이었다. 캐나다, 일본, 오스트레일리아와 유럽의 대부분 국가들은 보건 서비스에 관한 한 시장에 기반을 둔 접근방식을 거부하고, 아픈 사람이라면 누구든지 치료를 받을 수 있도록 국가가 지원했다. 이 국가들은 의료 제공의 반비례 법칙이 가진 함정과 함께 보건 서비스 부문에서는 시장이 제대로 작동하지 않는다는 증거를 제대로 인식했다.

대불황 기간에 수백만 명에 달하는 미국인들은 제대로 된 치료를 받지 못했지만, 영국, 캐나다, 프랑스, 독일에서는 의사를 찾지 않거나 예방을 위한 치료를 제대로 받지 못하는 사람들이 별로 없었다. 그 이유는 이 국가들이 보건 서비스를 시장에서 거래하는 상품으로 인식하지 않고 인간의 권리로 인식하기 때문이었다. 따라서 직장이 없거나 소득이 없다고 해서 치료를 받지 못하는 일은 없었다. 대불황으로 경제가 아무리 어렵더라도, 파산과 건강 중에서 하나를 선택해야 하는 상황으로 내몰리지는 않았다.[15]

이에 대한 증거는 국가간 보건 서비스 이용에 관한 데이터에서 찾을 수 있다. 대불황 시기의 미국, 영국, 캐나다, 프랑스, 독일 국민의 보건 서비스 이용을 비교했던 한 조사에서는 국가마다 대표적 표본 5,000명 이상을 추출하여 그들에게 불황 이후로 보건 서비스를 더 자주 이용했는지, 더 적게 이용했는지, 변화가 없는지를 물어보았다. 유감스럽게도 그러나 놀랍지는 않게도 미국인 5명 중 1명은 대불황 시기에 일상적인 치료를 소홀히 생각하게 되었다고 대답했다. 유럽에서는 만족스러운 수치가 나왔다. 고용주의 지원이 아니라 납세자의 세금으로 운영되는 보건 서비스 체계는 대불황 시기에 보건 서비스로부터 소외되는 국민이 없도록 해주었다. 예를 들면, 캐나다에서는 보건 서비스 이용에 아무런 변화가 없었고, 심지어 영국에서는 조금 더 자주 이용하여 이용 빈도가 0.3퍼센트 증가한 것으로 나타났다.

보건 서비스 체계가 환자에게 치료비를 더 많이 부과하는 국가일수록 대불황의 충격에 더 많이 노출되었다. 프랑스와 독일이 여기에 해당되었다. 모든 국민들이 국가가 지원하는 의료보험에 가입되어 있지만, 독일에서는 의사를 만날 때마다 10유로를 내야 했고, 프랑스에서는

16-18유로를 내야 했다. 반면에 영국에서는 의사를 만나는 데에 비용이 들지 않았다. 이처럼 얼마 되지 않는 금액도 커다란 차이를 일으켜서, 독일과 프랑스에서는 보건 서비스 이용이 각각 4퍼센트와 7퍼센트 감소하여 영국보다는 더 나빴다. 그러나 보장을 받지 못하는 사람은 아무도 없었기 때문에 미국보다는 훨씬 더 좋았다.

대불황 시기에 영국의 보건 서비스 체계는 국민들이 보건 서비스로부터 소외되지 않도록 하는 측면에서 최고의 성과를 거두었다. 이는 영국의 국립보건서비스(National Health Service, NHS) 설립자들이 정확하게 원했던 것으로, 지불 능력이 아니라 수요에 기반을 두고 보건 서비스를 공급한다는 것이 목표였다.

  NHS가 설립될 때, 영국 정부의 부채는 GDP의 200퍼센트가 넘어서 오늘날 유럽의 아이슬란드를 제외하고는 어떤 국가보다 더 높은 수준이었다. 영국은 제2차 세계대전 동안에 사회기반 시설이 붕괴되고 나서 경제를 재건하기 위해서 노력했다. 전시에는 국가가 직접 나서서 긴급한 보건 서비스를 제공했는데, 이는 어느 정도는 민간 보험이 영국 군대의 보건 서비스 수요를 충족시킬 수가 없었기 때문이었다. 이 서비스는 상당한 인기를 끌었다. 전쟁이 끝나자, 노동당은 이 긴급 서비스의 대상을 영국 국민 전체로 확대하려고 했고, 이런 취지에서 1948년 7월 5일 NHS가 탄생했다. 당시 NHS가 영국 국민들에게 설립 취지를 설명하기 위해서 발간했던 팸플릿에는 다음과 같은 내용이 나온다. "이 프로그램은 모든 국민들에게 모든 의료, 치과, 간호 서비스를 제공할 것이다. 부유한 사람이건 가난한 사람이건, 남녀노소를 불문하고 모든 사람들이 서비스를 누릴 수 있을 것이다. 몇 가지 특수한 경우를 제외하고 이 서비스는 무료로 제공된다. 보험 가입에는 특별한 자격이 없다. 그렇다고 해서 자선을 베푸는 것은 아니다. 영국 국민 모두가 납세자로서 보험료를 납부해야 한다. 이제 영국 국민들은 병에 걸리더라도 돈을 걱정할 필요가 없을 것이다."[16]

NHS를 비판하는 사람들은 이런 이유로 NHS가 영국 경제를 파산지경에 이르도록 했다고 말한다. 그러나 그렇지 않다. 오히려 NHS는 대공황 시기의 뉴딜 정책과 마찬가지로 영국의 경제 회복에 기여했다.

NHS는 50년이 넘는 세월 동안 세계에서 가장 강력한 보편적 보건 서비스 체계의 모델이 되어왔다. NHS는 모든 사람들에게 의료 서비스를 무료로 제공했다. 의료비 부담을 아픈 사람에게만 지우지 않고, 모든 사람들이 보험료를 조금씩 내서 사회 전체가 이를 부담하도록 했다. 또한 NHS는 영국 국민을 대표해서 제약회사와 직접 협상했고, 때로는 더 나은 가격으로 협상하기 위해서 의약품을 대량으로 구매하기도 했다. 국립임상우수성연구소(National Institute of Clinical Excellence, NICE)는 의사들이 제약회사로부터 금품이나 향응을 제공받은 대가로 약을 과다하게 처방하지 못하도록 하면서 비용면에서 가장 효율적인 약을 처방하도록 필요한 조치를 취했다. 의사들의 급여 수준은 높았다. 진료하는 환자의 수와는 상관없이 고정 급여를 받았고, 이런저런 수수료는 받지 않았다. 따라서 환자와의 약속에 시달리지도 않았고, 여러 가지 불필요한 검사나 치료를 하려는 사악한 유인을 가지지도 않았다.[17]

NHS가 왜 효과적인가에 대해서는 아직도 하고 싶은 말이 많이 있지만, 여기서 중요한 결론은 데이터에 있다. 영국의 체계는 대불황 시기에 적은 비용으로 더 많은 생명을 구했다.[18]

오늘날 보수당 연립정부가 들어서서 NHS를 시장 원리에 기반을 둔 미국식 이윤 추구 집단으로 변질시키려고 하면서, NHS의 설립 원칙은 사람들의 뇌리 속에서 점점 사라져가고 있다. 보수당 정권은 집권과 함께, 과거에 NHS를 "길들여지지 않는 관료주의적 괴물"이며 "급진적인 개혁"이 필요한 존재로 규정했던 존 메이저 총리 시대의 보수당 정권이 발간했던 팸플릿을 다시 살펴보기 시작했다. 2004년에는 당시 팸플릿의 주요 저자였던 올리버 레트윈이 보수당의 총선 승리로 "NHS는 5년 안에 사라질 것이다"라고 말했다. 실제로 보수당 정권은 집권 이후에 급진적인 팸플릿이 담고 있던 자유시장 원리를 반영하여 보건 및 사회보호 법안(Health and Social Care Act)을 발의했다.[19]

우리는 이 결정을 이해하기가 어려웠다. 보수당 정권이 NHS를 해체하기 전인 2010년 영국의 공중보건 지출은 GDP의 8퍼센트로 독일의 10.5퍼센트, 프랑스의 11.2퍼센트, 미국의 19퍼센트보다 더 낮았다. 결국 보수당 정권의 입장은 증거가 아니라 시장, 경쟁, 이윤이 정부의 개입보다 항상 더 나은 결과를 가져준다는 이데올로기에 바탕을 둔 것이었다.[20]

보수당이 발의한 보건 및 사회보호 법안을 두고 사람들은 두 갈래로 나뉘어 열띤 논쟁을 벌였다. 영국 의회는 왕립간호협회(Royal College of Nurses)와 왕립의사협회(Medical Royal Colleges) 대다수의 집요한 반대에도 불구하고, 2012년에 이 법안을 통과시켰다. 많은 사람들이 이것을 NHS의 민영화로 가기 위한 중요한 단계로 인식했다. 데이비드 캐머런 총리는 영국 국민들에게 이 법안이 "NHS의 민영화"를 의미하는 것은 아니며, 자신은 "NHS의 적자를 줄이려고 하지 않을 것"이라고 거듭 약속했다. 또한 자유민주당 총재 닉 클레그도 "민영화는 없을 것"

이라고 말했다. 심지어는 보건부도 웹사이트를 통해서 "보건부는 NHS 를 결코 민영화하지 않을 것"이라는 성명을 발표했다. 그러나 데이터 가 들려주는 이야기는 이런 주장들과 크게 달랐다. 정부는 보건 서비스 공급의 상당 부분을 민간에 위탁하고 있었다.[21]

지금 영국에서는 민간 부문에서 이윤을 추구하는 자들이 헌신적인 의사들을 대체하고 있다. 2012년 10월, 영국 정부는 민간 부문에서 NHS의 서비스를 대행하도록 400건에 달하는 위탁 계약을 체결했다. 이 위탁 계약으로 대행업체들은 모두 합쳐서 2억5,000만 파운드의 이 윤을 얻을 것으로 예상되었으며, 이는 "NHS의 민영화 중에서 가장 규 모가 컸던 것"으로 기억된다. 예를 들면, 버진(Virgin)은 수익성이 높은 재생 치료를 대행하기로 계약했다. 그러나 민영화는 민간 기업이 가진 효율성을 실현하지 못하고 미국 시장 모델에서 이미 경험했던 결과, 즉 환자의 희생을 바탕으로 이윤을 챙겨가는 결과만을 낳았다. 한 언론 인은 잉글랜드 북동부 지역 티스사이드에 있는 진료소에서 이런 사례 를 확인했다. NHS가 제공하던 서비스의 위탁 사업권을 버진이 따낸 후, 그곳 진료소에서는 클라미디아(chlamydia : 박테리아의 일종으로 요도염 이나 성병 등의 병원체/역주) 검사에서 병원체를 제대로 찾아내지 못하고 있었다. 이는 NHS라면 간단하게 할 수 있는 검사였다. 그 언론인은 직원들에게 "퇴근 이후 검사 도구를 집으로 가지고 가서 친구나 가족 을 대상으로 실시하여 검사의 성공률을 높이도록 하라"는 내용의 메모 를 보았다고 말했다. 옥스퍼드에서는 버진이 그곳의 진료를 담당한 후, 환자들이 의사를 만나는 데에 걸리는 대기시간이 길어진 것에 불만이 높았다. 버진은 업무를 넘겨받던 초기에는 기대만큼 잘하지 못했다고 평가하면서, "아직도 개선의 여지가 있기는 하지만, 주의회 의원들로부터 지금까지의 발전에 대해서 칭찬을 듣게 되어 기쁘게 생각한다"고 말했다. 이후 버진은 홍보 캠페인을 시작하여 지금까지도 아주 세련되게 추진하고 있다.[22]

이 글을 쓰고 있는 동안에, 미국식 시장기반 의료 체계로 가기 위해서 영국이 그 다음으로 취했던 조치가 진행되고 있다. 이 조치는 환자들이 정부가 지원하는 NHS를 이용하지 않고 자비로 보건 서비스를 이용하도록 분위기를 조성하는 것을 말한다. 보수당 정권은 만성 질환자에게는 "개인 예산(Personal Budget)"을 지급하는 시범 사업을 확대하고 있다. 이에 따르면, 만성 질환자들은 치료를 관리하는 방법을 선택할 수 있다. 정부가 이런 접근방식에 내재된 여러 가지 문제들을 강조하고는 있지만, 만성 질환자들을 이윤만을 추구하는 사기꾼이나 먹이를 쫓는 보험회사로부터 보호해주지는 못한다.[23]

보건 및 사회보호 법안이 실제로는 영국 국민들의 건강을 위협한다는 증거는 이미 나오고 있다. 보수당 연립정부가 들어서기 직전에는 NHS에 대한 환자들의 지지율이 역사상 가장 높은 70퍼센트 이상을 기록했다. 그러나 2년이 지나자, 지난 30년 동안 가장 낮은 58퍼센트의 지지율을 기록했다.[24] 영국에서는 보건 서비스 체계가 오바마 대통령 이전의 미국의 체계를 닮아가고 있다는 징후가 이미 나타났다. 환자들은 개인 병원으로부터 진료를 거부당하고 있다. 일부 병원들은 계약에 정해진 1일 의무 할당량을 채우고는 문을 닫아버린다. 개혁 첫 해에 응급실을 찾는 환자들이 크게 늘어났다. 아마도 이는 다이앤처럼 예방을 위한 치료를 소홀히 여기는 사람들이 많아졌기 때문일 것이다.[25] 『더 랜싯』의 편집자가 경고했듯이, "영국 국민들은 죽어갈 것이다."[26]

영국 국민들이 보건 서비스 체계를 이처럼 급진적으로 민영화하는 것을 완전히 수용할 것인지는 여전히 불투명하다. 그러나 시장 유인이 공공 체계를 장악하기 시작하면, 상황을 반전시키는 것이 (불가능하지는 않더라도) 어려워진다. 영국에서는 불황이 초래한 긴축과 민영화의 조합이 사회보장 체계의 모든 측면에 스며들고 있다. 그러나 이런 조합이 주는 피해의 증거가 망설임의 시간도 주었다.[27]

영국만이 보건 서비스의 민영화와 감축의 길을 가고 있는 유일한 국가는 아니다. 아마도 그리스는 IMF가 단기 비용을 절약하기 위해서 보건 서비스 부문을 주요 공격 목표로 삼으면서 보건 서비스 예산을 의도적으로 대규모로 감축했던 가장 극단적인 사례일 것이다. 스페인에도 영국과 비슷한 국립 보건 서비스가 있었다. 그러나 공중보건 예산이 감축되면서 보건 서비스가 민간 부문으로 넘어가기 시작했다. 기본적인 보건 서비스에 의료비가 부과되어서 환자가 더 많은 비용을 부담해야 했다. 이런 "사용자 비용"은 필요한 치료를 받지 못하도록 하고, 장기적으로는 비용을 절약하지 못한다는 분명한 증거에도 불구하고 말이다.[28] 또한 스페인 정부는 보건 서비스 예산을 절약하기 위해서 "영주권자"와 "시민권자"의 자격 기준을 다시 정의하여 이민자에 대한 의료비 지원을 중단했다. 의료보험에 포함되었던 의약품 지원도 중단되었다. 그리고 스페인의 발렌시아처럼 중앙정부의 지원이 끊기면서 약국에 의약품이 남아 있지 않은 곳에서는 의약품 자체를 구할 수가 없었다.

그러나 대안은 있다. 그것은 바로 영국이 제2차 세계대전 이후에 엄청난 고난과 부채에 시달리는 동안에 스스로 입증했던 것이다. 이탈리아, 스페인, 그리스가 트로이카의 압력으로 급진적인 민영화를 추진하고 자국 NHS에 대해서 긴축 개혁을 실시하고 있는 지금, 1948년에

NHS의 설립자 어나이린 베번이 이런 도덕적인 문제를 다음과 같이 분명하고 힘차게 강조하던 모습을 떠올리게 되는 것은 어쩌면 당연한 일일 것이다. "우리는 재정적, 경제적 어려움에도 불구하고 우리가 여전히 세계에서 가장 문명화된 일을 할 수 있다는 사실에 자부심을 가져야 합니다. 그것은 바로 아픈 사람의 복지를 다른 모든 것보다 우선시하는 것입니다."[29]

7
일터로 복귀하다

2012년 5월 4일, 수많은 여성들이 볼로냐에서 하얀 깃발을 흔들면서 이탈리아 정부의 세금징수 대행업체인 에퀴탈리아 건물로 들어가고 있었다. 사람들은 그들을 하얀 미망인(vedove bianche)이라고 불렀다. 이탈리아 정부가 대불황 이후로 긴축 정책을 추진하면서, 그들의 남편들은 직장을 잃고 밀린 세금을 내지 못했다. 그리고 남자들은 스스로 목숨을 끊음으로써 의무에서 벗어나려고 했다. 남은 빚과 함께 자녀 부양의 의무까지 떠안게 된 미망인들은 아무런 도움을 주지 못하는 정부에 분노와 함께 좌절감을 느꼈다.[1]

그들은 "우리를 죽음으로 내몰지 말라"고 외쳤다. 시위를 이끌던 티지아나 마론은 "정부가 손을 놓고 있어서는 안 됩니다. 지금 이탈리아에서는 정의가 사라졌습니다"라고 말했다. 그들은 정부가 부자들의 조세 회피에 눈을 감아주고, 대불황 시기에 모든 것을 잃어버린 사람들에게 아무런 도움이 되지 못하고 있는 상황에 분노했다. 티지아나는 이렇게 말했다. "나는 나 자신뿐만 아니라 나와 비슷한 처지에 놓인 모든 이탈리아인, 다시 말하면 남편을 저 세상으로 보내고 남은 빚을 갚을 방법이 없는 미망인들을 위해서 이렇게 나섰습니다."[2]

그날의 시위는 에퀴탈리아 건물에서 벌어지는 두 번째 시위였다. 5주일 전인 3월 28일에 벽돌공으로 일하던, 티지아나의 남편 주세페 캄파니엘로가 이 건물을 찾아왔다. 에퀴탈리아로부터 미납 상태인 세금에 연체료를 두 배로 올리겠다는 최종 통지서를 받은 뒤였다. 그는 이 건물 앞에서 휘발유를 온몸에 뿌리고는 불을 붙였다. 그는 티지아나에게 이런 글을 남겼다. "사랑하는 당신에게, 나는 지금 여기서 울부짖고 있어. 오늘 아침 조금 일찍 집을 떠나면서 당신에게 작별 인사를 하려고 했는데. 당신이 너무 곤히 자고 있어서 당신을 깨울 수가 없었어. 당신에게 오늘은 생각하고 싶지 않은 날이 되겠지. 모든 사람들에게 용서를 구할게. 당신에게 작별의 키스를 보내. 사랑해. 주세페." 주세페는 9일 뒤에 숨을 거두었다.

이탈리아에서는 대불황 시기에 실업률이 오르면서 자살률도 2007년부터 2010년까지 39퍼센트나 증가했다. 하얀 미망인들의 시위로 실업이 미망인들에게 미치는 정신적인 고통에 대중의 관심이 나타나기는 했지만, 상황을 해석하는 방식에서 모든 사람들이 미망인들과 같은 생각을 하지는 않았다. 이탈리아의 자살률을 단순히 "일반적인 변동"에 불과한 것으로 해석하는 사람도 있었다.[3]

이런 해석이 옳은지, 만약 그렇다면 왜인지를 확인하기 위해서, 우리는 이탈리아의 사망률 통계를 살펴보았다. 이탈리아는 자살의 원인을 추적하기에 상당히 상세한 체계를 가지고 있었다. 사망증명서에는 사망 원인에 관한 자세한 설명이 기재되었다. 예를 들면, 크리스마스에 직장을 잃은 예순네 살의 벽돌공의 사망증명서에는 이런 내용이 나온

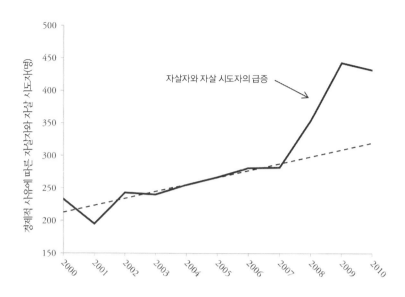

<그림 7.1> 불황과 긴축에 따른 이탈리아의 자살자와 자살 시도자의 증가 추이[4]

다. 그는 "나는 직장 없이는 살 수 없다"라는 메모를 남기고 권총 자살을 했다. 1990년대 초반의 러시아와 마찬가지로, 이탈리아에서 실업은 당사자의 의지를 꺾고 희망을 잃어버리게 만들고 궁극적으로는 자해 행위를 하도록 만들었다.[5]

우리는 대불황 기간 중에는 "경제적인 사유"라고 적혀 있는 자살자의 사망증명서가 기존의 추세를 훨씬 뛰어넘어 크게 늘어났다는 사실을 알게 되었다. 또한 다른 사유가 적혀 있는 자살자의 수는 예전과 비슷했다. 전체적으로, 우리는 이탈리아에서 자살자와 자살 시도자가 불황 이전의 자살 추세를 따른다고 가정했을 때에 예상되는 자살자와 자살 시도자(<그림 7.1>의 점선)보다 최소한 500명이 더 늘어난 것으로 추정했다. <그림 7.1>의 실선은 대불황과 이탈리아 정부의 긴축 정책으로 자살자와 자살 시도자가 크게 증가한 모습을 보여준다.

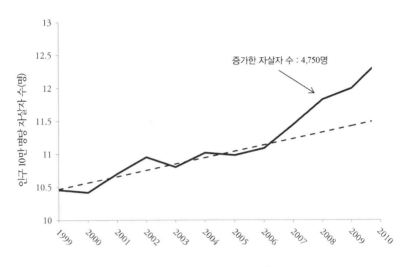

인구 10만 명당 자살자 수(명)

증가한 자살자 수 : 4,750명

1999 2000 2001 2002 2003 2004 2005 2006 2007 2008 2009 2010

〈그림 7.2〉 불황에 따른 미국의 자살자의 증가 추이[6]

대서양을 건너 미국에서도 불황 기간에 자살자가 크게 증가했다. 불황 이전에도 자살자는 이미 증가 추세를 띠고 있었다. 〈그림 7.2〉는 이전까지의 추세가 계속된다고 가정했을 때의 자살률을 점선으로 보여준다. 불황은 나쁜 상황을 더욱 나쁘게 만들어서 자살자가 증가하도록 했고(〈그림 7.2〉의 실선), 그 결과 이전의 자살 추세를 따른다고 가정했을 때에 예상되는 자살자보다 실제로 4,750명이나 더 많아졌다.[7]

불황이 자살률 증가의 주요 원인이라는 사실에는 의문의 여지가 없다. 그러나 불황은 비극의 필요조건도 충분조건도 아니다. 이탈리아와 미국처럼 실업에 대한 완충 장치가 없는 국가에서는 자살이 실업과 상관관계가 높을 수 있다. 그러나 정치인들이 직장을 잃은 사람이 일터로 복귀할 수 있도록 사회보장 프로그램을 구축하는 국가도 있다. 스웨덴과 핀란드는 1980년대와 1990년대에 대규모 불황을 여러 차례 경험했지만, 실업률의 급격한 증가에도 불구하고 자살자가 크게 증가하지는 않았다. 또한 이 두 나라는 추락하는 경제가 국민들의 정신건강을 해치지 않도록 다양한 방법을 찾으려고 했다. 불황 기간에 실업은 모든 국가에서 공통적으로 나타나지만, 자살률의 증가는 그렇지 않다.

19세기 이후로, 불황과 실업은 자살률의 증가와 상관관계가 높은 것으로 알려졌다. 데이터 수집 기술의 발전으로 공중보건학자와 사회학자들은 실업이 우울증, 불면증, 자해 행위의 주요 위험 요인이라는 사실을 알 수 있었다. 실업은 특히 사회적 지원을 받지 못하거나 혼자 힘으로 살아야 하는 사람들을 우울증에 빠뜨릴 수 있다. 데이터는 일자리를 찾고 있는 사람들이 일이 있는 사람들에 비해서 자살을 하게 될 가능성이 약 두 배라는 사실을 보여준다.[8]

　1980년대 초반, 영국 경제학자들은 이런 통념에 문제를 제기하기 시작했다. 그들은 실업이 실제로 정신건강에 문제를 일으키는지, 다시 말해서 직장을 잃은 사람이 우울증에 빠질 가능성이 높은지를 살펴보았다. 이처럼 중요한 문제는 오랜 세월에 걸쳐서 많은 사람들을 추적하여 조사하는 대규모 연구를 통해서만 그 답을 찾을 수가 있었다. 그리고 이 연구는 연구자들에게 실업과 우울증 중에서 무엇이 먼저 나타나는지를 알려주었다. 답은 두 가지 모두였다. 어떤 사람은 직장을 잃었기 때문에 우울증에 빠졌다. 다른 사람은 우울증을 겪고 있기 때문에 직장을 잃었고, 우울증은 직장을 잃었기 때문에 더욱 악화되었다.[9]

　따라서 스페인과 영국의 의사들은 2007년에 대불황이 시작되고 얼마 지나지 않아서 심한 우울증 증세로 병원을 찾는 사람들이 크게 늘어나는 모습을 보았다. 영국의 왕립정신과의사협회(Royal College of Psychiatrists) 공공교육국장 피터 번은 당시의 상황을 이렇게 말했다. "2009년에는 종합 병원에서 일하건 일반 병원에서 일하건 특수 서비스 분야에서 일하건, 모두가 불황으로 우리를 찾는 환자들이 많아지는 상황을 겪었습니다. 많은 사람들에게 불황의 고통은 이제 더 이상 견딜 수 없는 한계가 되었습니다."[10]

우울증 증세를 보이는 환자들이 많아지면서, 의사들의 항우울제 처방이 계속 늘어났다. 영국에서는 2007년부터 2009년까지 항우울제 사용량이 22퍼센트나 증가했다. 2010년 조사에 따르면, "직업 관련 스트레스"로 도움을 찾는 환자들 중 7퍼센트가 우울증에 대한 약물 치료를 시작한 것으로 나타났다. 2010년에는 의사들의 항우울제 처방이 불과 2년 전에 비해서 310만 건이나 더 많아졌다.[11]

스페인과 미국에서도 항우울제 처방이 늘어났다. 스페인에서는 2007년과 2009년 사이에 일상적으로 항우울제를 복용하는 사람이 17퍼센트 증가했다. 미국에서도 대불황 기간에 항우울제 복용자가 성인 인구의 10퍼센트가 될 정도로 증가했다. 블룸버그 랭킹스(Bloomberg Rankings) 조사 결과에 따르면 항우울제 복용 환자의 비율은 실업률과 가장 강한 상관관계가 있는 것으로 나타났다.[12]

통계적인 관점에서 말하면, 데이터는 대불황 기간에 우울증 치료제를 찾는 사람이 많아졌다는 사실만을 보여준다. 데이터는 그 자체로 실업자만 독특하게 영향을 받는다는 사실을 뒷받침하지 않는다. 이론적으로는 사람들이 불황 기간에 여러 이유들 때문에 스트레스를 더 많이 받고 불만을 더 많이 가진다고 말할 수 있다. 대부분 침체된 분위기가 조성되고 작업량이 늘어나고 정리 해고의 가능성을 걱정하기 때문이다. 지금의 데이터만으로는 불황 기간에 실업 그 자체가 우울증을 촉진하는 요인이라고 말할 수는 없다.[13]

우리는 어떤 사람들이 우울증 증세로 의사를 찾는지를 조사하기 위해서 스페인을 대상으로 하여 불황 이전인 2006년과 불황 기간인 2010년을 기준으로 7,940명에 달하는 환자들의 데이터를 살펴보았다. 스페인은 불황 기간에 실업률이 가장 크게 증가했던 국가 중의 하나로, 우울증에 관한 표준적인 조사를 통해서 국민들의 정신건강에 관한 데이터를 잘 축적해놓고 있었다. 데이터 조사를 통해서, 주요 우울증(major depression) 증세를 가지고 의사를 찾은 환자의 수가 2006년부터 2010년 사이에 29퍼센트에서 48퍼센트로 증가했고, 경도 우울증(minor depression) 증세를 가지고 의사를 찾은 환자의 수가 6퍼센트에서 9퍼센트로 증가했다는 사실을 알 수 있었다. 공황 발작은 10퍼센트에서 16퍼센트로 증가했고, 알코올 중독도 1퍼센트 미만에서 6퍼센트로 증가했다. 최근의 실업은 정신건강 문제의 중요한 통계적 요인이었다. 이 결과는 우리가 이전의 우울증과 정신건강에 관한 보건 서비스 이용 가능성을 포함하여 다른 몇 가지 가능한 요인들을 통제하고 나서도 변함이 없었다.[14]

물론 실업의 문제를 다루는 데에는 항우울제가 아닌 다른 방법이 있다. 이와 관련하여 예방 의학의 창시자 제프리 로즈 박사는 이렇게 말했다. "환자에게 약을 주고 나서 병들게 하는 환경으로 다시 돌려보낸다면 무슨 소용이 있는가?" 다른 전염병학자들과 함께 지금 우리가 대답하려고 하는 중요한 질문은 대량 실업이 발생했을 때에 정신건강 문제가 일어나지 않도록 하려면 우리가 무엇을 해야 할 것인가에 있다.

미국, 영국, 스페인에서 수백만 건의 새로운 처방전이 작성되는 동안에, 실업률이 크게 증가했던 모든 국가에서 항우울제 복용량이 그처럼 많이 증가했던 것은 아니었다. 예를 들면, 스웨덴에서는 2007년부터 2010년 사이에 이런 처방전이 겨우 6퍼센트 증가했고, 이는 스페인과 영국에 훨씬 못 미치는 비율이었다. 스웨덴은 대불황 기간에 우울증 증세를 약으로만 다루지 않고 우울증의 근원, 즉 실업 문제 그 자체를 해결하려고 했다.

대불황이 발생하기 오래 전, 스웨덴의 정책 담당자들은 국민들에게 의사처럼 행동했다. 스웨덴의 혁신적인 사회보장 프로그램은 적극적 노동시장 프로그램(Active Labor Market Program, ALMP)으로 불린다. 여기에서 "적극적(active)"이라는 단어는 상당히 중요한 의미가 있다. ALMP는 미국, 스페인, 영국과 같은 국가에서 흔히 볼 수 있는 실업자를 위한 전형적인 사회 안전망과는 다르다. 그들의 "소극적(passive)" 프로그램은 주로 실업자에게 사라져버린 소득을 대체하기 위해서 보조금을 지원하는 것을 말한다(물론 수령자는 일하는 동안에 실업보험에 가입하여 매달 일정 금액을 납부한다). 실업 수당이 실업자가 가족을 계속 부양하고 수입과 지출을 맞추는 데에 도움을 주기는 하지만, 스웨덴은 새로운 일자리를 최대한 빨리 찾을 수 있도록 "적극적"으로 지원하는 프로그램을 설계했다.[15]

스웨덴은 1960년대 이후부터 실업자에게 실업 수당을 지급하고 기술 교육을 제공하고 일터로 복귀하도록 지원하는 ALMP를 계속 개발해왔다. 국가마다 ALMP를 설계하는 방법이 크게 다르겠지만, 스웨덴식 ALMP는 특히 잘 설계되어서 실업자가 적극적인 활동을 계속 유지할 수 있도록 광범위하게 지원하는 프로그램이다. 스웨덴에서는 직장을 잃은 사람과 회사가 정부의 고용지원 센터에 이 사실을 알린다. 따라서 실업자는 자동적으로 구직 활동을 하게 된다. 실업 발생 이후 30

일 이내에 고용지원 센터는 직장을 잃은 사람과 함께 "개인별 활동 계획"을 작성한다. 실업자는 6주일에 한 번씩 직업 트레이너를 만나서 구직 활동의 방향을 상담한다. 또한 ALMP는 실업자가 구직 활동을 지속할 것을 요구하고, 실업자는 구직 활동을 입증해야 한다. 실업자가 실업 수당을 받으려면, 일터로 복귀하기 위한 단계적인 프로그램을 준수해야 한다.

스웨덴의 ALMP는 미국이나 스페인보다 훨씬 더 적극적으로 구직 활동을 지원한다. 스웨덴의 실업자는 가만히 있어도, 그들이 경제적으로 적극적인 활동을 계속할 수 있도록 하는 도움의 손길이 주어진다. 프로그램 매니저들은 최근에 해고된 실업자들을 위한 일자리가 창출되도록 기업과 서로 협력한다. 지금 이야기가 미국이나 스페인의 고용지원 센터가 직장을 찾을 기회를 제공하지 않는다는 의미는 아니다. 그들도 기회를 제공하지만, 그들의 프로그램은 스웨덴의 ALMP에 비해서 활동이나 목표에서 적극성이 크게 떨어진다. 예를 들면, 산제이가 맡은 환자 중에는 미국식 "ALMP"를 찾아간 사람이 있었는데, 그는 팸플릿을 얻는 데에만 3시간이 걸렸고 프로그램 매니저로부터 들은 이야기라고는 이력서를 준비하고 면접을 할 때는 샤워를 하고 정장을 입으라는 말뿐이었다고 한다.

대불황 이전에도 ALMP는 이를 추진한 국가에서 실업이 우울증을 일으키지 않도록 하는 데에 중요한 역할을 했다. 핀란드에서는 2002년에 임의통제 실험을 통해서 핀란드식 ALMP인 툐횐(Työhön : 일터로 복귀하자는 의미이다)의 효과를 검정했다. 연구자들은 실업자 629명에게 경험이 많은 툐횐 트레이너를 배정하여 직업 훈련 프로그램을 제공받도록 했다. 통제 그룹에 속하는 632명은 구직 정보에 관한 인쇄물

(ALMP가 제공하는 인쇄물을 말한다)을 제공받았지만, 표훈 트레이너로부터 실질적인 도움은 받지 않았다. 그 결과, 두 그룹 간의 차이는 크게 나타났다. 실험을 시작하고 3개월이 지나서, 연구자들은 표훈 트레이너로부터 실질적인 도움을 받는 그룹에서는 우울증 증세가 별로 나타나지 않았다는 사실을 알 수 있었다. 특히 과거에 우울증의 위험이 컸던 사람에게 큰 도움이 되었다. 또한 이 그룹은 2년 후에도 통제 그룹에 비해서 우울증 증세가 아주 드물게 나타났고, 자긍심은 더 높았으며, 구직에 대한 희망을 잃지 않았고, 일터에 성공적으로 복귀할 가능성이 더 높았다.[16]

실제로 ALMP는 실업자들에게 실직 이후에도 정신건강을 잃지 않도록 지원했는데, 지원은 최소한 세 가지 측면에서 이루어졌다. 첫째, 실직자들이 최대한 빨리 새로운 직업을 찾도록 지원하여 우울증의 주요 원인을 제거할 수 있도록 했다. 실제로 우울증에 관한 연구 결과는 실업자에게 단기적으로 나타나는 우울증은 일터로 복귀하면 금방 사라진다고 말해준다. 둘째, ALMP는 직업 트레이너가 공식적인 절차를 밟아서 사회적 지원을 제공함으로써 실직이 정신건강에 미치는 위험을 줄일 수 있도록 했다. 따라서 직장을 잃은 사람은 실직 이후의 문제를 혼자서만 대처하지 않아도 되었다. 셋째, 연구 데이터는 ALMP가 실직 상태에 있지는 않지만 이를 걱정하는 사람에게도 도움을 줄 수 있다는 사실을 보여주었다. 실직의 위험에 처하면 새로운 직장을 찾을 수 있도록 도움을 받을 수 있다는 사실을 알고 있는 것이 우울증을 예방하는 데에 도움이 되었다. ALMP를 제대로 추진하고 있는 국가에서는 이런 프로그램이 전형적인 윈윈 상황을 만들었다. 이는 경제를 개선하고 우울증을 예방하는 것을 의미했다.[17]

스웨덴은 1960년대부터 이런 장점을 알고 있었으며, 1980년대가 되면서 세계에서 가장 정교한 ALMP를 운영하기 시작했다. 그 한 가지 이유는 스웨덴 정치인들이 자원이 상당히 많이 소요되는 프로그램에 투자했기 때문이었다. 스웨덴 정부는 실업자의 재취업을 지원하기 위해서 매년 국민 1인당 580달러를 지출했다. 이에 비해서 미국, 영국, 스페인 정부는 그 절반도 되지 않는 금액을 지출했다. 스웨덴 정부는 단지 지출만 더 많이 한 것이 아니었다. 소극적 자세로 실업 수당만 지원하기보다는 적극적 프로그램에 훨씬 더 많은 자원을 투입했다. 스웨덴은 1980년대 중반에는 실업자 재취업 지원 예산의 4분의 3을 적극적 프로그램에 투입했다. 이에 반해서 미국은 3분의 1, 영국은 4분의 1, 스페인은 10분의 1을 투입했다. 2005년에 OECD는 유럽 국가들의 실업 프로그램을 비교한 종합 보고서를 발간했는데, 이에 따르면 스웨덴의 투자가 큰 성과를 거둔 것으로 나타났다. 스웨덴의 ALMP는 새롭게 실업자가 된 사람이 직업 트레이너를 만나서 구체적인 활동 계획을 작성하는 데에 걸리는 시간이 가장 짧은 것으로 나타났던 것이다.[18]

ALMP는 평상시에는 잘 운영되었다. 그러나 불황이 닥쳤을 때 스웨덴 국민의 자살률이 크게 늘어나지 않도록 하는 데에도 이 프로그램이 충분히 도움이 되었을까?

스웨덴식 ALMP의 예방 효과는 1990년대의 불황 기간에 검정을 받게 되었다. 지금의 대불황과 비슷한 상황이 벌어졌던 1991년과 1992년에 스웨덴의 주택 가격은 폭락을 거듭했고, 114개에 달하는 은행의 거의 대부분이 붕괴 직전에 놓였다. GDP는 12퍼센트가 감소했다. 스웨덴 노동자의 10퍼센트가 직장을 잃었다(이는 지금의 대불황을 겪은 국가에서 나타나는 실업률의 증가율과 거의 비슷했다).[19]

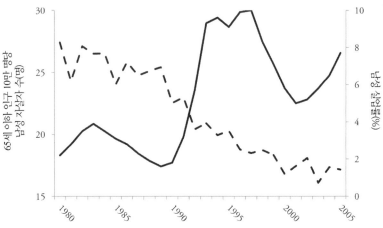

〈그림 7.3〉 1980-2005년의 적극적 노동시장 프로그램(ALMP), 스웨덴 남성의 실업률과 자살률(실선은 실업률, 점선은 자살자 수)[20]

신기하게도 스웨덴의 실업률은 크게 증가했지만, 스웨덴 정부가 (평균적으로) 해마다 국민 1인당 360달러를 ALMP에 투입했던 1980년대부터 2000년대까지 자살률은 꾸준히 감소했다(〈그림 7.3〉). 스웨덴에서는 실업률의 변화와 자살률의 변화에 두드러진 상관관계가 없었다.

스웨덴과 마찬가지로, 스페인도 1980년대와 1990년대에 불황으로 실업률이 크게 증가했다. 그러나 스페인은 실업 프로그램에 많은 자원을 투입하지 않았다. 매년 국민 1인당 겨우 90달러만을 투입했고, 이 예산마저도 실업 수당 지원에만 투입했다. 〈그림 7.4〉에서 알 수 있듯이, 스페인 남자들의 경우에는 실업률의 변화와 자살률의 변화에 강력한 상관관계가 있었다.[21]

우리는 ALMP가 불황 기간에 자살의 위험을 줄이는 결정적인 요인이라는 사실을 최대한 확실하게 전달하고 싶었다. 그래서 우리는 모든

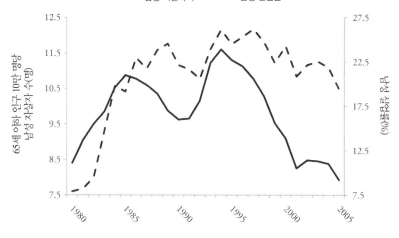

<figure>〈그림 7.4〉 1980–2005년의 적극적 노동시장 프로그램(ALMP), 스페인 남성의 실업률과 자살률(실선은 실업률, 점선은 자살자 수)[22]</figure>

유럽 국가들을 대상으로 20년이 넘는 기간의 데이터를 가지고 자살률과 실업 프로그램을 자세히 살펴보았다. 그리고 주요 사회보장 프로그램이 불황 기간에 자살률의 증가를 어느 정도로 예방할 수 있는지를 ALMP와 비교해보았다. 비교대상에는 보건 서비스, 육아 서비스처럼 가정을 대상으로 하는 지원, 주택 보조, 연금 지원, 실업 수당과 같은 소극적 프로그램이 포함되었다. 예를 들면, 보건 서비스 지출은 실업 때문에 나타나는 자살의 위험을 크게 줄이지는 못했다. 이는 우울증의 주요 원인이 실업이라면, 공식적인 보건 서비스 체계가 이 원인을 제거하는 데에는 커다란 역할을 하지 못할 것이라는 측면에서 타당성이 있었다. 또한 우리는 실업 수당도 우울증의 원인을 제거하지 못한다는 사실을 알아냈다. 우리는 여러 번의 시험을 거치면서, ALMP가 다른 사회보장 프로그램과 비교했을 때 자살을 예방하는 데에 가장 커다란

효과를 발휘한다는 사실을 확인할 수 있었다.

우리는 ALMP를 적극적으로 추진하면 불황 시기에 나타나는 자살의 위험을 줄일 수 있을 것으로 추정했다. 우리는 전문가 평가를 거쳐서, ALMP에 1인당 100달러를 투자하면 실업과 관련된 자살의 위험률을 1.2퍼센트에서 0.4퍼센트로 낮출 수 있다고 추정한 결과를 의학 저널 『더 랜싯』에 발표했다.

이 결과는 사회보장 프로그램이 생명을 구할 수 있는 방법을 확실하게 보여주었다. ALMP에 1인당 200달러 이상을 투자하면 실업률과 자살률의 상관관계는 완전히 사라진다. 이는 스웨덴, 핀란드, 아이슬란드에서는 실업의 증가가 자살의 증가와 아무런 상관관계가 없는 이유를 말해준다. 그러나 스페인, 미국, 그리스, 이탈리아, 러시아에서는 실업은 자살과 높은 상관관계가 있다.

우리가 ALMP에 관한 연구에서 얻은 교훈은 몇 가지 골치 아픈 문제에 대한 답을 제공했다. 우선 ALMP는 실업이 서유럽 국가에서보다 동유럽 국가에서 훨씬 더 위험한 이유를 통계적으로 설명해주었다. 소련이 해체되었을 때에 서유럽의 주요 무역 파트너인 핀란드는 소련 공장으로 납품하는 물량이 갑자기 사라지면서 경제의 3분의 1을 잃게 되었다. 핀란드도 소련과 비슷한 음주 문화를 가지고 있었고, 불황과 함께 실업률이 치솟았다. 그럼에도 불구하고 핀란드에서는 불황이 자살에 미치는 효과는 별로 나타나지 않았다. 이에 반해서 러시아, 카자흐스탄, 발트 해 국가인 에스토니아, 라트비아, 리투아니아에서는 실업의 증가가 사망률 위기로 이어졌다. 이와 같은 인상적인 차이는 실업자의 재취업을 지원하기 위해서 동유럽 국가들은 1인당 37달러를 투자하지만, 핀란드와 같은 서유럽 국가들은 이보다 훨씬 더 많은 150달러를

투자한다는 사실로 설명할 수 있다.[23]

우리가 컨퍼런스에서 이 연구 결과를 발표했을 때, 러시아와 폴란드에서 일하는 우리 동료 학자들은 자신의 조국이 스웨덴과 핀란드와는 다르게 ALMP에 투자할 여력이 없다고 했다. 그러나 우리는 스웨덴의 방식을 따라서 잘 수행할 수 있다면, ALMP는 고용을 촉진하고 사회복지에 대한 부담을 줄이는 데에 투자한 만큼의 대가를 반드시 주리라고 생각한다. 예를 들면, 덴마크의 ALMP를 자세히 분석해보면, 이 프로그램의 경제적 편익은 비용을 훨씬 뛰어넘는다는 사실을 알 수 있었다. 그 이유는 노동자들이 ALMP를 통해서 생산성을 높일 수 있고 복지 혜택에 대한 의존을 줄일 수 있기 때문이었다. 덴마크에서는 ALMP가 지난 11년에 걸쳐서 노동자 1인당 27만9,000크로네(약 4만7,000달러)의 순저축을 발생시켰다. 2010년의 또다른 연구에서는 97회의 실험을 통해서 199개의 ALMP에 대한 체계적인 평가가 실시되었다. 여기에서도 덴마크식 ALMP의 일관된 패턴을 찾을 수 있었다. 그것은 바로 ALMP가 실업자들이 경제적으로 적극적인 모습을 계속 유지하여 일터로 복귀하도록 지원하고, 경제 성장을 위한 중요한 엔진이라고 할 노동 공급을 늘려서 사회복지 체계에 주는 압박을 줄이는 것을 의미했다.

ALMP를 뒷받침하는 증거가 계속 쌓여갔지만, 우리는 여기에 만족하지 않고 우리의 연구 결과를 실행으로 옮기기 위해서 열심히 노력했다. 2009년에 우리는 ALMP의 장점에 관한 연구 결과를 발표하고 나서, 영국 하원과 스웨덴 의회에 초청되어 데이터를 발표하고 의견을 개진할 기회를 가질 수 있었다.[24]

두 나라 의원들의 반응은 놀라웠다. 다시 말해서, 놀라울 정도로 서로 달랐다. 실업의 증가가 자살의 증가를 초래하고 ALMP가 이런 위험을 경감시키는 데에 도움을 준다는 사실을 뒷받침하는 데이터를 제시하자, 스웨덴 의원들은 놀라지 않았다. 한 의원은 "우리가 이미 알고 있는 내용을 왜 이야기합니까?"라고 물었다. 그러나 2009년 7월, 같은 데이터를 가지고 영국 하원에서 발표했을 때는 "영국 정부는 이미 실업을 줄이기 위해서 할 수 있는 모든 조치를 취했다"는 식의 반응이 나왔다.

2010년에 보수당 연립정부가 들어선 후, 영국의 움직임은 훨씬 더 고약해졌다. 2007년부터 2010년 사이에 영국에서는 실업자 수가 지속적으로 증가하면서 자살자 수도 증가하여 기존의 추세에 비해서 1,000명을 상회하게 되었다는 내용을 담은 우리의 연구 결과가 2012년 『브리티시 메디컬 저널』에 실렸다. 기자들은 당장 영국 보건부의 반응을 살피기 위해서 달려갔다. 보건부 대변인은 「인디펜던트(Independent)」와의 인터뷰에서 이렇게 말했다. "사랑하는 사람이 자살을 하게 된 데에 충격과 함께 유감의 뜻을 표합니다. 우리는 자살을 방지할 수 있도록 도움이 절실하게 필요한 사람들에게 최선을 다해서 도움을 주려고 하고 있습니다. 또한 우리는 의료계, 법조계 등의 전문가 자문을 받아서 현재의 자살률을 유지하기 위해서 또는 이를 줄이기 위해서 새로운 자살 예방 프로그램을 곧 발표할 예정입니다." 여기까지는 좋았다. 그러나 보건부 대변인은 계속해서 이렇게 말했다. "그러나 영국의 자살률은 계속 낮은 수준을 유지했고, 2005년 이후로는 변화가 없었습니다. 우리 보건부는 모니터링을 목적으로, 바탕에 깔려 있는 추세 대신에 변동 부분에 불필요하게 관심을 가지는 일이 없도록 하기 위해서 3년 동안의 데이터를 합산한 평균을 사용합니다."[25]

이제 이 방법은 상당히 익숙하게 들릴 것이다. 여러 해에 걸쳐서 합산한 평균을 사망 데이터로 사용한 것은 『이코노미스트』지가 러시아의 사망률을 은폐하기 위해서 사용했던 방법과 같았다. 합산한 평균을 사용하면, 사망률의 갑작스러운 증가는 도로상에서 매끄럽게 솟아오른 부분처럼 보일 수 있다. 사실상 보건부는 이런 목적을 위해서 의도적으로 5년 혹은 다른 기간 대신에 3년이라는 기간을 선택한 것으로 보였다. 보건부의 이 논평을 두고 몇몇 대학교 교수들과 통계학자들이 문제를 제기했다. 그리고 이런 문제 제기 이후에, 보건부의 논평은 그들의 웹사이트에서 곧 사라졌다.

영국 정부가 국민들에게 도움을 주기를 원한다면, 스웨덴의 경험에서 많은 것을 배울 수 있을 것이다. 당연히 영국은 ALMP에 더 많이 투자하고 실업이 발생하지 않도록 할 필요가 있다. 그러나 보수당 정권은 정확하게 그 반대의 길을 갔다. 긴축은 일자리가 **사라지도록** 하는 프로그램이었다. 긴축 프로그램은 영국에서 가장 가난한 지역에서 공공 부문의 일자리가 줄어들도록 했다. 또한 불황 기간에 민간 부문에서 노동자들을 쉽게 해고할 수 있도록 해주었다. 정부의 지원을 받아서 대단히 둔감하게 작성된 2010년의 한 보고서에서 언급되었듯이, "어떤 노동자는 단지 고용주가 자신을 좋아하지 않는다는 이유로 해고될 수 있었다." 그러나 이 보고서의 저자들은 해고는 경제를 되살리기 위해서 "지불할 만한 가치가 있는 대가"라고 주장했다. 얼마만큼의 실업이 경제 성장을 견인해줄 것인가에 대해서는 아무런 설명도 없이 말이다.[26]

영국을 대상으로 긴축 프로그램을 현실 세계에서 실험해본 결과는 슬프게도 자살률 데이터에서 금방 두드러졌다. 2007년의 대불황은 미국과 마찬가지로 영국에서도 초기에 실업자가 쏟아져나오도록 했다. 2009년에 고용이 회복되면서 자살률이 떨어지기 시작했다. 그러나 이 듬해 영국에서는 보수당 연립정부가 들어서면서 대규모 긴축 프로그램 이 실시되어, 2012년 한 해에만 공공 부문의 일자리 27만 개가 사라졌다. 그 다음에는 "긴축에 따라서 제2차 자살의 물결"을 경험했다.[27]

역사로부터 배우지 않는 사람은 같은 역사를 반복하게 된다. 우리의 모델은 스페인과 스웨덴에서 자살의 추세가 반복되리라고 예상했다. 그리고 우리는 두 나라의 서로 대조되는 역사가 지금까지 반복되는 모습을 보았다. 스페인과 스웨덴은 모두 커다란 불황을 경험했다. 그러나 스페인에서는 자살률이 또다시 크게 늘어났고, 스웨덴에서는 실제로 줄어들었다.

영국, 미국, 아이슬란드, 그리스, 이탈리아, 스페인, 스웨덴의 자살률 추세를 비교해보면, 불황 기간에도 자살의 증가를 피할 수 있음을 알 수 있다. 불황 기간에 실업자들이 일터로 복귀할 수 있도록 적절한 조치를 취했더라면 더 많은 자살을 예방할 수 있었다.[28] 자살은 빙산의 일각일 뿐이다. 자살 1건당 10건의 자살 시도가 있었고, 100-1,000건의 새로운 우울증 환자가 나타났던 것으로 추정된다.[29]

스웨덴과 핀란드의 경험에서 알 수 있듯이, 실업이 직장을 잃은 사람의 정신건강을 해롭게 할 수는 있지만 반드시 자살로 이어지지 않도록 예방할 수도 있다. 사람들이 우울증에 빠지거나 자살을 할 때, 우리는 우리의 보건 서비스 체계가 사태를 수습하도록 기다려서는 안 된다. 항우울제는 실업 상태에 빠진 일부 사람들에게는 도움을 줄 수 있다. 그러나 문제의 증상을 치료하기보다는 원인을 제거하는 것이 더 낫지 않겠는가? 스웨덴 정부는 직장을 잃은 사람들에게 다가가서 그들이 일터로 복귀하기 위한 활동 계획을 수립할 수 있도록 도와주는 프로그램에 적극적인 투자를 아끼지 않았다.

이탈리아의 하얀 미망인과 그들의 남편의 고통, 그리고 긴축으로 인한 "자살"은 사라져야 한다. 데이터는 우리가 앞으로 해야 할 일을 놀랄 만큼 분명하게 말해준다. 문제는 우리가 앞으로 그 일을 실천에 옮길 것인가에 있다.

8
당신의 집에서 발생한 전염병

2007년 5월, 베이커스필드의 까마귀들이 죽기 시작했다.

캘리포니아 사람들은 샌프란시스코와 로스앤젤레스 사이에 있는 베이커스필드를 덥고도 아주 불쾌한 장소로 여겼다. 휘발유를 넣거나 값싼 인디언 푸드를 사기 위해서 잠깐 차를 멈추는 곳 정도로만 생각했다. 그곳은 마치 사람들의 관심을 끌지 못할 운명을 타고난 마을처럼 보였다.

그러나 베이커스필드의 까마귀들이 죽기 시작하면서 사람들은 수군거리기 시작했다. 처음에는 아이들이 뒤뜰 수영장에 떠 있는 갈까마귀 시체를 보았다고 알렸다. 그 다음에는 다른 종의 새가 나무에서 떨어지기 시작했다. 지역 방송국의 취재진들이 하늘에서 한 무리의 제비 떼가 혜성처럼 떨어지는 모습을 카메라에 담기도 했다.[1]

이렇게 죽어가는 새들도 소름끼치도록 하기에 충분했으나, 패닉은 사람들에게 이상한 증세가 나타나면서 시작되었다. 온몸을 떠는 사람들도 있었다. 또 의사들이 "마이오클로누스(myoclonus : 근육의 무의식적인 수축으로 무엇인가에 홀린 듯이 몸을 떨면서 발작 증세를 나타낸다)"라고 부르는 증세를 경험한 사람들도 있었다. 대부분의 사람들이 혼란스러워했고, 일부는 몸이 마비되기도 했다.[2]

그해 여름이 한창일 때, 베이커스필드 메모리얼 병원에는 이런 증세를 호소하는 환자들이 여럿 있었다. 이 증세를 소아마비라고 생각하는 사람도 있었고, 신의 분노라고 믿는 사람도 있었다.

한 의사는 "너무 더워서 그런가?"라고 혼잣말을 하면서 마음을 진정시키려고 했다. 그해 여름은 유난히 더웠고, 겨울은 1988년 이후로 가장 건조했다. 시에라 네바다 산맥에서 흘러나온 컨 강 하류는 항상 잔물결이 일었지만, 그해에는 말라버려서 강바닥이 갈라졌다. 베이커스필드 동쪽 끝에서 브루스가 운영하는 트럭 기사 식당에서는 아칸소 출신의 한 트럭 운전기사가 열사병으로 쓰러져서 사망하는 일도 있었다.[3]

그러나 몇 주일 후, 캘리포니아 뇌염 프로젝트(California Encephalitis Project) ― 질병관리본부(Centers for Disease Control and Prevention, CDC)의 지원을 받아서 주정부가 운영하는 실험 프로젝트 ― 에 참여한 과학자들이 베이커스필드 의사들에게 좀더 합리적인 설명을 제시했다. 감염 환자들에게서 척수액을 빼내서 검사한 결과, 웨스트 나일 바이러스(West Nile Virus)에 양성 반응을 보였던 것이다.

과거에도 뉴욕과 텍사스에서 웨스트 나일 바이러스가 출현하여 처음에는 조류를 죽였다. 그 다음 희생자에게 바이러스를 옮기는 주요 매개체는 모기였다. 모기는 죽은 새를 물어서 바이러스에 감염되고, 그 바이러스를 자신의 침샘에 간직했다가 살아 있는 새, 말, 사람을 물어서 전염시킨다. 웨스트 나일 바이러스에 감염되면 건강한 보통 사람은 하루 정도 고열, 통증, 발진에 시달리고 치료가 가능하지만, 면역 체계가 약한 사람(특히 노인)은 바이러스가 뇌에 침투해서 생명을 앗아가기도 한다.

베이커스필드에서 모기가 문제를 일으킨 적은 거의 없었다. 실제로 그곳에서 모기가 전염병을 마지막으로 크게 유행시킨 때는 1952년이었다. 그 당시에는 모기가 말[馬]의 바이러스를 사람들에게 전염시켜서 발생하는 '서부 말 뇌염'으로 사망자가 813명 발생했다. 이후 연방정부와 주정부의 보건부는 모기 매개 바이러스 감시 및 퇴치 계획(Mosquito-Borne Virus Surveillance and Response Plan)을 수립했다. 이 계획의 일환으로, 질병관리본부(CDC)는 캘리포니아 주변에서 발생하는 원인을 알 수 없는 증세와 사망을 감시하기 위한 특수 실험실을 설치하려고 캘리포니아 뇌염 프로젝트에 착수했다.

CDC 데이터에 따르면, 웨스트 나일 바이러스의 출현은 매우 특이한 현상이었다. CDC 팀은 무더운 날씨로 모기가 주로 서식하는 컨 강 주변의 물웅덩이가 사라졌으므로 웨스트 나일 바이러스의 출현 가능성이 낮을 것으로 생각하고 있었다. 또한 웨스트 나일 바이러스를 옮기는 미국 어치와 하우스핀치와 같은 조류들도 물 부족으로 죽어갔다. 과학자들이 쳐놓은 망에 걸려든 모기 중에서 주로 농촌 지역에서 서식하는 모기인 큐렉스 타르살리스(*Culex tarsalis*)의 개체 수도 지난 5년 동안의 평균보다 낮았다. 이 모든 상황들을 고려할 때, 2007년 여름은 웨스트 나일 바이러스가 출현할 위험이 매우 낮았다.

그럼에도 불구하고, 그해 8월 말까지 베이커스필드와 그 주변에서 웨스트 나일 바이러스에 감염된 환자가 거의 140명이나 발생했다. 이는 지난해의 50명에 비해서 180퍼센트나 증가한 것이었다. 이들 중 27명이 사망했다. 베이커스필드의 보건행정 업무를 임시로 맡아보던 클라우디아 조나 박사는 "일단 이 바이러스에 감염된 환자가 한 명만 나타나면, 그 다음에는 걷잡을 수 없이 나타나기 시작합니다. 환자가 한

명도 나타나지 않다가도, 금세 가장 많이 나타나는 지역이 되어버립니다"라고 말했다.[4]

캘리포니아 주지사 아널드 슈워제네거는 베이커스필드를 재난 지역으로 선포했다. 그는 캘리포니아 주의 예산 위기에 대처하기 위해서 급하게 차용증을 쓰던 중이었다. 그러나 전염병을 퇴치하기 위한 필사적인 노력의 일환으로, 그는 베이커스필드 주변의 모기 개체 수를 줄이기 위해서 620만 달러짜리 캠페인을 시작했다.[5]

컨 카운티의 보건 담당 공무원들은 베이커스필드의 가정으로 편지를 보내고 텔레비전을 통해서 주의보를 알리면서 모기가 가장 활발하게 움직이는 새벽과 해질녘에는 외출을 삼갈 것을 당부했다. 베이커스필드의 어린이와 노인들은 더위가 한창 기승을 부릴 때에도 모기에 물리지 않기 위해서 긴 소매옷과 긴 반지를 입었다. 그리고 8월 9일 오후 8시 30분을 기해서 비행기가 마을을 가로질러 군대식 저공비행을 하면서 국화에서 추출한 피레트린 살충제를 살포하여 가정집과 상가 주변을 두꺼운 회색 구름으로 뒤덮었다.[6]

컨 지역의 모기 통제팀은 전염병의 원인을 파악하기 위해서 캘리포니아 대학교 전염병학자들로 구성되고 모기 전문가 윌리엄 라이슨 박사가 이끄는 긴급대응 팀을 구성했다. 라이슨 박사팀은 여러 가지 가능성을 고려했다. "현재의 가뭄이 새들을 작은 못으로 몰아냈고, 그곳에서 모기와 접촉할 가능성이 더 높아졌다"는 가정도 있었다.[7]

라이슨 박사팀은 우선 새들의 시체가 모여 있고 모기가 번식하는 위험 발생지역을 찾기 위해서 베이커스필드 지역의 항공 스캔을 요청했다. 공중 카메라는 새들로 붐비는 작은 못을 찾지는 못했으나 예상 밖의 단서를 발견했는데, 그것은 직사각형 모양의 녹색 보풀이 무리를 이루고 있는 것처럼 보이는 것이었다. 이를 자세히 살펴보면, 베이커스필드 마을의 수영장, 새 목욕통, 거품 목욕통 중에서 6분의 1 정도가 담녹색으로 변해 있었다.

라이슨 박사팀은 재빨리 그곳으로 찾아갔다. 수영장과 목욕통이 모기들의 서식지인지를 확인하기 위해서 문을 두드리고 초인종을 눌렀다. 그러나 "녹색 보풀지역"에서는 사람이 살고 있지 않았다. 대신에 집을 판다거나 은행이 담보물을 소유한다는 광고문만 눈에 띄었다. 그들은 웨스트 나일 바이러스의 출처를 찾아냈다. 라이슨 연구팀은 31개의 버려진 수영장에서 웨스트 나일 바이러스의 변종에 감염된 4,000마리가 넘는 모기 유충을 발견했다.

베이커스필드는 웨스트 나일 바이러스의 진원지일 뿐만 아니라, 미국의 주택담보 위기의 진원지이기도 했다. 2006년에 미국의 주택시장이 붕괴하고 나서, 주택 압류는 225퍼센트나 늘어나서 600만 호가 넘는 집이 은행으로 넘어갔다. 베이커스필드의 상황은 훨씬 더 나빴다. 원래 베이커스필드는 캘리포니아 주택담보 대출 거품의 중심지였고, 곧 주택 가격의 폭락과 주택 압류의 중심지가 되었다. 이 도시는 주택담보 위기가 시작되면서 대출금 체납자가 300퍼센트나 증가했다. 비슷한 상황에 놓인 미국 도시들 중에서 8번째에 해당되었다. 베이커스필드의 주택 소유자 중에서 약 2퍼센트가 은행에 집을 넘겨주었다. 불황이 시작되면서 30만 명에 달하는 주민들 가운데 5,000명 이상이 집을 잃었다. 집이 압류 절차를 거쳐서 은행으로 넘어가자, 아무도 뒤뜰을 돌보지 않았다. 잡초가 무성하게 자라고 수영장에 괴어 있는 물에서 조류가 자랐다. 모기가 번식하기에 최적의 장소였다.[8]

그러나 주택담보 위기가 발생했을 때, 최악의 공중보건 상황을 초래한 것은 웨스트 나일 바이러스가 아니었다. 공중보건에 미치는 가장 심각한 위험은 노숙자의 증가였다. 집을 잃은 사람들이 거리 혹은 버려진 건물에서 지내게 되면, 건강은 나빠질 수밖에 없다. 노숙자들은 항상 스트레스에 시달리고 적절한 치료를 받을 수 없다. 최악의 경우에는 폭행이나 강간을 당할 수도 있고, 추위에 노출되어 얼어 죽을 수도 있으며, 심각한 정신질환을 앓을 수도 있고 약물에 빠져들 수도 있다. 또한 감옥이나 병원에 보내질 수도 있고, 심지어는 영안실로 보내질 수도 있다.[9]

노숙 생활이 건강을 해치는 문제를 해결하는 가장 좋은 처방은 공영주택을 짓고 주택 보조금을 지급하는 것이다. 그러나 불황으로 나타나는 주택 위기를 다루는 방법은 정부마다 크게 달랐다. 따라서 국민들의 건강에 나타나는 결과도 크게 다를 수밖에 없었다. 미국과 영국에서는 대불황 기간에 정권 교체가 있었다. 이런 변화는 미국과 영국이 주택담보 위기에 대응하는 방법에서 결정적인 역할을 했고, 이후 공중보건에 나타나는 결과도 달라졌다. 2009년에 의회를 통과하고 오바마 대통령의 서명을 거쳐서 법률로 확정된 미국 경기회복 및 재투자법(American Recovery and Reinvestment Act)에 따라서 미국 정부는 주택 압류가 노숙자를 양산하지 않도록 사회보장 프로그램에 투자하기 시작했다. 그러자 노숙자의 입원, 사망, 전염병 감염률이 몇 달 동안 두드러지게 감소했다. 이와는 반대로, 2010년에 보수당 연립정부가 집권한 영국에서는 미국처럼 심각한 주택 위기를 겪지는 않았음에도 불구하고 급진적인 조치를 취하여 주택 지원 예산을 감축하기에 이르렀다. 이 조치에 따라서 노숙자가 많아졌고, 이와 함께 예방할 수 있었던 질병에 걸리는 이들도 많아졌다.

주택은 건강의 필수 조건으로 오랫동안 알려져왔다. 노숙자는 사회에서 가장 취약한 집단이다. 그들은 머리 위에 지붕이 있는 사람에 비해서 40년이나 일찍 사망하는 것으로 나타난다. 그들은 건강에 여러 가지 문제를 안고 있으며 필요한 치료를 충분히 받지 못한다. 또한 그들은 결핵과 같은 전염병에 걸릴 위험이 상당히 높다. 그리고 질병을 다른 사람들에게 전염시킬 수 있다. 노숙자와 건강의 악화는 상당히 밀접한 관계가 있으며, 어느 것이 먼저 시작되었는지를 확인하기가 어렵다. 그러나 공중보건에서 나타나는 결과는 같다. 즉, 사망할 위험이나 예방할 수 있는 질병에 걸릴 위험이 크게 높아진다.[10]

노숙자와 질병의 관계는 오랫동안 상식처럼 생각되어왔지만, 대불황 기간에 발생했던 주택담보 위기는 우리에게 새로운 사실을 가르쳐주었다. 그것은 바로 집을 잃기 전, 주택 압류의 위협도 질병을 일으키는 원인이 될 수 있다는 것이었다. 사람들은 대출금을 갚기 위해서 애를 쓰면서 스트레스를 받게 되고, 스트레스는 자살과 우울증의 위험을 높인다. 그리고 많은 사람들이 주택담보 대출금을 납부하기 위해서 음식이나 약을 구매하기 위한 지출을 줄인다. 2006년부터 2008년까지 50세 이상의 미국인을 대상으로 조사한 결과, 대출금을 제대로 갚지 못하는 사람들은 우울증에 시달릴 가능성이 9배나 더 높은 것으로 나타났고, 식사를 걸러서 충분한 영양을 공급받지 못할 가능성은 7.5배나 더 높았으며, 이전의 건강 상태를 그대로 유지한다고 가정해도 필요한 약을 제대로 구매하지 못할 가능성이 9배나 더 높았다.[11]

주택 압류의 위협에 처한 사람들은 약값을 지불할 형편이 되지 못하기 때문에 혹은 대출금을 갚기 위해서 보건 서비스 지출을 줄여야 하기 때문에, 합병증으로 응급실에 가게 될 가능성이 높아진다. 필라델피아에서 실시했던 한 사례조절 연구에서는 주택 압류통지를 받은 사람의 입원율과 그 사람과 연령대, 성별, 거주지, 의료보험 가입 여부는 일치하지만 주택 압류통지를 받지 않은 사람의 입원율을 비교했다. 이 연구에서는 2005년부터 2008년까지 주택 압류통지를 받은 사람이 그렇지 않은 사람에 비해서 병원에 입원할 가능성이 더 높다는 사실을 보여주었다. 압류일을 기준으로 6-24개월 이전을 살펴보면, 주택 압류통지를 받은 사람이 응급실에 가게 될 가능성이 50퍼센트 더 높은 것으로 나타났다. 응급실에 가게 되는 두 가지 주요 원인은 고혈압, 당뇨병과 관련된 신부전으로, 이 두 가지 질병은 약을 제대로 복용했더라면 병원에 입원할 필요가 없는 질병들이다.[12]

일단 주택이 실제로 압류되면 거주자는 그곳을 떠나야 하고, 응급실에 가게 될 위험은 훨씬 더 커진다. 애리조나, 캘리포니아, 플로리다, 뉴저지에서는 주민들이 불황 기간에 필요한 약을 제대로 복용하지 못하자, 주택 압류율과 응급실 입원율 간의 상관관계가 두드러지게 높아졌다. 우리는 주택담보 위기가 한창이지만 실업률이 증가하기 전인 2005년부터 2007년까지 미국의 모든 지역을 살펴보았는데, 주택 가격, 실업, 이주, 응급실 방문 건수에 관한 과거의 추세를 조정하고 나서도 주택 압류신청 건수가 많을수록 응급실에 가게 되는 사람들이 많은 것으로 나타났다. 주택 압류신청 건수가 100건이 늘어나면, (주로 50세 이하에서) 고혈압으로 응급실에 가게 되거나 입원을 하게 된 사람은 7.2퍼센트가 증가했고, 당뇨병과 관련된 합병증으로 병원을 찾게 된 사람은 8.1퍼센트가 증가했다. 2007년부터 2009년까지 응급실 방문 건수는 평상시보다 600만 건이나 더 많아졌다.[13]

주택 압류가 미국인들에게 커다란 위협을 주어서 응급실에 가게 만들기는 했지만, 그들의 건강에 미치는 진정한 위협은 거주할 곳이 없어졌다는 사실이었다. 불황 기간에 노숙자가 넘쳐날 것인가는 궁극적으로 정부가 어떻게 반응하는가에 달려 있었다.

오바마 대통령이 취임했을 때, 주택담보 위기는 계속 고조되고 있었다. 주택시장에서 거품이 걷힌 후 미국에서 주택이 압류된 가구는 2007년에 476가구당 1가구에서 2009년 중반에 135가구당 1가구로 거의 3배가 늘어났다.[14]

주택 압류의 흐름은 이미 압박을 받고 있는 공영 주택 프로그램에 또다른 압박이 되었다. 미국의 노숙자 비율은 2005년에 태풍 카트리나와 리타가 뉴올리언스와 텍사스 해안을 휩쓸면서 주택 수천 호가 침수되었을 때에 이미 신기록을 달성했다는 사실은 종종 잊혀졌다.

주택 압류가 새롭게 넘쳐나기 전에도 미국의 공영 주택 프로그램은 주택 지원에 대한 요구를 충족시키지 못했다. 2007년에 미국 23개 대도시를 대상으로 실시된 한 연구에서는 해당 도시들의 공영 주택 프로그램 가운데 절반 정도가 시설의 부족으로 임시 거주지가 필요한 사람들의 요구를 충족시키지 못했던 것으로 나타났다. 집에서 쫓겨난 사람들 가운데 일부는 친구 혹은 친척의 집에서 임시로 거주할 수 있었지만, 일부 사람들은 이처럼 운이 좋지 못했다. 대불황이 닥치기 전, 노숙자의 40퍼센트는 거리, 자동차 혹은 인간의 거주 목적으로 지어지지 않은 장소에서 잠을 잤다. 이런 상황을 두고 전국 노숙자 연합(National Coalition for the Homeless)의 닐 도노번 사무총장은 "미국의 주택 안전망은 해진 것이 아니라 사라진 것입니다"라고 말했다.[15]

대불황 기간에 미국에서 주택 압류가 더욱 늘어나면서 노숙자도 함께 늘어났다. 2008년부터 2009년까지 50만 호가 넘는 주택이 추가로 압류되었다. 이에 따라서 같은 기간 동안에 노숙자가 된 사람은 최소 2만 명에 달했다. 2009년에는 일정 기간 동안 긴급 거주지를 이용했던 사람이 약 160만 명(미국 인구 200명당 1명)에 이르렀다. 그러나 이런 거주지가 아니라 버려진 창고, 공원, 자동차, 뒷골목을 비롯해서 인간의 거주 목적이 아닌 장소에서 잠을 자는 노숙자는 25만 명이 넘었다.[16]

주택담보 위기에서 가장 비극적인 희생자는 바로 어린이들이었다. 집이 없는 어린이들은 2007년에 120만 명에서 2010년에 160만 명으로 늘어나서 미국 어린이 45명당 1명이 되었다. 주택 압류가 빈번한 지역에서는 스쿨버스가 평소에 다니던 길을 벗어나서 월마트 주차장에 정차하는 경우도 있었다. 그곳에는 부모들이 임시 주택으로 개조해놓은 밴이 있었다. 빈대와 옴은 집이 없는 어린이들의 건강에 문제를 일으키는 소수의 원인에 불과했다.[17]

노숙자가 되면, 치료하기 힘든 상처를 경험하게 된다. 최악의 경우, 이 상처는 치명적일 수도 있다. 대불황 기간에 미국의 노숙자들은 마약 중독으로 사망할 가능성이 나머지 인구에 비해서 30배나 더 높았다. 그리고 치명적인 폭행을 당할 가능성은 150배가 더 높았고 자살할 가능성은 35배가 더 높았다. 미국 노숙자의 기대수명은 전쟁에 시달리는 시에라리온과 콩고 국민의 기대수명과 비슷했다.[18]

샌프란시스코를 덮친 주택담보 위기는 미국이 가진 문제를 똑바로 바라보게 만들었다. 2007년부터 2008년까지 샌프란시스코의 주택 계획은 수요를 충족시키지 못했고, 긴급 거주지에 입소하려는 대기자의 명단은 50퍼센트나 늘어났다. 캘리포니아 주에서 주택 압류신청 1,000 건당 긴급 거주지 입소 건수는 빈곤율을 조정(주택 압류로 노숙자가

된 사람은 이전부터 주택 지원이 필요했던 사람은 아니라고 가정한다)
하고 나서도 37건으로 나타났다. 집에서 쫓겨나서 갈 곳이 없게 된 사
람이 많아지면서, 그들의 건강 문제가 보건 서비스 체계에 커다란 짐이
되었다.[19]

40대의 토머스가 바로 이런 사례에 해당되었다. 그는 집을 잃고 알
코올 중독자가 되었다. 산제이는 샌프란시스코의 '주택과 도시 건강 진
료소'에서 그를 처음 만났고, 음주로 생긴 온갖 질병과 뇌졸중을 치료
했다. 토머스는 응급실을 "가장 많이 사용하는 사람"의 명단에 올라 있
었다. 이는 그가 술에 취해서 싸움을 하고 폭행을 당하고 심지어는 지
하철 계단에서 굴러 넘어지기도 하면서 여러 차례 부상을 당한다는 사
실을 고려할 때, 샌프란시스코의 보건 예산에 커다란 부담으로 작용한
다는 것을 의미했다. 산제이는 토머스에게 술을 그만 마시라고 여러
번 설득해보았지만 아무 소용이 없었다.

토머스와 같은 노숙자 환자들을 치료할 때, 산제이가 할 수 있는 것
은 별로 없었다. 또다른 의사가 설명했듯이, 진료소를 찾는 노숙사 환
자들의 의학적 증세를 치료하는 것은 "암 환자에게 아스피린을 주는
것"과 같았다. 노숙자들은 고혈압이나 당뇨병 환자에게 요구되는 지속
적인 약물 치료를 받기가 어렵다. 약을 사려면 공동 부담금을 내야 하
는데, 그것이 부담스럽기 때문이다. 또한 노숙자들은 극심한 우울증에
시달려서, 마약과 술에 의지하여 자신을 달래기도 한다. 어떤 노숙자는
가지고 있는 모든 질병을 치료하려면 10개에 달하는 약을 복용해야 하
지만, 그렇게 한다고 하더라도 안정적인 주택이 없이는 의도했던 효과
를 거두기가 어렵다.

노숙자들에게 가장 좋은 약은 간단하고도 명백하다. 그들의 머리 위

에 지붕을 얹어주는 것이다. 이는 무엇보다도 당장 거처가 필요한 사람의 요구를 최우선적으로 충족시켜주려는 "주택 우선(Housing First)" 정책의 접근방식이다. 물론 돈이 먼저 들어가야 하는 일이지만, 경험적 증거에 따르면 제대로 추진할 경우에는 장기적으로 돈도 절약하고 생명도 구할 수 있다.

오바마 행정부는 집권 이후, 곧 이 정책을 추진하기 시작했다. 2009년 5월 20일, 오바마 대통령은 경제를 살리고 토머스와 같은 노숙자를 돕기 위해서 대규모 경기 부양 프로그램을 내놓았다. 미국 의회는 주택 압류의 희생자에게는 노숙자가 되지 않도록, 그리고 이미 노숙자가 된 사람에게는 주택을 되찾을 수 있도록 지원하기 위해서 15억 달러가 소요되는 '노숙자 예방과 긴급 재주택 프로그램(Homelessness Prevention and Rapid Re-Housing Program)' 법안을 통과시켰다. 이 프로그램의 일환으로 지방정부는 노숙자를 확인하고 이들이 새로운 거처를 찾아서 거주할 수 있도록 필요한 경비를 지원했다. 미국 주택도시개발부(Department of Housing and Urban Development, HUD)도 긴급 거주지와 장기 주택을 늘리기 위한 예산을 확보했다.[20]

경기 부양 프로그램과 마찬가지로, 노숙자 예방 프로그램은 토머스가 정상적인 생활을 할 수 있도록 도왔다. 물론 진료소에서 의사와 간호사들이 토머스에게 도움을 주기 위해서 최선을 다했지만, 그의 우울증은 샌프란시스코 시가 주거 지원 프로그램(Direct Access to Housing program)을 통해서 그에게 아파트를 구해주고 나서야, 실질적으로 나아지기 시작했다. 이런 프로그램은 시가 오랫동안 추진해왔지만, 신청자가 너무 많아서 토머스에게 도움을 주기까지 오랜 시간이 걸렸다. 또한 토머스는 "금주동맹(Alcoholics Anonymous : 알코올 중독자들이 스스로 또는 알코올 중독에서 벗어난 다른 사람들의 도움을 받아서 맑은 정신을 회복하고자 결성한 자발적인 단체/역주)"에 가입했고, 알코올 중독으로부터 벗어날 수 있었다. 지금 그는 지역 레스토랑에서 보조 요리사로 일하면서 월세와 세금을 꼬박꼬박 내고 있다. 물론 이제는 병원 응급실에 실려가는 일도 없다.

장기적으로 생각하면, 샌프란시스코 시는 토머스의 머리 위에 안정적인 지붕을 얹어주어서 돈을 절약할 수 있었다. 시에서 토머스에게 아파트를 제공한 것이 그가 병원과 교도소에 머물도록 하는 것보다 돈이 더 적게 든다는 사실도 밝혀졌다. 샌프란시스코의 주거 지원 프로그램과 같은 프로그램에 관해서 통계 분석을 해보면, 이런 프로그램이 시와 주정부에 보건 서비스 지출과 때로는 교도행정 지출을 줄여서 예산을 절약하도록 해주는 것으로 나타났다.[21]

오바마 행정부의 경기 부양 프로그램의 지원을 받아서 뉴욕, 덴버, 샌디에이고, 시카고, 필라델피아의 시장들도 샌프란시스코의 주거 지원 프로그램과 비슷한 주택 우선 프로그램을 곧 확대하기로 했다. 필라델피아에서는 100명에게 주거를 지원하면, 연간 42만1,893달러를 절약하는 것으로 나타났는데, 이는 프로그램 운영비와 주거비를 상회하는 금액이었다.[22]

미국 전역을 살펴보면, 주택시장이 역사에 길이 남을 정도로 침체되고 경제가 불황에 빠졌음에도 불구하고, 2009년부터 2011년 사이에 HUD가 노숙자 예방 프로그램을 추진하면서 노숙자는 실제로 감소했다. 190만 호에 달하는 주택이 압류에 처해졌던 2010년에도 노숙자는 감소했다. 2010년에는 경기 부양 프로그램이 노숙자가 될 처지에 놓이거나 노숙자가 된 70만 명에게 임시 거주지를 찾도록 지원했다. 그리

고 2012년까지 미국인 130만 명이 노숙자 신세를 면하도록 지원했다.[23]

대불황 기간에 영국은 미국과 극명한 대조를 이루었다. 영국에서는 주택 문제가 오랫동안 공중보건 문제로 인식되었다. 정부의 주택 프로그램은 국민의 건강에 매우 중요하다고 인식되었기 때문에, 1951년까지 보건부가 주택부를 관할했다(총선에서 보수당이 노동당을 누르고 승리했던 시기에 주택부가 분리되었는데, 이는 NHS를 약화시키기 위한 조치로도 간주되었다). 대불황 이전에 영국의 지역사회 및 지방정부부 (Department for Communities and Local Government)는 미국의 주택 우선 프로그램과 비슷한 사회적 주택 프로그램을 성공적으로 운영하고 있었다. 자격이 되는 영국인들은 매월 수백 파운드에 달하는 주택 보조금을 받을 수 있었다. 이는 큰 금액은 아니지만, 머리 위에 지붕을 얹어놓고 지내기에는 충분했다. 영국의 주택 프로그램은 미국과 비교하여 노숙자 비율이 5분의 2 수준을 유지하도록 했으며(미국의 노숙자는 200명당 1명인 데에 비해서 영국의 노숙자는 500명당 1명이었다), 2000년부터 2007년까지 노숙자 비율이 50퍼센트 정도 감소하도록 했다.[24]

미국과 마찬가지로 영국도 주택 거품이 걷힌 후, 주택담보 위기에 어떻게 대응할 것인가를 두고 결정해야 했다. 노동당이 집권하던 2007년부터 2009년까지 영국에서는 주택이 압류되어 은행의 수중으로 넘어간 건수가 2만5,900건에서 4만8,000건으로 거의 두 배 증가했다. 이때 영국의 사회적 주택 프로그램이 노숙자의 증가를 예방하고 그들이집을 찾을 수 있도록 지원했다. 그리하여 노숙자는 2007년에 6만3,170가구에서 2009년에 4만20가구로 감소했다.

2010년에 보수당 연립정부가 들어서면서 영국 국민이 노숙자가 되지 않도록 지원해주던 사회 안전망을 축소하자, 이 장밋빛 통계는 크게 변하기 시작했다. 2010년에 재무부 장관 조지 오즈번이 정부 예산을 830억 파운드(1,130억 달러) 감축하기로 하는 긴축 프로그램을 발표했는데, 그중에서 서민을 위한 주택 보급 예산은 80억 파운드(130억 달러)가 감축되었다. 보수 세력은 이 계획을 두고 '거대 사회(Big Society)'라고 불렀는데, 이는 정부의 역할을 축소하고 지역 공동체가 그 빈자리를 채운다는 의미였다. 그들의 팸플릿이 말해주듯이, 이 계획의 주요 내용은 "거대 사회를 건설하기 위해서 공공 서비스 부문을 급진적으로 개혁한다"는 것이었다. 여기서 말하는 거대 사회는 모든 사람들이 자신의 역할을 수행하고, 중앙정부의 권력을 지역 공동체로 이양하고, 납세자가 내는 세금에 대해서 최대의 가치를 실현하는 사회를 말한다. 이 계획의 근거는 사실상 주택 지원 체계를 원하는 사람들이 많지 않으며, 경제 회복을 위해서 정부 지출을 삭감해야 할 때 속임수를 써서 이 체계를 악용하는 사람들이 있다는 것이었다. 그러나 이런 근거는 실제로는 주택 위기와 함께 공중보건 문제를 더욱 악화시키고 불황을 지속시키는 잘못된 추론이라는 사실이 드러났다. 과거의 노동당 정부는 2009년에 "서민을 위한" 주택을 2만2,000호 이상 공급하여 주택 지원을 기다리는 180만 가구에게 희망을 주었다. 그러나 노동당 정부의 공영 주택 보급 프로그램은 보수당 연립정부가 주택 보급 예산을 감축하면서 영국 전역에 걸쳐서 중단되었다.[25]

수입과 지출을 겨우 맞추면서 살아가는 많은 가정들이 주택 보조금의 감축으로 커다란 재정적 어려움에 직면하게 되었다. 대불황 시기에 주택 보조금을 신청했던 사람들 가운데 93퍼센트는 직장이 있었지만, 계속 오르기만 하는 월세를 감당할 만큼 충분한 수입을 벌어들이기는 쉽지 않았다.

　보수당 연립정부의 긴축 정책으로 영국의 약 1만 가구가 새롭게 노숙자가 되었다. 영국에서는 미국과 다르게 주택담보 위기 이후에 노숙자가 금방 증가하지는 않았다. 그러나 2010년이 전환점이 되었는데, 이때가 바로 영국 정부가 주택 지원 예산을 감축하기 시작했던 시점이었다. 몇 년 사이에 미국에서는 경기 부양 프로그램의 일환으로 노숙자 예방 프로그램이 도입되어서 노숙자 비율이 감소하기 시작했지만, 영국에서는 노숙자가 약 30퍼센트 증가했다.[26]

　보수당 연립정부는 이 결과에 놀라지 않았다. 2010년에 영국 정부의 사회보장 자문위원회(Social Security Advisory Committee, SSAC)는 지역 주택당국에 대한 예산 감축으로 "재정적인 어려움, 가정의 해체와 이동, 주택 보조금이 아닌 예산에 대한 압박"이 예상된다고 보고했다. 그들은 심지어 이런 결과가 발생한다고 했을 때, "예산 감축이 주택 보조금 제도의 효과적이고도 원칙에 기초를 둔 개혁을 위해서 영국 정부가 스스로 정해놓은 기준을 충족시킬 것인가"에 대해서도 의문을 제기했다.[27]

　또한 보수당 연립정부는 긴축이 공중보건에 미치는 영향을 이해하고 있었다. 보건부가 작성한 2010년 보고서에는 영국인의 기대수명이 80세인데 반해서 노숙자의 기대수명은 45세로 나와 있었다. (일시적으로 노숙자가 된 사람도 포함하여) 노숙자가 된 사람은 집을 잃고 나서 5년 이내에 조기 사망할 가능성이 같은 연령대와 성별의 일반인에 비해서 4.4배가 더 높은 것으로 나타났다. 그리고 영국 정부는 시간이 지나면서 노숙자를 위한 대책을 세우는 데에 소요되는 비용이 긴축 정책으로 절감할 수 있는 예산보다 더 크다는 사실을 알게 되었다. 영국의 노숙자를 위한 자선단체인 '쉘터(Shelter)'는 주택 프로그램의 재정승수를 3.5로 계산했다. 이는 예산을 1파운드만큼 절감할 때마다 경제는 3.5파운드만큼 위축된다는 뜻이다. 이미 2011년에는 주택 프로그램의 예산 감축이 건설과 주택 보수 부문에서 20만 개에 달하는 일자리가 사라지도록 했다.[28]

그렇다면 영국 정부가 긴축 정책이 영국 국민과 경제에 직접적으로 손실을 초래한다는 사실을 알면서도 긴축 정책을 계속 고집하는 이유는 무엇일까? 첫 번째 이유로는 이데올로기를 생각할 수 있다. 이는 정부가 경제, 즉 주택시장에 개입하지 않는 것이 항상 더 낫다는 믿음을 의미한다. 또다른 이유로는 정부 부채를 줄이는 것이 결국은 경제를 부양하게 된다는 잘못된 믿음을 들 수 있다. 그리고 경제 회복을 위해서는 노숙자의 발생을 "지불할 만한 가치가 있는 대가"로 간주한다. 다시 말해서 단기적 고통이 장기적으로는 이익을 준다고 생각하는 것이다.

긴축 정책의 영향은 전염병 통계에서 금방 나타났다. 런던 거리에서 노숙하는 사람이 많아지면서 결핵 발병률이 높아졌다. 2011년에는 새로운 결핵 환자가 279명 발생했다. 이는 2010년에 비해서 8퍼센트가 증가한 수치였다. 노숙자는 런던에서 결핵 환자가 발생하는 주요 요인 중의 하나였다(다른 요인으로는 마약 중독과 전과 경력이 있는데, 이 두 가지 요인들 자체가 노숙자와 상관관계가 있다). 보건예방국(Health Protection Agency)에서 일하는 한 결핵 전문가는 "런던에서 결핵에 감염될 위험은 주로 특정 집단에 한정되어 있다. 이런 집단에는 노숙자, 마약 중독자, 알코올 중독자, 전과자가 포함된다"고 설명했다. 이처럼 위험이 높은 집단이 런던 전역에 걸쳐서 전염병을 퍼뜨리고 있었다. 2012년에 보건예방국 국장이 지적했듯이, "결핵은 영국이 가진 가장

커다란 공중보건 문제 중의 하나"가 되었다.[29]

주택 안전망을 위한 예산을 삭감하면서 나타나는 불행한 결과로는 결핵 외에도 여러 가지가 있었다. 긴축 정책 이후에 노숙자와 관련된 또다른 공중보건 문제들이 떠올랐다. 2010년과 2011년 사이에 런던의 길거리에서 잠을 자는 젊은이가 32퍼센트나 늘어나면서 그들이 약물 중독에 빠져들었을 뿐만 아니라 폭행과 강간 사건의 수가 크게 증가했다. 설상가상으로 긴축 정책은 젊은이가 일을 할 수 있는 가능성을 높여줄 만큼 경제를 부양시켜주지 않았다. 대신에 경제를 더 위축시켜서 16-24세까지의 젊은이들 가운데 실업자의 수가 사상 최고치인 100만 명에 이르게 했다.[30]

미국과 영국의 정책적 접근방식과 이에 따른 노숙자 비율은 분명한 대조를 이루었다. 미국은 주택 프로그램에 효과적으로 투자해서 많은 사람들이 대규모의 불황과 주택 위기에도 노숙자가 되는 상황을 면할 수 있도록 했다. 그러나 영국은 대불황의 중간 무렵에 주택 예산을 줄여서 노숙자 비율이 증가하도록 만들었다(노숙자 비율은 대불황이 시작될 무렵부터 주택 압류의 흐름이 이어지는 동안에는 변화하지 않았다).

유럽 전역에서는 각국 정부가 불황을 맞이하여 부양을 선택하는가 혹은 긴축을 선택하는가에 따라서 미국과 영국의 대조적인 경험이 되풀이되었다. 우리는 유럽 중앙은행과 IMF의 압박을 받아서 긴축 정책을 강력하게 추진했던 국가에서는 주택 위기가 공중보건에 미치는 엄청난 피해를 경험했다는 사실을 알고 있다. 그리고 긴축의 부담은 사회에서 가장 취약한 계층인 노숙자와 장애인에게 전가되었다.

이런 사례에 해당되는 국가가 바로 그리스이다. 그리스는 IMF가 요구하는 긴축 프로그램에 따라서 주택 안전망을 위한 예산을 유럽에서 가장 많이 감축했던 국가였다. 노숙자는 25퍼센트나 증가했고, 아테네 도심은 마약 중독자로 넘쳐나서 HIV가 전파되기에 적합한 환경이 조성되었다. 또한 그리스에서는 2010년 7월과 8월에 웨스트 나일 바이러스가 유행하기도 했다. 유럽에서 웨스트 나일 바이러스가 사람들에게 대규모로 전파된 것은 1996년과 1997년의 루마니아 이후로 그리스가 처음이었다.[31]

국가마다 데이터를 수집하는 방법이 다르기 때문에 유럽 전역을 대상으로 노숙자의 수를 절대적인 의미에서 비교하기는 어렵겠지만, 주택 프로그램 예산을 감축했던 거의 모든 국가에서 노숙자가 증가했다는 사실에는 의심의 여지가 없다. 그리스 다음으로 두 번째로 많은 규모로 주택 프로그램 예산을 감축했던 아일랜드에서는 이전까지 감소하던 노숙자 비율이 68퍼센트나 증가했다. 스페인과 포르투갈도 불황 기간에 주택 프로그램 예산을 대규모로 감축하여 노숙자가 크게 증가했다. 바르셀로나에서는 2008년부터 2011년 사이에 노숙자가 2,013명에서 2,791명으로 31퍼센트 증가했다. 마찬가지로 포르투갈도 2007년부터 2011년 사이에 노숙자가 25퍼센트 증가했다.[32]

이에 반해서 2008년에 핀란드는 2015년까지 노숙자가 완전히 사라지도록 한다는 목표를 설정하고 노숙자를 위해서 1,250호에 달하는 주택을 공급하기 위한 프로그램을 추진했다. 핀란드의 프로그램은 샌프란시스코의 주택 우선 정책의 접근방식과 마찬가지로, 거주할 공간을 최우선적으로 마련해주는 데에 포커스를 두었지만, 이보다 한 걸음 더 나아가서 사회복지사가 노숙자에게 사회 활동을 다시 시작할 수 있도록 지원했다. 노숙자가 증가했던 영국, 아일랜드, 그리스, 스페인, 포르투갈과는 다르게, 핀란드는 불황 기간에도 주택 프로그램 예산을 감축하지 않기로 결정하여 2009년부터 2011년까지 노숙자가 감소하도록 했다.[33]

미국은 처음에는 주택 압류가 공중보건에 미치는 위험을 제거하기 위한 프로그램을 매우 효과적으로 추진하면서 성공 사례를 보여주는 듯했지만, 지금은 이 성공이 반전될 위험이 도사리고 있다. 미국의 주택 보급 정책은 조기에 끝나도록 되어 있다. 2011년에 미국 의회는 주택 도시 개발 프로그램 예산을 38억 달러 감축했다. 경기 부양 프로그램을 추진하기 전, 부시 행정부가 영국 보수당과 마찬가지로 이데올로기에 근거하여 사회보장 프로그램 예산을 감축하고 난 후 10년 동안 이미 최저 수준에 도달해 있던 예산을 또다시 10퍼센트 감축했던 것이다.[34]

이런 정책 결정은 노숙자는 크게 늘어났지만 이들에게 공급해야 할 집은 크게 부족해지는 결과를 낳았다. 예를 들면, 댈러스에서는 2011년 5월 아파트 5,000호가 공급되었지만 신청자는 2만1,000명이었다. 결국 신청 당일에는 사람들로 넘쳐나면서 최소 8명이 부상을 당하는 일도 벌어졌다. 오클랜드에서는 주택 1만 호가 공급되었지만, 신청자는 10만 명에 달했다. 긴축 정책으로 월세 지원 프로그램이 사라지면서 뉴욕의 노숙자 임시 거주지는 미어터질 지경이었다. 매일 밤마다 임시 거주지를 찾는 노숙자가 역사상 최고 수준인 4만1,000명을 기록했다. 임시 거주지가 노숙자들로 넘쳐나게 되어 일부는 그곳을 이용할 수가 없었다. 게다가 2013년에는 미국의 노숙자가 또다시 5퍼센트 증가할 것으로 예상되었다.[35]

주택담보 위기가 계속되면서, 이 위기로부터 가장 크게 영향을 받는 주는 캘리포니아와 플로리다였다. 2011년에 플로리다 주는 2만5,000건(350가구당 1건)이 넘는 주택 압류가 발생했고, 지금 이 글을 쓰고 있는 동안에도 압류는 빠른 속도로 증가하고 있다. 주택담보 위기의 진원지라고 할 듀발 카운티는 254가구당 1건의 비율로 압류가 발생했으며, 지금 이 글을 쓰고 있는 시점에서 가장 최근의 데이터를 살펴보면, 2011년에 노숙자는 10퍼센트 증가했다.[36]

플로리다 주는 노숙자의 증가와 함께, 지난 20년 동안 미국에서 최악의 결핵 발병률을 기록했다. 잭슨빌에서만 99건이 발생하여 최소 13명이 사망했다. 이에 질병관리본부(CDC)가 조사팀을 파견하고 원인을 분석했다. CDC가 내린 결론은 듀발 카운티에서는 불황 기간에 노숙자가 20퍼센트나 증가하면서 결핵이 발병하기 시작했고, 런던과 마찬가지로 노숙자들로 넘쳐나는 임시 거주지에서 전파되었다는 것이었다.[37]

CDC가 플로리다의 상황을 주시하고 있는 동안에, 또다른 지역에서 전염병이 유행하고 있다는 소식이 들렸는데, 바로 베이커스필드였다. 2007년 이후로 캘리포니아 주는 재정 상황이 좋지 않았다. 캘리포니아 주정부는 웨스트 나일 바이러스의 출처를 찾아내는 데에 기여했던 주립대학교들의 전화선까지 차단하면서 긴축의 길을 가기로 결정했다. 공중보건 인력의 15퍼센트 정도가 퇴출되었다. 2011년에 캘리포니아 보건부는 대규모 긴축 정책을 추진하면서, 웹사이트를 통해서 이렇게 선언했다. "유감스럽게도 캘리포니아 뇌염 프로젝트는 예산 제약으로 사업을 중단합니다." 이 프로젝트가 과거에 베이커스필드에서 올렸던 성과는 프로젝트가 지속되도록 하기에는 충분하지 않았던 것이다.[38]

그러나 2012년 6월, 까마귀들이 다시 죽기 시작했다. 일흔두 살의 할머니가 정신착란 상태로 병원에 실려왔다. 그녀의 팔에는 모기에 물린 자국이 여러 군데 나 있었다. 웨스트 나일 바이러스가 다시 출현한 것이다.

이제 베이커스필드는 혼자 힘으로 해결해야 한다.

결론 :
경제체를 치유하다

우리가 쓰는 용어, "경제체(經濟體, body economic)"는 무엇을 의미하는가? 당연히 이 말은 "정치체(政治體, body politic)"에서 나온 말이다.

정치체의 사전적인 의미는 다음과 같다. "하나의 정부 당국하에서 조직된 사람들의 집단으로서, 이때 사람은 집단을 이루는 단위로 간주된다."[1]

우리는 이런 형식을 경제체에도 적용할 수 있다. "경제 정책들로 이루어진 공통의 집합하에서 조직된 사람들의 집단으로서, 이때 사람들의 삶은 경제 정책에 의해서 집단적으로 영향을 받는다."

경제체는 우리 모두가 그 구성원이 되는 금융 체계를 의미할 뿐만 아니라 경제 정책이 건강에 미치는 효과도 의미한다. 전염병학자들은 질병의 패턴, 원인, 결과를 연구한다. 우리가 경제체를 연구할 때에는 정부의 예산과 경제적 선택이 세상 모든 사람들의 삶과 죽음, 위험과 회복력에 어떤 영향을 미치는가를 생각한다.

물론 경제 정책은 그 자체가 질병을 직접적으로 일으키는 병원체는 아니다. 오히려 경제 정책은 건강을 악화시키는 "원인의 원인"이다. 건강에 미치는 가장 커다란 위험에 누가 노출될 것인가를 유력하게 결정하는 근본적인 요인이다. 경제적 요인은 누가 알코올 중독에 빠져들 것인가, 노숙자가 되어 결핵에 감염될 것인가, 우울증에 빠져들 것인가를 결정한다. 또한 경제적 요인은 위험뿐만 아니라 이에 대한 보호에도 영향을 미쳐서, 누가 사회적 지원을 받을 것인가, 머리 위의 지붕을 계속 유지할 수 있을 것인가, 인생의 나쁜 시기로부터 회복될 것인가를 결정한다. 바로 이런 이유 때문에 정부 예산의 아무리 작은 변화라도 경제체에 좋건 나쁘건 간에 커다란 그리고 의도하지 않았던 영향을 미칠 수 있다.

그렇다면 재정 긴축과 경기 부양 사이의 선택이 공중보건에 어떤 영향을 미치는가? 오늘날 우리는 경제체를 대상으로 대규모의 자연적 실험을 할 수 있다. 이는 대공황, 동유럽 공산주의 붕괴 이후의 위기, 동아시아의 금융 위기 당시에 실시했던 정책 실험과도 비슷했다. 정책 실험에서와 마찬가지로, 대불황 이후의 보건 통계는 긴축에 따른 엄청난 대가를 보여주었다. 이 대가는 경제 성장률의 둔화뿐만 아니라 수명의 단축, 피할 수 있는 사망의 증가로 나타났다.

긴축 실험을 임상 실험과도 같은 엄격한 기준에 따라서 통제할 수 있었다면, 긴축 실험은 의료윤리 위원회의 권고로 이미 오래 전에 중단되었을 것이다. 긴축 정책의 부작용은 심각했고 때로 치명적이었다. 긴축론자들이 주장하던 장점은 실현되지 않았다. 우리는 어려운 시절에는 국민들의 건강을 지켜내기 위해서 긴축 대신에 증거에 바탕을 둔 정책을 추진해야 한다. 사회보장 프로그램은 많은 생명을 구해준다. 올바르게 실시할 수 있다면, 예산을 낭비하기보다는 (이 책의 전반에 걸쳐서 확인했듯이) 경제 성장을 증진시키고 공중보건을 개선시킨다.

긴축론자들은 그들의 권고를 따랐을 때, 공중보건과 경제에서 나타나는 증거를 무시했다. IMF와 마찬가지로, 그들은 때로는 증거가 그들 자신의 데이터에서 나왔음에도 불구하고 이를 무시했다. 영국의 데이비드 캐머런 총리와 같은 긴축론자들은 경제체에 대해서 긴축 처방전을 끊임없이 써왔다. 지금까지 계속 실패를 거듭하고 있다는 증거가 뚜렷함에도 불구하고 말이다.

결국 논리적인 측면에서나 실증적인 측면에서 긴축은 실패했다고 보아야 한다. 긴축은 경제 이데올로기에 불과하다. 긴축은 작은 정부와 자유시장이 국가의 개입보다 항상 더 낫다는 믿음에서 비롯된 것이다. 사회적 입장에서 나온 신화이며, 정부의 역할을 축소하고 사적인 이익을 위해서 사회복지 체계를 민영화하려는 정치인들의 이해관계에 영합하는 믿음에 불과하다. 또한 긴축은 불황을 일으킨 사람이 아니라 가장 취약한 계층에 가장 커다란 피해를 준다.[2]

우리는 이데올로기를 내세우는 대신에 사실, 확실한 증거, 해석을 제시하려고 한다. 〈그림 1〉은 긴축이 어떻게 불황을 심화시키고 경제 성장을 저해시키는지를 보여준다. 반면에, 공공 지출을 확대했던 정부는 경제를 신속하게 회복시켜서 부채로부터 빠져나올 수 있도록 기여했다.

긴축의 가장 커다란 비극은 경제에 피해를 주는 것이 아니라 국민들에게 긴축이 초래했던 불필요한 고통을 경험하게 만드는 것이다. 올리비아, 디미트리스, 브라이언, 블라디미르, 다이앤, 카냐는 긴축으로 고통받은 수십억 인구 중의 일부에 해당한다. 아직도 경제는 그들의 몸과 마음에 입은 상처를 회복시켜줄 정도로 회복되지 않았다. 긴축론자들

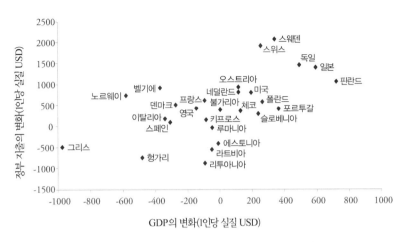

〈그림 1〉 2009-2013년 공공 지출의 증가와 신속한 경제 회복[3]

은 단기적 고통 이후에 장기적 혜택이 온다고 약속한다. 그러나 예나 지금이나 불황이 닥칠 때마다 그들의 약속은 지켜지지 않았다.

긴축은 한 가지 선택 사항에 불과하다. 그리고 우리는 이를 선택할 필요가 없다.

지난 과거를 돌이켜보면, 지금보다 더 어려운 시절에도 사람들은 루스벨트 대통령이 추진했던 뉴딜 정책과 비슷한 프로그램으로 불황에 대처하려고 했다. 뉴딜 정책은 힘든 시절에 공중보건에 미치는 재앙을 방지했을 뿐만 아니라 오늘날까지 이어져 내려오는 푸드 스탬프와 사회보장 혜택(Social Security)처럼 가장 절실하게 필요한 사회보장 프로그램을 만들어냈다. 제2차 세계대전 이후로 영국의 부채는 GDP의 200퍼센트를 넘었다. 그럼에도 불구하고 영국은 적자를 줄이기 위해서 예산을 감축하지 않았다. 대신에 영국은 경제학자이자 사회개혁가인 윌리엄 베버리지 경이 "5대 악들(Five Giants)"이라고 불렀던, 결핍, 질병, 나태, 무지, 불결을 해결하려고 했다. 1948년에 영국 경제는 만신창이가 되었지만, 노동당은 NHS를 포함하여 대규모 사회보장 프로그램을 성공적으로 착수했다. 그리고 이를 통해서 부채 위기를 종식시켰다.

오늘날에는 주로 뉴딜 정책과는 반대의 방식으로 불황에 대처한다. 2009년 5월, 미국의 오바마 대통령은 '경기부양법'에 서명을 하고 도움이 가장 필요한 사람들을 위한 지원 프로그램을 추진했다. 그러나 미국의 경기 부양 프로그램은 대부분 종료되었고, 지금 정치인들은 경제 성장을 견인했고 불황의 고통을 예방했던 프로그램을 포함하여 공중보건 프로그램 예산을 삭감하고 있다. 캐머런 총리가 이끄는 영국 정부는 한때 전 세계의 보건 서비스 모델이 되었던 NHS에 손을 대기 시작하여, NHS를 시장에 기반을 둔, 기능 장애를 일으키는 기관으로 변모시켰다. 유럽 중앙은행과 IMF는 그리스에 잔인한 긴축 정책을 계속 요구하면서, 피할 수 있었던 HIV 감염과 말라리아 감염을 일으키고 있다.[4]

대안은 있다. 바로 민주적인 방식에 기반을 둔 것이다. 역사상 최악의 은행 위기를 겪었던 아이슬란드에는 긴축을 따르라는 압박이 가해졌다. 그러나 아이슬란드 국민들은 거리로 뛰쳐나와서 이에 반대하는 시위를 벌였다. 이에 아이슬란드 정치인들은 급진적인 조치를 취했다. 그들은 국민들이 은행업자의 탐욕에서 발생한 빚을 갚기 위해서 긴축이라는 쓴 약을 삼킬 것인지를 민주적인 방식으로 스스로 결정하도록 했다. 긴축에 열렬히 반대하는 아이슬란드 국민들의 선택이 세계적으로 논란거리가 되기는 했지만, 역사는 그들의 선택이 옳았음을 입증했다. 아이슬란드 경제는 대규모 불황에도 불구하고 이전보다 더 강해졌고, 공중보건 부문은 불황 기간에 실제로 더 좋아졌다. 마찬가지로 대공황 시기에 포드 해직 노동자들이 배고픈 사람들의 행진을 벌인 것이나 동아시아의 금융 위기 기간에 말레이시아 사람들이 식량 폭동을 일으킨 것도 궁극적으로는 긴축에 대한 반대 의사를 자국 정부에 전하려는 것이었다. 처음에는 몇 명 되지 않는 시민들의 노력으로 시작했다가 나중에는 사회 운동으로 변했고, 결국에는 국민들이 경제체에 대한 지배력을 독립적으로 존재하는 은행업자와 IMF로부터 되찾도록 했다. 그들은 자국의 미래를 변화시킬 수 있었다. 변화를 일으키려는 국민들의 조직화된 능력을 의심해서는 안 된다.

진정으로 민주적인 방식으로 정책을 선택하고자 한다면, 먼저 그 정책이 증거에 의해서 뒷받침되고 있는지 그렇지 않은지를 확인해야 한다. 이는 매우 중요한 문제이기 때문에 우리의 선택을 이데올로기 혹은 믿음에 맡겨서는 안 된다. 수학자 W. 데밍이 말했듯이, "신이라면 믿겠지만, 신이 아니라면 데이터를 가져와야 한다." 때로는 좌우를 막론하고 정치인들은 사실, 수치, 확실한 증거가 아니라 사회 이론과 경제 이데올로기라는 선입견에 바탕을 둔 사상을 퍼뜨린다. 오직 시민들이 데이터에 접근하여 관여할 때에만 정치인들은 예산 결정과 이에 따라서 삶과 죽음에 미치는 영향에 책임을 진다. 우리는 이 책이 공중보건과 관련하여 경제체를 민주적으로 선택하는 데에 기여하기를 바란다.

급진적인 긴축 프로그램과의 단절을 위해서 우리는 새로운 뉴딜 정책을 추진할 필요가 있다. 데이터는 1930년대의 뉴딜 정책과 이후에 이름을 달리하여 추진했던 뉴딜 정책들이 효과가 있었음을 보여준다. 경제는 회복되고 국민들의 건강도 좋아졌다. 새로운 뉴딜 정책 속에서 긴축에서 빠져나와서 더욱 강건한 경제체로 가는 길을 찾을 수 있다. 이런 정책이 효과를 가지려면 다음 세 가지 주요 원칙을 따라야 한다.

"첫째, 해롭게 하지 말라"

고대의 의술에서는 "해롭게 하지 말라"는 원칙에 높은 가치를 두었다. 사회 정책과 경제 정책이 국민들의 건강에 부수적으로 영향을 미치기 때문에, 의사들의 주문(呪文)이 정책에도 요구되어야 한다. 민주주의가 제대로 작동하려면, 정책 결정에 따르는 결과를 정확하게 알아야 한다. 또한 우리는 새로운 약물 치료와 의료 장비를 평가할 때에 적용했던 엄밀성을 가지고 공공 정책을 평가해야 한다. 그렇게 해야만 트레이드 오프에 관한 올바른 결정을 할 수 있다. 예를 들면, 단기에 발생하는 예산 적자를 0.3퍼센트만큼 낮출 것인가 혹은 2,000명이 넘는 사망자를 발생시킬 것인가? 대불황 시기에 정책 담당자와 정치인들이 긴축과 관련된 계산을 이처럼 정확하게 했더라면, 그들은 다른 정책을 선택했을 것이다.

건강에 영향을 미치는 정책을 추진하면서 건강 문제를 확실하게 고려하려면, 공중보건 평가 메커니즘을 구축해야 한다. 연방정부 수준에서 메커니즘을 담당하는 부서를 신상남낭국(Office of Health Responsibility)이라고 부를 수 있다. 주정부 혹은 지방정부 수준에서도 이와 비슷한 부서를 설치할 수 있을 것이다. 이런 부서는 위험한 제품이나 안전하지 못한 약품으로부터 국민들을 보호하는 정부 기관과도 같은 기능을 하게 될 것이다. 건강담당국은 정부 프로그램을 분석하고 다양한 프로그램이 공중보건에 미치는 효과를 국민들에게 알려주는 기능을 할 것이다.[5]

둘째, 일터로 복귀할 수 있도록 도움을 주라

어려운 시기에는 대개 안정적인 직업이 최선의 약이다. 불황 시기에 건강을 해롭게 하는 가장 두드러진 요인이 바로 실업 혹은 실업의 공포라고 할 수 있다. 주식시장은 다시 강세를 띨 수 있지만, 민주주의의 진정한 회복, 즉 소수가 아닌 모든 이들을 위한 회복을 달성하기에 실업률은 여전히 높다. 적극적 노동시장 프로그램(ALMP)과 같은 창의적 프로그램은 실업자들이 불황 기간에도 적극성을 잃지 않도록 해준다. ALMP는 실업자뿐만 아니라 실업을 걱정하는 취업자가 우울증에 빠져들지 않고 자살을 선택하지 않도록 예방한다. 또한 ALMP는 실업자들이 일터로 복귀할 수 있도록 하여 실업 수당에 소요되는 정부 예산을 절약하고, 경제 성장과 회복의 엔진이라고 할 노동 공급을 증가시켜준다.

불황 시기에는 일자리를 찾기가 어렵다. 따라서 일자리를 창출하기 위한 경기 부양 정책이 필요하다. 케인스가 농담 반 진담 반으로 말했듯이, 실업자의 절반에게 50파운드 지폐를 묻는 일을 시키고 나머지 절반에게 다시 파내는 일을 시키는 것이 실업 수당만 지급하고 쉬도록 내버려두는 것보다 더 나을 수 있다. 그러나 노동자들에게 일자리를 제공하고 경제를 되살리기 위해서 더 많은 일을 하려면, 바람직한 종류의 경기 부양 정책을 시행해야 한다. 공중보건, 교육, 사회보장 부문은 재정승수가 상당히 높다. 특히 공중보건 부문의 경우에는 정부가 1달러를 지출하면 3달러가 넘게 경제가 성장한다. 반면에 은행을 위한 구제 금융과 국방 부문의 재정승수는 때로는 마이너스 값을 보인다. 이런 형태의 정부 지출 자금은 고용을 창출할 만한 생산적인 신규 사업 부문으로 흘러가지 않고, 개인의 은행구좌와 조세 피난처로 흘러가기 때문에 경제를 위축시킨다.[6]

셋째, 공중보건에 투자하라

가족 중에 누군가가 아프다면, 우리는 최선을 다해서 도움을 주려고 한다. 경제체에도 같은 논리가 적용된다. 불황으로 고통을 겪는 사람들이 있다면, 정치인들은 이들을 실업과 빈곤의 위험으로부터 보호해야 한다. 그들은 국민들의 지불 능력이 아니라 건강상의 요구에 따라서 보건 서비스를 제공하기 위한 법을 제정해야 한다. 이런 접근방식은 다이앤처럼 너무 늦게 치료를 받게 되어 치료비가 엄청나게 많이 드는 사례들이 더 이상 발생하지 않도록 해준다. 불황은 사람들의 재정 상황을 악화시킨다. 그러나 불황 때문에 치료를 받지 못하는 사람이 생겨서는 안 된다. 우리는 시민의 자격으로, 모든 사람들이 몸이 아플 때에 제대로 된 치료를 받을 권리를 보장할 것을 정부에 촉구한다. 지금 영국은 NHS를 해체하면서 그 반대 방향으로 가고 있다.

사람들은 질병 예방 프로그램의 중요성을 너무 쉽게 간과하는 경향이 있다. 따라서 그 중요성을 깨닫게 될 때는 너무 늦어버린다. 미국과 유럽의 질병관리본부는 음식에서 발생하는 질병만큼이나 다양한 선염병과 결핵으로부터 우리 사회를 보호하는 역할을 조용히 수행하고 있다. 캘리포니아 뇌염 프로젝트는 베이커스필드에서 웨스트 나일 바이러스가 더 이상 전파되지 않도록 했다. 그러나 2012년에 베이커스필드에서 이 바이러스가 또다시 발생했을 때에는 예산 부족으로 결정적인 도움을 주지 못했다. 질병을 제대로 감시하고 전염병에 신속하게 대처하고 더 이상의 비극을 경험하지 않으려면, 공공 부문이 보건과 보건 서비스에서 강력한 역할을 해야 한다. 우리는 미국의 사례를 통해서 보건 서비스 부문을 민간으로 이양했을 때 어떤 일이 발생하는지를 살펴볼 수 있었다. 민간 기업이 불황 시기에 국민들을 보호하지 못한다면 공공 부문이 나서서 사태를 수습해야 한다. 아주 힘든 시기에는 공중보건 프로그램 예산은 감축이 아니라 증액되어야 한다.

우리 인간이 실업과 질병의 피해로부터 지속적으로 회복될 수 있으려면, 무엇이 중요한 것인지에 대한 사고방식을 근본적으로 바꾸어야 한다. 경제 성장은 목적을 달성하기 위한 수단이지 그 자체가 목적은 아니다. 이 생각은 로버트 케네디가 1968년 대통령 선거에 출마하면서 유권자들에게 했던 연설에서 잘 나타나 있었다. 그는 국민들의 건강을 위태롭게 한다면, 성장률을 높여봐야 아무런 소용이 없다고 주장했다.

우리가 후손들에게 대불황에 관해서 이야기할 때, 그들은 성장률 혹은 적자 감소를 기준으로 우리를 판단하지는 않을 것이다. 그들은 사회에서 가장 취약한 계층을 얼마나 잘 돌보았는가, 공중보건 부문에 대한 공동체의 가장 기본적인 요구, 즉 보건 서비스, 주택, 일자리 문제를 제대로 해결했는가를 기준으로 우리를 판단할 것이다.

사회의 부를 형성하는 궁극적인 원천은 그 사회의 구성원이다. 구성원들의 건강에 투자하는 것은 가장 좋은 시절에는 현명한 선택이고, 가장 나쁜 시절에는 긴급한 필요이다.

주

서문

1. See Robert Wood Johnson Foundation. 2009. *Breaking Through on the Social Determinants of Health and Health Disparities: An Approach To Message Translation.* RWJF Issue brief 7. 물론 모든 사람들이 이런저런 이유로 죽는다. 그러나 수십 년에 걸친 공중보건 연구 결과를 보면, 사망자의 절반 이상이 예방이 가능했던 질병으로 이른 시기에 사망한다. 한 연구 결과에 따르면, "미국에서는 예방이 가능했던 사망자 중에서 10-15퍼센트가 의료 서비스를 제대로 받았더라면 사망에 이르지 않았을 것"이라고 한다. 나머지 85-90퍼센트는 환경, 흡연과 같은 사회적 요소의 영향으로 사망한 사람들이다. See J. McGinnis, P. Williams-Russo, J. R. Knickman. 2002. "The Case for More Active Policy Attention to Health Promotion," *Health Affairs* v21(2): 78-93.

   World Health Organization. 2013. *The Determinants of Health.* Available at: http://www.who.int/hia/evidence/doh/en/

2. 〈그림 1〉의 출처 : EuroStat 2013 Statistics. GDP는 계절과 실노동일을 조정한 자료이다. 기준 시점은 2008년 2사분기이다.

3. 미국에서는 국민들이 연료비를 절약하기 위해서 운전을 적게 하면서 교통사고 사망자 수가 60년 만에 최저 수준으로 떨어졌다.

4. 〈그림 2〉의 출처 : Adapted from: D. Stuckler, S. Basu, M. McKee. 2010. "Budget Crises, Health, and Social Welfare Programmes," *British Medical Journal* v340: c3311. 1인당 사회복지 지출은 구매력 지수로 조정한 자료이며, 미국 달러(2005년 불변 가격 기준)로 표시했다. 기대수명은 태어날 당시의 기대수명을 의미한다.

5. *The Gospel According to RFK: Why It Matters Now,* edited with commentary by Norman MacAfee (New York, 2008), p. 45.

서론

1. 올리비아는 캘리포니아 주의 한 병원 소아과에서 일하는, 산제이의 동료가 보살핀 환자

였다. 우리는 그녀의 신원을 보호하기 위해서 그녀의 실명과 그녀에 신상에 자세한 이야기는 조금 각색했다.

2. 미국에서는 대불황 기간 동안에 술에 의지해서 살아가는 사람이 약 77만 명 늘어났다. "Alcohol Use During the Great Recession of 2008–2009," *Alcohol and Alcoholism*. Available at: http://alcalc.oxfordjournals.org/content/early/2013/01/28/alcalc.agt002. short

3. Niki Kitsantonis, "Pensioner's Suicide Continues to Shake Greece," *New York Times*, April 5, 2012. Available at: http://www.nytimes.com/2012/04/06/world/euro pe/pensioners-suicide-continues-to-shake-greece.html?_r=1&

4. Makis Papasimakopoulos, "Note Found on Syntagma Suicide Victim," *Athens News*, April 5, 2012. http://www.athensnews.gr/portal/1/54580

5. A. Kentikelenis, M. Karanikolos, I. Papanicolas, S. Basu, M. McKee, D. Stuckler. 2011. "Health Effects of Financial Crisis: Omens of a Greek Tragedy," *The Lancet* 378(9801): 1457–58.

6. M. Suhrcke and D. Stuckler. 2012. "Will the Recession Be Bad for Our Health? It Depends," *Social Science & Medicine* v74(5): 647–53; C. Ruhm. 2008. "A Healthy Economy Can Break Your Heart," Demography v44(4): 829–48; D. Stuckler, C. Meissner, P. Fishback, S. Basu, M. McKee. 2012. "Was the Great Depression a Cause or Correlate of Significant Mortality Declines? An Epidemio- logical Response to Granados," Journal of Epidemiology & Community Health; K. Smolina, et al. 2012. "Determinants of the Decline in Mortality from Acute Myocardial Infarction in England Between 2002 and 2010: Linked National Database Study," *British Medical Journal* v344:d8059.

7. International Monetary Fund. Oct 2012. "World Economic Outlook, Coping with High Debt and Sluggish Growth," Available at: http://www.imf.org/external/pubs/ ft/weo/2012/02/pdf/text.pdf

I 역사

1_ 대공황을 누그러뜨리다

1. J. Burns, "Atos Benefit Bullies Killed My Sick Dad, Says Devastated Kieran, 13," *Daily Record*, Nov 1, 2012. Available at: http://www.dailyrecord.co.uk/news/ scottish-news/atos-killed-my-dad-says-boy-1411100

2. "Public Sector, Welfare Faces Budget Axe — Cameron," Reuters UK, June 18,

2010. Available at: http://uk.reuters.com/article/2010/06/18/uk-britain-budget-came ron-idUKTRE65H5TC20100618; "Conservative Conference: Cameron in Benefit Cuts Warning," BBC, Oct 7, 2012. Available at: http://www.bbc.co.uk/news/uk-politics-19864056. See Table 2: "Estimates for Fraud and Error by Client Group and Error Type and Error Reason — Overpayments (2011/2012)." 자격 조건이 안 되는 사람이 부당하게 받아간 금액 200만 파운드는 부당하게 지출된 전체 금액 중 0.1퍼센트도 되지 않는다. In Department for Work & Pensions. Fraud and Error in the Benefit System. Available at: http://statistics.dwp.gov.uk/asd/asd2/index. php?page=fraud_error; M. D'Arcy, "Protests Against Paralympics Partner Get Senior Support," 2012, *Public Service* UK. Available at: http://www.publicservice. co.uk/news_story.asp?id=20757

3. Atos newsroom website: "The Department for Work and Pensions Awards Two of the PIP Assessment Contracts to Atos." Available at: http://atos.net/en-us/News room/en-us/Press_Releases/2012/2012_08_02_01.htm and http://uk.atos.net/en-uk/care ers/career_directions/systems_integration/default.htm; R. Ramesh, "Atos Wins £400m Deals to Carry Out Disability Benefit Tests," *The Guardian*, Aug 2, 2012. Available at: http://www.guardian.co.uk/society/2012/aug/02/atos-disability-benefit-tests

4. "Work Test Centres 'Lack Disabled Access'," BBC, Nov 21, 2012. Available at: http://www.bbc.co.uk/news/uk-politics-20423701; Burns, "Atos Benefit Bullies."

5. See also J. Ball, "Welfare Fraud Is a Drop in the Ocean Compared to Tax Avoidance," *The Guardian*, Feb 3, 2013. Available at: http://www.guardian.co. uk/commentisfree/2013/feb/01/welfare-fraud-tax-avoidance; 아토스의 공식적인 입 장은 "우리는 장애인 수당에 대한 자격 조건 혹은 복지 정책의 결정에 관여하지 않는다. 우리는 전문적인 서비스를 제공하기 위해서 지속적으로 노력하고, 가능하다면 특별히 배려한다"는 것이었다. Cited in M. D'Arcy, "Protests Against Paralympics Partner Get Senior Support," *Public Service* UK, 2012. Available at: http://www.public service.co.uk/news_story.asp?id=20757

6. 존 메이너드 케인스와 존 케네스 갈브레이스의 책이 다시 유행했던 것과 마찬가지로, 보수파 시장주의 경제학자 밀턴 프리드먼의 책처럼 대공황에 관한 다른 시각을 담은 책도 유행했다. 케인스가 수요를 진작시키려면 정부 지출을 늘릴 것을 주장한 반면에, 프리드먼은 사람들이 자금을 쉽게 빌리고 시장이 다시 활발하게 움직일 수 있도록 이자 율을 낮추고 통화 공급을 늘리는 통화 정책의 역할을 강조했다. 프리드먼을 따르는 통화주의자들은 시장을 강조한다. 그러나 시장이 제대로 작동하려면, 잘못된 결정을 하는 사람들이 결과에 대해서 책임을 져야 한다.

7. M. Thoma, "Too Much Too Big to Fail," *Economist's View*, Sept 2, 2010. Available at: http://economistsview.typepad.com/economistsview/2010/09/too-much-too-big-to-fail.html

8. S. Fleming, "UK Hit Hardest by Banking Bailout, with £1 Trillion Spent to Save the City," *Daily Mail*, Dec 17, 2009. Available at: http://www.dailymail.co.uk/news/article-1236800/UK-hit-hardest-banking-bailout-1trillion-spent-save-City.htm l; see also http://www.pbs.org/wnet/need-to-know/economy/the-true-cost-of-the-ba nk-bailout/3309/. 정부의 구제 금융은 많은 기관들을 살렸다. 그리고 2013년까지 많은 기관들이 이자와 함께 빌린 돈을 갚았다. L. Vo and J. Goldstein, "Where the Bailouts Stand, in 1 Graphic," *NPR Planet Money*, Oct 9, 2010. Available at: http://www.npr.org/blogs/money/2012/09/10/160886823/where-the-bailouts-stand-in-1-graphic; "AIG Subsidiary Parties in Style in OC, Two Weeks after Bailout," *Orange County Register*, Oct 2, 2008. Available at: http://taxdollars.ocregister.com/2008/10/02/af ter-federal-bailout-aig-fetes-in-style-in-oc/; M. Wolfe, "Keynes Offers Us the Best Way to Think About the Financial Crisis," *Financial Times*, Dec 23, 2008. Available at: http://www.ft.com/intl/cms/s/0/be2dbf2c-d113-11dd-8cc3-000077b07658. html#axzz2IArd1Y5r

9. P. Krugman, "Inflation Lessons," *New York Times*, Aug 25, 2012. Available at: http://krugman.blogs.nytimes.com/2012/08/25/inflation-lessons/

10. P. Krugman, "Soup Kitchens Caused the Great Depression," *New York Times*, Nov 3, 2012. Available at: http://krugman.blogs.nytimes.com/2012/11/03/soup-kit chens-caused-the-great-depression/

11. D. Stuckler, S. Basu, M. McKee, M. Suhrcke. 2010. "Responding to the Economic Crisis: A Primer for Public Health Professionals," *Journal of Public Health* v32(3): 298–306. Available at: http://jpubhealth.oxfordjournals.org/content/32/3/298.short; T. Pettinger, "UK National Debt," *Economics: UK Economy Statistics*, Jan 23, 2013. Available at: http://www.economicshelp.org/blog/334/uk-economy/uk-national-debt/

12. J. Hardman, "The Great Depression and the New Deal. Poverty & Prejudice: Social Security at the Crossroads." Available at: http://www.stanford.edu/class/e297c/poverty_prejudice/soc_sec/hgreat.htm; D. Stuckler, S. Basu, C. Meissner, P. Fishback, M. McKee. 2012. "Banking Crises and Mortality During the Great Depression: Evidence from US Urban Populations, 1927–1939," *Journal of Epidemiology and Community Health* v66:410–19.

13. 주로 엄청난 부자들이 주식 투자를 늘리면서 1921년부터 1929년까지 주가지수는 네

배나 올랐다. 록펠러, 포드, 카네기, 밴더빌트와 같은 엄청난 재산가들은 부동산 거품을
일으키는 데에 중요한 역할을 했다. 부동산 시장이 가열되면 매도자는 다음 매수자에게
재빨리 부동산을 넘기면서 약간의 이익을 남겼다; John Kenneth Galbraith, *The Great
Crash: 1929* (Boston, 1988); see also E. N. White, "Lessons from the Great
American Real Estate Boom and Bust," National Bureau of Economic Research,
2009, Working Paper 15573. Available at: http://www.clevelandfed.org/research/
seminars/2010/white.pdf. 대부분의 토지 매수자들은 그곳에 정착하지 않았다. 대신에
부동산 투기자들은 부동산 거래 계약을 즉석에서 성사시키기 위해서 젊고 매력적인
남사와 여사를 고용했다.

14. Hardman, "The Great Depression and the New Deal. Poverty & Prejudice"; T.
H. Watkins, *The Great Depression: America in the 1930s* (Boston, 1993).

15. 인종 간의 갈등도 커져갔다. 백인들이 흑인들에게 폭력적인 사적 제재(lynching)를
가한 사건은 1933년 한 해에만 공식적으로 24건이었다. 당시에는 흑인들이 이런 일을
당하더라도 경찰에 신고하는 경우가 드물었기 때문에, 실제로 이런 사건은 훨씬 더
많았을 것이다. Centers for Disease Control, "CDC Study Finds Suicide Rates Rise
and Fall with Economy," April 14, 2011. Available at: http://www.cdc.gov/media/
releases/2011/p0414_suiciderates.html. See also "Did Investors Really Jump out
of Windows?" Available at: http://news.kontentkonsult.com/2008/10/did-investors-
really-jump-out-of.html; George H. Douglas, *Skyscrapers: A Social History of the
Very Tall Building in America* (London, 2004).

16. "Death Rate Drops in North America: Mortality Figures for This Year Show
Lowest Level for the United States and Canada," *New York Times*, Oct 26, 1930.
그해 「뉴욕타임스」는 이렇게 보도했다. "이 나라는 수십 년 만에 가장 심각한 제조업
불황을 겪고 있다. 불황의 여파가 미치지 않은 곳은 없다. 도시, 농촌, 동부, 서부, 남부,
북부를 막론하고 미국 전역이 불황에 허덕이고 있다. 농부와 기계공도 마찬가지이다.
모든 지역이 빈곤에 시달리고 있다. 가계 지출은 크게 감소했다. 부모는 자녀들을 위해
서 먹는 양을 줄여야 했다. 자선단체를 찾는 사람들은 사상 유례가 없을 정도로 많았다.
가난이 무엇인지도 모르는 사람들이 그곳을 찾았다. 모든 상황을 종합해보면, 고난의
시기가 오랫동안 지속된다면 질병과 사망이 끊이지 않을 것으로 예상할 수 있다. 그러나
실제 1931년은 국민들이 이 나라 역사상 가장 건강했던 한 해였다. 그 증거는 확실했다."
Cited in "No Slump in Health," *New York Times*, Jan 5, 1932. 당대의 분석을 더
살펴보려면, 다음 문헌을 참조하라. "Sees Public Health Unhurt by Slump," *New
York Times*, Oct 30, 1931.

17. 사이든스트리커 박사가 내린 결론이다. "지금까지 실업, 구매력의 저하, 생활 수준의

저하, 심지어는 결핍까지도 많은 사람들을 죽음으로 몰고 가지는 않았다는 증거는 확실했다. 무엇이 이처럼 만족스러운 결과를 초래했는지는 말하기가 어렵다." See E. Sydenstricker. 1933. "Health and the Depression," *Milbank Mem Q* v11: 273-80.

18. 또다른 의사는 "날씨가 폐렴이 유행하지 않도록 했기 때문에 기여 요인이 될 수도 있다"면서 이에 동의했다. 그러나 또다른 의사는 "질병을 진단하고 치료하는 의술이 더욱 발전한 것"이라고 주장했다. 어쩌면 공황 그 자체가 "호황 시기에 비해서 더욱 정상적인 삶을 살도록 해서" 스트레스 수준을 낮춘다고 생각하는 사람도 있었다. 그러나 그 어떤 설명도 확실하지 않았다. 대부분의 사망률의 변화는 겨울에 유행하는 질병과 관련되지 않았고, 그해 겨울 날씨가 특히 빈민굴에 사는 사람들에게는 특별히 온화하지도 않았다. 신약이 발견되지도, 새로운 수술법이 도입되지도 않았다. 술폰아미드 항생물질은 1930년대 후반까지도 등장하지 않았고, 페니실린은 1940년대가 되어서야 널리 보급되었다. 또한 대공황이 사람들의 스트레스 수준을 낮추어서 건강을 증진시켰는지도 확실하지 않다. 역사적 증거는 대공황 시기에는 사람들이 엄청난 스트레스를 받았다는 사실을 뒷받침한다(광란의 1920년대의 호황기와 비교하면 스트레스를 훨씬 더 심하게 받았을 것이다). Cited in D. Stuckler, S. Basu, et al., "Banking Crises and Mortality During the Great Depression"; see also US Climate at a Glance, *National Climatic Data Center*. Available at: http://www.ncdc.noaa.gov/oa/climate/research/cag3/cag3.html; R. Pearl, *The Rate of Living* (New York, 1928).

19. 우리의 연구에 관한 자세한 내용은 다음을 참조하라. Stuckler, et al., "Banking Crises and Mortality During the Great Depression." 데이터를 제공한 동료 교수 프라이스 피시백(Price Fishback)에게 감사의 마음을 전한다. 사망률 데이터는 미국 질병관리본부가 보유한 사망률 데이터베이스(1929-1937년, 애틀랜타 주는 1929년 데이터만 해당)에서 입수했다. 은행 위기 데이터는 연방예금보험공사가 보유한 은행 데이터 및 통계(Federal Deposit Insurance Corporation Bank Data and Statistics, 2010)를 참조했다.

20. 〈그림 1.1〉의 출처 : Adapted from Stuckler, et al. "Banking Crises and Mortality During the Great Depression."

21. 〈그림 1.2〉의 출처 : Ibid.

22. A. R. Omran. 1971. "The Epidemiologic Transition: A Theory of the Epidemiology of Population Change," *Milbank Mem Fund Q* v49:509-38. Available at: http://www.jstor.org/stable/10.2307/3349375

23. 대공황이 공중보건을 크게 개선시켰던 직접적인 원인이었다고 주장하는 이들도 있다. See, for example, J. Tapia-Granados and A. Diez-Roux. 2009. "Life and Death During the Great Depression," *Proceedings of the National Academy of Sciences* v106(41): 17290-95. 그들은 미국 데이터에서 얻은 20가지 정보 항목을 분석했지만,

대공황이 암과 관련된 보건 지표를 단기적으로 개선시켰다고 주장함으로써 그 타당성을 잃었다. 당시에는 효과적인 암 치료법이 존재하지 않았다. 그리고 실제로 암이 발생하는 데에는 수십 년이 걸린다. 우리는 주(州) 단위의 데이터를 가지고 그들의 분석 방법을 그대로 재현하여 단기 추세와 장기 추세를 구분해보았다. 그처럼 믿기 힘든 결과는 허위임이 드러났다. See D. Stuckler, S. Basu, et al. 2012. "Was the Great Depression a Cause or Correlate of Significant Mortality Declines? An Epidemiological Response to Granados," *Journal of Epidemiology and Community Health.*

24. 〈그림 1.3〉의 출처 : Adapted from Stuckler, et al. "Banking Crises and Mortality During the Great Depression."

25. 자세한 방법론은 다음 문헌을 참조하라. Stuckler, et al. "Banking Crises and Mortality During the Great Depression." 간단히 말하면, 우리는 단기 추세와 장기 추세를 구분하기 위해서 호드릭-프레스콧 필터링(Hodrick-Prescott Filtering) 기법을 사용했다. 이는 시계열 데이터의 변동을 장기 요인과 단기 요인으로 분해하는 기법으로, 다음과 같이 2단계로 구성되어 있다. 우선 HP필터가 각 주별 사망자 수에 로그를 취하고 추세평활법을 적용한 추세를 찾아낸다. 그 다음에는 원래 시계열 데이터와 추정된 장기 추세 데이터의 단기 편차를 구하여 이후의 통계 분석에 활용한다. 여기서 우리는 우리의 분석 결과가 질적으로 다르지 않다는 사실을 입증하기 위해서 장기 추세 추정에 또다른 평활 파라미터를 사용하여 민감도 분석을 실시했다(우리는 표준오차를 6.25로 잡았는데, 그라나도스와 그의 동료들은 100으로 잡았다). 또한 우리는 사망자 수의 단기 변화율 데이터(사망자 수의 연간 퍼센트 변화)를 사용하여 분석을 재현했다. 그리고 지리적 위치처럼 주별로 변하지 않는 차이를 통제하기 위해서 더미변수를 할당했다. 전체적으로 우리는 은행의 지급 정지는 자살률을 증가시키지만 교통사고 사망률은 감소시킨다는 결과를 얻었다. 그러나 심혈관 질환, 폐렴, 간경변, 암으로 인한 사망률 혹은 살인 사건의 발생률과는 아무런 관련이 없었다. 교통사고 사망률은 자살률보다 50퍼센트 정도 더 높았기 때문에, 교통사고 사망자 수의 감소 효과는 자살자 수의 증가 효과보다 더 컸다. 따라서 은행의 지급 정지는 모든 원인에 의한 사망자 수를 감소시키는 효과가 있었다.

26. 실제로 매우 많은 사람들이 교통사고로 사망한다. 따라서 생명보험 회사는 피보험자의 자동차 소유 여부를 확인할 필요가 있다. "Vital Statistics." 1932. Report of the *American Journal of Public Health.* Available at: http://ajph.aphapublications.org/doi/pdf/10. 2105/AJPH.22.4.413. See Associated Press, "Traffic Deaths Drop in 1932; First Decline in Auto History," *New York Times,* Nov 28, 1932; M. Kafka, "An Appalling Waste of Life Marks the Automobile," *New York Times,* Aug 28, 1932.

27. A. Reeves, D. Stuckler, M. McKee, D. Gunnell, S. S. Chang, S. Basu. 2012.

"Increase in State Suicide Rates in the USA During Economic Recession," *The Lancet* v380:1813-14.

B. Barr, D. Taylor-Robinson, A. Scott-Samuel, M. McKee, D. Stuckler. 2012. "Suicides Associated with the 2008-10 Economic Recession in England: A Time-Trend Analysis," *British Medical Journal* v345:e5142. Available at: http://www.bmj.com/ content/345/bmj.e5142

28. See for example, "U.S Highway Deaths at Lowest Level in 60 Years," *Washington Post*, Sept 9, 2010. 미국 도로안전청은 다음과 같이 발표했다. "우리는 이런 발전의 요인을 다양한 곳에서 찾는다. 이런 요인으로는 안전벨트 착용을 독려하고 음주 단속을 실시하고 도로 상태를 개선하고 자동차의 안전을 강화하고 각 주의 이해당사자와 연방 정부 간의 안전을 강화하기 위한 원활한 협조 체제를 구축한 것을 꼽을 수 있다. 교통부 장관 레이 라후드(Ray LaHood)가 운전 부주의로 인한 사고 예방을 강조하면서, 교통부를 비롯한 산하 기관들은 고속도로 교통사고 예방에 총력을 기울였다. 그 결과, 우리는 많은 생명을 구할 수 있었다." 이처럼 바람직한 변화를 일으켰던 더욱 그럴듯한 요인은 대불황 그 자체였다. See also M. Cooper, "Happy Motoring: Traffic Deaths at 61-Year Low," *New York Times*, April 1, 2011. Available at: http://www.nytimes.com/2011/04/01/us/01driving.html?_r=0

NIDirect Government Services, "Lowest Number of Road Deaths on Record," Jan 3, 2013. Available at: http://www.nidirect.gov.uk/news-jan13-lowest-number-of-road-deaths-on-record; for Ireland see Ireland's National Police Service. Garda National Traffic Bureau. Fatalities and Other Traffic Statistics. Available at: http://www.garda.ie/Controller.aspx?Page=138. 그 결과는 다른 곳에서 연쇄반응을 일으켰다. 인도에서는 장기 매매를 위한 암시장이 형성되었고, 빚을 갚기 위해서 신장을 팔려는 농부들이 줄을 이었다.

29. Edward Behr, *Prohibition: Thirteen Years That Changed America* (Boston, 1996), pp. 78-79. 금주법을 실시한 주와 그렇지 않은 주를 비교하기 위해서 각 주별로 추세를 추정한 결과가 아니라 미국 전역을 대상으로 추세를 추정한 결과로는 다음 문헌이 있다. J. A. Miron and J. Zwiebel. 1991. "Alcohol Consumption During Prohibition," *American Economic Review* v81(2): 242-47.

30. 〈그림 1.4〉의 출처 : Adapted from Stuckler, et al. "Banking Crises and Mortality During the Great Depression."

31. M. Davis, *Jews and Booze: Becoming American in the Age of Prohibition* (New York, 2012), p. 191.

32. 미국 정부의 부채도 1930년 162억 달러에서 1932년 194억 달러로 증가했다.

33. Charles R. Geisst, *Wall Street: A History* (New York, 2012).

34. Maurice Sugar, *The Ford Hunger March* (Berkeley, 1980), p. 108.

35. Irving Bernstein, *A History of the American Worker 1933–1941: The Turbulent Years* (Boston, 1970), pp. 499–571. 사회당 당원의 수는 1928년부터 1932년까지 두 배가 증가했다.

36. William E. Leuchtenburg, *Franklin D. Roosevelt and the New Deal 1932–1940* (New York, 1963), pp. 1–17. 처음 뉴딜 정책의 시작은 어느 정도 사회주의자의 선동 때문이었는데, 사회당이 훨씬 덜 개입하게 된 것은 얄궂은 일이기도 하다.

37. C. E. Horn and H. S. Schaffner, *Work in America: An Encyclopedia of History, Policy, and Society* (Santa Barbara, 2003). 우리는 뉴딜 정책을 추진하는 데에서 각 주별로 나타났던 두드러진 차이를 지적해준 프라이스 피시백과 그의 연구팀에 감사 의 마음을 전한다.

38. 선거의 정치학을 생각하면, 민주당 출신 대통령 후보를 배출하고 뉴딜 정책을 추진하 는 동안 의회 노동위원회 대표를 더 많이 배출했거나 민주당 출신 주지사를 배출했던 도시로 구호자금이 더 많이 배분되었음을 알 수 있다.

39. E. Amenta, K. Dunleavy, M. Bernstein. 1994. "Stolen Thunder? Huey Long's 'Share Our Wealth,' Political Mediation, and the Second New Deal," *American Sociological Review* v59(5): 678–702. Available at: http://www.jstor.org/discover/ 10.2307/2096443?uid=3739560&uid=2&uid=4&uid=3739256&sid=211016705360 97; W. I. Hair, *The Kingfish and His Realm: The Life and Times of Huey P. Long* (Baton Rouge, 1991).

40. See also P. Fishback, M. R. Haines, S. Kantor. 2007. "Births, Deaths and New Deal Relief During the Great Depression," *The Review of Economics and Statistics* v89(1): 1–14.

41. Cited in G. Perrott and S. D. Collins. 1934. "Sickness and the Depression: A Preliminary Report upon a Survey of Wage-earning Families in Ten Cities," *The Milbank Memorial Fund Quarterly* v12(3): 218–24. Available at: http://www. jstor.org/discover/10.2307/3347891?uid=3739560&uid=2&uid=4&uid=3739256&s id=21101670536097

42. 우리의 동료인 애리조나 주립대학교 경제학과 교수 프라이스 피시백 박사는 데이터를 살펴보고 비슷한 결론에 도달했다. "구호 프로그램들은 광범위한 사회경제적 문제를 해결하려고 했지만, 한 사람의 생명을 구할 때에 소요되는 비용은 생명을 구하는 것이 구체적인 목표인 메디케이드와 같은 현대적 프로그램에서 소요되는 비용과 비슷하다는 사실을 보여주었다." See Fishback, et al., "Births, Deaths and New Deal Relief."

43. 첫 번째 뉴딜 프로그램의 규모는 GDP의 10-20퍼센트에 달했다. 이후 6년이 지나자 정부 지출은 두 배로 늘어났다. 그럼에도 불구하고 제2차 세계대전이 일어나고 정부 지출이 대규모로 증가했던 1940년대가 되어서야 공황은 끝이 났다. 프라이스 피시백 교수 연구팀이 추정한 공공 사업과 구호 프로그램의 재정승수는 약 1.67으로 나타났다. 이는 제4장에서 우리가 추정한 정부 지출과 사회보장 지출의 재정승수와 비슷했다. P. Fishback and V. Kachanovskaya, "In Search of the Multiplier for Federal Spending in the States During the New Deal." Working Paper. 2010. Available at: http://econ.arizona.edu/docs/Working_Papers/2010/WP-10-09.pdf

44. 그리고 뉴딜 정책에는 공황의 재발을 방지하기 위한 개혁 조치도 포함되어 있었다. 1933년에 제정된 은행법(Banking Act), 글레스 스티걸 법(Glass-Steagall Act)은 은행 업무를 상업 부문과 투자 부문으로 구분하여 일반 은행이 채권이나 파생 상품을 취급하지 못하도록 했다. 실제로 1929년 주식시장의 붕괴를 촉진했던 투자 형태가 바로 채권이나 파생 상품 투자였다. 글래스-스티걸 법은 60년이 넘는 세월 동안 공황이 재발하지 않도록 했다. 그러나 유감스럽게도 은행들의 집요한 공세로, 1999년 공화당 출신 의원들과 민주당 출신 빌 클린턴 대통령은 이 법을 폐지하기에 이르렀다. 이후로 부동산 거품과 대불황을 일으키게 될 위험한 투자가 봇물처럼 터져나왔다. 1939년 루스벨트 대통령은 기업 내부보유 이윤(undistributed profit)에 세금을 부과하는 법안에 서명했다. 이는 경제에 부정적인 영향을 미친 기업은 그 대가를 치러야 하고, 이를 위해서 정부는 기업의 수익에 세금을 부과한다는 원칙을 확립한 것이었다. 그러나 의회가 물타기를 시도하면서 이 법안은 곧 폐지되었다. "The Wall Street Fix: Mr. Weill Goes to Washington: The Long Demise of Glass-Steagall," *Frontline*, PBS, May 5, 2003.

45. M. Harhay, J., Bor, S. Basu, M. McKee, J. Mindell, N. Shelton, D. Stuckler, "Differential Impact of Economic Recession on Alcohol Use Among White British Adults, 2006-2009," unpublished analysis; J. Bor, S. Basu, A. Coutts, M. McKee, D. Stuckler. In press. "Alcohol Use During the Great Depression of 2008-2009," *Alcohol and Alcoholism*.

2_ 공산주의 붕괴 이후의 사망률 위기

1. United Nations Development Program. *The Human Cost of Transition: Human Security in South East Europe* (New York: UNDP). Available at: http://hdr.undp.org/en/reports/regional/europethecis/name,2799,en.html. 엄밀하게 말하면, 러시아는 1992년까지 국가가 아니었다. World Bank World Development Indicators 2013 edition. Available at: http://data.worldbank.org/indicator. See also J. DaVanzo and G. Farnsworth, "Russia's Demographic 'Crisis'," RAND, 1996. 러시아 인구조사국

은 러시아 인구가 그 당시에도 계속 증가할 것으로 예상했고, 미국의 전망도 동일했다. 그러나 니컬러스 에버스타트(Nicholas Eberstadt)를 비롯하여 통찰력이 뛰어난 인구 통계학자들은 1980년대 초반부터 러시아의 사망률 데이터를 예의주시했다. 그들은 사 망률 추세가 오랫동안 역방향으로 움직여왔고, 1990년대 초반에는 이처럼 장기적으로 악화되는 추세에 단기적인 충격까지 더해졌음을 재빨리 인식했다.

2. USSR Census 1989. Published by the State Committee on Statistics. *Natsional'ny Sostav Naseleniia Chast' II*. Informatsionno-izdatel'ski Tsentr (Moscow, 1989). See also "Abandoned Cool Mining Town in Siberia: Kadychan, Russia, *Sometimes Interesting*, July 24, 2011. Available at: http://sometimes-interesting.com/2011/07/24/aban doned-coal-mining-town-in-siberia-kadykchan-russia/. 2002년 러시아 인구조사국의 인구 통계 자료를 살펴보라. Всероссийская перепись населéния 2002 гóда.

3. E. Tragakes and S. Lessof, *Healthcare Systems in Transition: Russian Federation* (Copenhagen: European Observatory on Health Systems and Policies, 2003).
　　실업률은 항상 낮아서 1990년에는 약 1.4퍼센트를 기록했다. S. Rosefielde. 2000. "The Civilian Labour Force and Unemployment in the Russian Federation," *Europe-Asia Studies* v52(8): 1433-47. Available at: http://www.tandfonline. com/doi/pdf/10.1080/713663146. 빈곤율 추정치는 러시아 추적 모니터링 조사의 데 이터를 사용하여 분석한 결과에 바탕을 둔다. see P. Mosley and A. Mussurov, "Poverty and Economic Growth in Russia's Regions," Sheffield Department of Economics, 2009. Available at: http://eprints.whiterose.ac.uk/10002/1/SERPS2009 006.pdf; London School of Hygiene & Tropical Medicine, "Living Conditions, Lifestyles, and Health Survey 2001." Details available at: http://www.lshtm.ac. uk/centres/ecohost/research_projects/hitt.html

4. See also G. Kitching. 1998. "The Revenge of the Peasant? The Collapse of Large-Scale Russian Agriculture and the Role of the Peasant 'Private Plot' in That Collapse, 1991-97," *The Journal of Peasant Studies* v26(1): 43-81; R. J. Struyk and K. Angelici. 1996. "The Russian Dacha Phenomenon," *Housing Studies* v11(2). Available at: http://www.tandfonline.com/doi/abs/10.1080/02673039608720854

5. 여기의 자료는 스티븐 라파위(Stephen Rapawy)가 이끄는 미국 인구조사국의 추정 결과이다. See S. Rosefielde. 2000. "The Civilian Labour Force and Unemployment in the Russian Federation," *Europe-Asia Studies* v52(8): 1433-47. Available at: http://wwwtandfonline.com/doi/pdf/10.1080/713663146. 인구가 이처럼 크게 감소한 이유는 출산율 저하와도 어느 정도 관계가 있다(이에 관해서는 코르니아[G. Cornia]와 파니시아[R. Paniccia]가 공동 저술한, 새로운 시대의 획을 긋는 저서 『전통 경제에서의

사망률 위기[*The Mortality Crisis in Transitional Economies* (New York, 2000)]」를 참조하라). 그러나 노동력의 손실이라는 관점에서 보면, 1990년에 시작된 갑작스러운 변화가 생산 가능 인구에 큰 영향을 미치지는 않는다. 어린아이가 8년이라는 짧은 기간 에 성인이 되지는 않기 때문이다.

6. United Nations Development Programme, "The Human Cost of Transition: Human Security in South East Europe." Available at: http://hdr.undp.org/en/reports/ regional/europethecis/name,2799,en.html

7. S. Rosefielde. 2001. "Premature Deaths: Russia's Radical Economic Transition in Soviet Perspective," *Europe-Asia Studies* v53(8): 1159–76.

8. 〈그림 2.1〉의 출처 : Authors. Data from the World Bank World Development Indicators 2013 Edition.

9. M. Field. 1999. "Reflections on a Painful Transition: From Socialized to Insurance Medicine in Russia," *Croatian Medical Journal* v40(2). Available at: http:// neuron.mefst.hr/docs/CMJ/issues/1999/40/2/10234063.pdf; cited from S. Sachs, "Crumbled Empire, Shattered Health," *Newsday*, Oct 26, 1997, p. A4. 1937년 인구 조사국 국장은 잘못된 데이터를 입수했다는 이유로 처형되었다.

10. 구소련의 사망 데이터를 신뢰할 수 있는 또다른 이유는 1991년부터 1994년까지 모든 원인에 의한 사망자 수가 크게 증가했지만, 모든 연령집단에서 유방암과 폐암의 발병률 은 안정을 유지했다는 것이다. 암 사망률은 원래 급격하게 변하지 않고 경제 변화에 따라서 직접적인 충격을 받지 않기 때문에 이는 데이터의 타당성을 뒷받침한다. See V. Shkolnikov, M. McKee, D. Leon, L. Chenet. 1999. "Why Is the Death Rate from Lung Cancer Falling in the Russian Federation?" *Eur J Epidemiology* 15:203–6.

11. M. McKee. 1999. "Alcohol in Russia," *Alcohol and Alcoholism* 34:824–29; M. McKee, A. Britton. 1998. "The Positive Relationship Between Alcohol and Heart Disease in Eastern Europe: Potential Physiological Mechanisms," *Journal of the Royal Society of Medicine* v91; O. Nilssen, et al. 2005. "Alcohol Consumption and Its Relation to Risk Factors for Cardiovascular Disease in the North-west of Russia: The Arkhangelsk Study," *International Journal of Epidemiology* v34(4): 781–88. Available at: http://ije.oxfordjournals.org/content/34/4/781.full

12. D. Lester. 1994. "The Association Between Alcohol Consumption and Suicide and Homicide Rates: A Study of 13 Nations," *Alcohol and Alcoholism* v30(4): 465–68. Available at: http://alcalc.oxfordjournals.org/content/30/4/465.short; M. McKee, A. Britton. 1998. "The Positive Relationship Between Alcohol and Heart Disease in Eastern Europe: Potential Physiological Mechanisms," *Journal of the*

Royal Society of Medicine v91; C. S. Fusch, et al. "Alcohol Consumption and Mortality Among Women," *New England Journal of Medicine* a332(10): 1245-50. Available at: http://www.ncbi.nlm.nih.gov/pubmed/7708067; R. Doll, et al. 1994. "Mortality in Relation to Consumption of Alcohol: 13 Years' Observations on Male British Doctors," BMJ v309(6959). Available at: http://www.ncbi.nlm.nih.gov/pmc/articles/PMC2541157/; A. L. Klastky, M. A. Armstrong, G. D. Friedman. 1992. "Alcohol and Mortality," *Ann Intern Med* v117(8): 646-54. Available at: http://www.ncbi.nlm.nih.gov/pubmed/1530196

13. World Health Organization. European Health for All Database 2012 edition. See also V. M. Shkolnikov and A. Nemtsov, "The Anti-Alcohol Campaign and Variations in Russian Mortality," Ch. 8 in *Premature Death in the New Independent States* (Washington, DC, 1997). Available at: http://www.nap.edu/openbook.php?record_id=5530&page=239; V. Shkolnikov, G. Cornia, D. Leon, F. Mesle. 1998. "Causes of the Russian Mortality Crisis: Evidence and Interpretations," *World Development* v25:1995-2011.

　1990년대 러시아의 사망률 위기는 금주 운동이 끝나면서 나타난 반등 효과라고 설명하는 경제학자들도 일부 있다. 고르바초프가 금주 운동을 벌이던 시대를 살았던 러시아인들은 "죽은 사람들이 걸어다니게 되었다"고 말한다. 이 말은 사람들이 금주 운동이 끝나자마자, 죽을 때까지 술을 마셨다는 의미이다. (e.g., Jay Bhattacharya, Christina Gathmann, and Grant Miller, "The Gorbachev Anti-Alcohol Campaign and Russia's Mortality Crisis," March 2011. Available at: https://iriss.stanford.edu/sites/all/files/iriss/Russia_mortality_crisis.pdf). 그러나 우리는 데이터를 자세히 살펴보고는 고르바초프의 금주 운동이 살려낸 사람들이 금주 운동이 끝났다고 해서 죽지는 않았다는 사실을 확인했다. 그들이 죽었다면, 1985년에 크게 줄어들었던 20-24세의 사망자 수가 1990년에는 25-29세의 사망자 수로 환원되어서 딱 그만큼 증가했어야 한다. 그러나 그렇지 않았다. 대신에 1990년대 초반에 늘어난 사망자 수는 1985년부터 1987년까지 줄어든 사망자 수보다 200만 명이나 더 많았다. 다시 말하면, 금주 운동의 중단이 러시아에서 음주와 관련된 사망자 수가 증가하게 된 주요 원인이 아니라는 의미이다.

　1990년대 중반 시콜니코프(Shkolnikov)와 그의 동료들은 반등 효과의 가능성을 역학적으로 자세하게 검토하고는 우리와 비슷한 결론에 도달했다. 1998년에 그들은 1985년부터 1987년까지의 사망자 수 감소와 1988년부터 1992년까지의 사망자 수 증가에 나타난 연령 분포가 비슷하다는 사실을 확인했다. 또한 그들은 증가한 사망자 수는 1985년부터 1987년 동안에 감소한 사망자 수보다 더 많다는 사실도 확인했다. 게다가 1995년의 사망 가능성은 1984년에 비해서 훨씬 더 컸다(1,999쪽 참조). 1985-1987년까지의 사망자 수 변동과 1992-1994년까지의 사망자 수 변동을 자세히 살펴보면, 1992-1994년까지 증가했던 사망자 수가 고르바초프가 금주 운동을 벌이던 때에 감소했던 사망자 수보다 훨씬 더 많음을 알 수 있다.

특히 다음을 참조하라. Shkolnikov and Nemtsov, "The Anti-Alcohol Campaign and Variations in Russian Mortality"; and V. M. Shkolnikov, D. A. Leon, S. Adamets, E. Andreev, and A. Deev. 1998. "Educational Level and Adult Mortality in Russia: An Analysis of Routine Data 1979 to 1994," Soc Sci Med 47:357-69; 코르니아와 파니시아는 그들의 공동 저작 『전통 경제에서의 사망률 위기』에서 "일반적인 통념과는 다르게, 1990년대의 사망률 변화는 과거 추세의 연속이 아니다"라고 결론지었다(제1장 4쪽). 이어서 그 결론을 다음과 같이 입증해 보였다(제1장 5번째 섹션, 20-21쪽). "러시아, 우크라이나, 불가리아(남성만 해당)에서는 이행기 이전의 추세를 바탕으로 기대수명에서 나타나는 최근의 변화를 포착할 수가 없었다. 게다가 러시아의 경우, 이행기에 기대수명의 추세에서 나쁜 방향으로 이탈하는 효과가 금주 운동이 기대수명에 미치는 긍정적인 효과를 크게 능가했다." 코르니아와 파니시아는 여기에서 한 걸음 더 나아가서 "사망률이 초기에 감소하는 현상과 나중에 증가하는 현상의 인과관계를 명확하게 설정하더라도 전자는 후자의 25-35퍼센트만을 설명한다"는 사실을 지적했다. 좀더 자세한 논의는 다음을 참조하라. Appendix 1.1 and 5.5 in D. Stuckler, "Social Causes of Post-communist Mortality," doctoral dissertation, University of Cambridge, 2009.

14. 1990년대에 술은 주말이 지나면 훨씬 더 죽음에 가까워지도록 만드는 질환을 일으키는 한 요소였다. 주말이라서 출근하지 않는 사람들은 주말 내내 술을 마셨다. 토요일 아침부터 월요일까지 러시아 전체가 숙취에 빠져 있었다. M. McKee, et al. 2006. "The Composition of Surrogate Alcohols Consumed in Russia," Alcoholism: Clinical and Experimental Research. Available at: http://onlinelibrary.wiley.com/doi/10.1097/01.alc.0000183012.93303.90/abstract. See D. Leon, et al. 2007. "Hazardous Alcohol Drinking and Premature Mortality in Russia: A Population Based Case-Control Study," The Lancet 369:2001-9.

15. 시골 사람들은 집에서 만든 사모곤을 마셨다. M. Wines, "An Ailing Russia Lives a Tough Life That's Getting Shorter," New York Times, Dec 30, 2000. Available at: http://faculty.usfsp.edu/jsokolov/ageruss1.htm

16. S. Tomkins, et al. 2007. "Prevalence and Socio-economic Distribution of Hazardous Patterns of Alcohol Drinking: Study of Alcohol Consumption in Men Aged 25-54 Years in Izhevsk, Russia," Addiction v102(4): 544-53.

17. A. Bessudnov, M. McKee, D. Stuckler. 2012. "Inequalities in Male Mortality by Occupational Class, Perceived Status and Education in Russia, 1994-2006,"

European Journal of Public Health v22(3): 332–37. Available at: http://eurpub. oxfordjournals.org/content/22/3/332.short; Perlman and Bobak. 2009. "Assessing the Contribution of Unstable Employment to Mortality in Posttransition Russia: Prospective Individual-Level Analyses from the Russian Longitudinal Monitoring Survey," *American Journal of Public Health* v99(10): 1818–25.

18. 러시아에서는 바로 이런 이유 때문에 실업 그 자체뿐만 아니라 실업에 대한 공포가 죽음의 위험이 커지도록 했다. See F. Perlman, and M. Bobak, "Assessing the Contribution." 이와 같은 사회보장 프로그램은 소련에서 GDP 대비 보건 지출액의 비율이 높아지도록 했다.

대체로 소련은 1인당 GDP 수준이 비슷한 자본주의 국가들(칠레, 터키, 보츠와나, 남아프리카 공화국 등)에 비해서 기대수명이 훨씬 더 길었다. 이런 국가들의 국민과 비교했을 때, 소련 남성은 4.8년 정도 더 오래 살았고, 여성은 7.7년 정도 더 오래 살았다.

19. D. Stuckler, L. King, M. McKee. 2000. "Mass Privatization and the Postcommunist Mortality Crisis," *The Lancet* v373(9661): 399–407. Available at: http://www. thelancet.com/journals/lancet/article/PIIS0140-6736%2809%2960005-2/abstract; see also Perlman and Bobak, "Assessing the Contribution."

20. L. Balcerowicz and A. Gelb. 1995. "Macropolicies in Transition to a Market Economy: A Three-Year Perspective," *Proceedings of the World Bank Annual Conference on Development Economics 1994.* The International Bank for Reconstruction and Development. Available at: http://www-wds.worldbank.org/ servlet/WDSContentServer/IW3P/IB/1995/03/01/000009265_3970716143745/Rend ered/PDF/multi0page.pdf

21. 제프리 색스의 말이다. "민영화를 급진적으로 추진해야 할 필요성은 동유럽 국가들의 경제 정책에서 가장 중요한 쟁점이다. 가까운 시일 내에 민영화 프로그램이 큰 진전을 보이지 않는다면, 얼마 지나지 않아서 진행 과정 전체가 중단될 것이다. 민영화는 시급하면서도 정치적으로 영향을 받기 쉬운 과제이다." J. Sachs, "What Is to Be Done?" *The Economist*, Jan 13, 1990. Available at: http://www.economist.com/node/1300 2085; J. Sachs, "Shock Therapy in Poland: Perspectives of Five Years," 1995. Available at: http://tannerlectures.utah.edu/lectures/documents/sachs 95.pdf

22. 충격요법의 세 번째 주요 요소는 안정화이다. 이는 재정 긴축과 통화 긴축을 결합하여 인플레이션이 발생하지 않도록 하는 것을 의미한다. 로런스 서머스는 충격요법에서 나온 이 세 가지 요소들을 지지하며 이렇게 말했다. "과거 공산주의 국가를 찾은 경제학자들은 아주 비슷한 처방을 내놓았다. 민영화, 안정화, 자유화는 최대한 빠른 시일 내에 마무리지어야 한다." Cited in R. Stevens. 2004. "The Evolution of Privatisation

as an Electoral Policy, c. 1970-90," *Contemporary British History* v18(2): 47-75.

23. M. Friedman, "Economic Freedom Behind the Scenes," Preface to *Economic Freedom of the World: 2002 Annual Report*, by James Gwartney and Robert Lawson, with Chris Edwards, Walter Park, Veronique de Rugy, and Smitha Wagh (Vancouver, BC, 2002). Summers cited in T. Anderson, *The Concise Encyclopedia of Economics*. Available at: http://www.econlib.org/library/Enc/EnvironmentalQuality.html

24. Stevens, "The Evolution of Privatisation as an Electoral Policy." 어떤 방식으로 접근해야 하는가에 대한 충고는 끊이지 않았다. 『이코노미스트』지의 편집자는 충격요 법을 지지하면서 "지금 동유럽 국가들이 직면한 가장 큰 위험은 점진주의를 수용하는 것"이라고 주장했다. 『포린 어페어스(*Foreign Affairs*)』의 편집자도 이에 동의했다. "서 구 사회의 정의와 성공은 동유럽 국가와 소련 블록에 속했던 국가에 그들의 체제를 버리고 우리의 체제, 즉 민주주의를 받아들이도록 하는 힘이었다. 바로 지금이 그 힘을 발휘해야 할 순간이다." O. J. Blanchard, K. A. Froot, J. D. Sachs, *The Transition in Eastern Europe* (Chicago, 1994).

25. B. Naughton, *Growing out of the Plan: Chinese Economic Reform, 1978-1993* (Cambridge, 1996).

26. Richard A. Melanson, *American Foreign Policy Since the Vietnam War: The Search for Consensus from Richard Nixon to George W. Bush* (New York, 2005). Graham Allison and Robert Blackwill, "On with the Grand Bargain," *Washington Post*, Aug 27, 1991. L. Berry. "How Boris Yeltsin Defeated the 1991 Communist Coup," *The Guardian*, Aug 18 2011. Available at: http://www.guardian.co.uk/world/feedarticle/9803554

27. 〈그림 2.2〉의 출처 : Authors, adapted from P. Hamm, L. King, D. Stuckler. 2012. "Mass Privatization, State Capacity, and Economic Growth in Post-Communist Countries," *American Sociological Review* v77(2): 295-324. 중유럽과 동유럽 국가들(CEE)에는 체코, 헝가리, 폴란드, 슬로바키아, 슬로베니아가 포함되어 있다. 1990년 이후로 데이터가 존재하는 구소련 국가들(FSU)에는 아르메니아, 아제르바이잔, 벨라루스, 에스토니아, 그루지야, 라트비아, 리투아니아, 카자흐스탄, 키르기스스탄, 몰도바, 러시아, 타지키스탄, 우크라이나, 우즈베키스탄이 포함되어 있다. 퍼센트 변화 는 1990년 1인당 GDP를 기준으로 계산했으며, GDP는 2000년 불변 가격(미국 달러 기준)으로 환산했다(유니세프 트랜스모네[UNICEF TransMonEE] 데이터베이스의 2008년 4월판 참조).

28. World Bank World Development Indicators (Washington, DC, 2013 edition); Penn World Tables. Center for International Comparisons of Production, Income and

Prices. University of Pennsylvania. Available at: https://pwt.sas.upenn.edu/

29. Stuckler, "Social Causes of Post-communist Mortality." See P. Klebnikov, *Godfather of the Kremlin: Boris Berezovsky and the Looting of Russia* (Boston, 2000). See M. Ellman. 1994. "The Increase in Death and Disease Under 'Katastroika'," *Cambridge Journal of Economics* v18:329−55; C. Bohlen, "Yeltsin Deputy Calls Reforms 'Economic Genocide'," *New York Times*, Feb 9, 1992. Available at: http://www.nytimes.com/1992/02/09/world/yeltsin-deputy-calls-reforms-economic-genocide.html

30. For a discussion see T. Meszmann, "Poland, Trade Unions and Protest, 1988−1993," *International Encyclopedia of Revolution and Protest*, 2009. Available at: http://www.blackwellreference.com/public/tocnode?id=g9781405184649_yr2012_chunk_g97814051846491199

Also, see Stuckler, "Social Causes of Post-Communist Mortality." See Klebnikov, *Godfather of the Kremlin.* See Ellman, "The Increase in Death and Disease Under 'Katastroika'." Polish government. Official promotional website of the Republic of Poland, Foreign Investment. Available at: http://en.poland.gov.pl/Foreign investment,468.html

폴란드 정부의 외국인 투자 웹사이트에는 이런 이야기가 나온다. "폴란드 경제로 들어오는 외국인 투자 자본은 민영화와 구조 조정의 과정에서 아주 중요한 역할을 했다. 외국인 투자의 대부분은 가장 바람직한 형태, 즉 외국인 직접 투자(foreign direct investment, FDI)의 형태로 전개되었다. 이런 투자는 처음부터 새로 시작하는 기업이 등장하거나 누군가가 폴란드 시장에 이미 존재하는 기업을 인수하는 것을 의미한다."

31. P. Hamm, L. King, D. Stuckler. 2012. "Mass Privatization, State Capacity, and Economic Growth in Post-Communist Countries," *American Sociological Review* v77(2): 295−324.

32. 노리나 허츠(Noreena Hertz)는 세계은행에서 근무하는 동안에 민영화의 진행을 감독하기 위해서 러시아에 파견된 적이 있었다. 그녀는 공장에서 지내면서 진행 상황을 본부에 보고했다. 그녀는 당시를 이렇게 회상했다. "저는 여러 공장들을 살피면서 몇 개월을 보냈습니다. 어떤 공장에서는 구내 병원에서 잠을 잤습니다. 저는 러시아 제조업을 갑자기 민영화하려는 계획은 러시아 국민에게 엄청난 피해를 줄 것이라는 사실을 금세 깨달았습니다. 제가 살펴보았던 공장들은 처음 지어졌을 때에 만들던 제품을 계속 만들고 있었습니다. 어떤 공장도 지나친 경쟁을 원하지 않았습니다. 공장은 일자리를 수만 개씩이나 감축해야 했습니다. 그러나 공장은 교육, 병원, 의료 서비스에 이르기까지 요람에서 무덤까지를 책임지는 복지도 제공했습니다. 저는 워싱턴에 있을 때 안전망

이 사라졌다고 말하면서 우려를 나타냈습니다. 국가가 소유하던 자산을 돌려받으려고 하는 것은 정치적인 속셈 때문이라는 생각이 확실하게 들었습니다. 이제 공산당은 돌아오지 않는다는 메시지를 전하려고 했던 것입니다."

33. O. Adeyi, et al. 1997. "Health Status During the Transition in Central and Eastern Europe: Development in Reverse?" *Health Policy and Planning* v12(2): 132-45.

34. Sachs, "Shock Therapy in Poland."

35. Hamm, et al., "Mass Privatization, State Capacity, and Economic Growth in Post-Communist Countries." 그 결과는 규모가 큰 중공업과 제조업 기업 노동자들에게 가장 아프게 다가왔다. 민간에 넘어간 기업들 중에서 이처럼 규모가 큰 기업들은 시장에서 경쟁을 맞이할 준비가 되어 있지 않았다. 이런 기업들은 비효율적이고 기술적으로도 뒤져 있는 상태에서 고용을 줄여야 했다. 그리고 구소련 시절의 기술을 가진 노동자들이 남아돌면서, 그들은 일자리를 찾는 데에 어려움을 겪었다. L. King, P. Hamm, D. Stuckler. 2009. "Rapid Large-Scale Privatization and Death Rates in Ex-Communist Countries: An Analysis of Stress-Related and Health System Mechanisms," *International Journal of Health Services* v39(3): 461-89; 우리는 이런 손실을 인구 1만 명당 의사 15명으로 추정했다.

36. A. Åslund, *Building Capitalism: The Transformation of the Former Soviet Bloc* (Cambridge, 2002); see also Anders Åslund, "Is the Belarusian Economic Model Viable?" in A. Lewis, ed., *The EU and Belarus: Between Moscow and Brussels* (London, 2002), p. 182.

37. 〈그림 2.3〉의 출처 : Adapted from Stuckler, King, McKee, "Mass Privatization and the Postcommunist Mortality Crisis."

38. Stuckler, King, McKee, "Mass Privatization and the Postcommunist Mortality Crisis."

39. See also P. Grigoriev, V. Shkolnikov, E. Andreev, et al. 2010. "Mortality in Belarus, Lithuania, and Russia: Divergence in Recent Trends and Possible Explanations," *European Journal of Population* v26(3): 245-74. 이 논문의 결론은 우리 논문의 결론과 일치했다. "시장경제로 이행되는 속도와 정도가 사망률 추세에 미치는 영향은 크게 달랐다. 강력한 시장 기구 혹은 사회적 의무를 다하겠다는 정부의 약속이 없이 고통스러운 시장 개혁을 추진했던 러시아는 1990년대 초반에 사망률이 급격하게 상승했다. 이에 반해서, 시장경제로의 이행을 가장 천천히 추진했던 벨라루스는 사망률의 증가폭이 가장 낮았다."

40. 이런 효과를 올바르게 바라본다면, 다음과 같이 말할 수 있다. 이 지역에서 발생했던 군사적 충돌이 사망률을 20퍼센트나 상승시켰고, 대규모 민영화 프로그램이 초래했던 피해의 규모는 이런 군사적 충돌이 초래했던 피해와 비슷하다. Stuckler, King, McKee,

"Mass Privatization and the Postcommunist Mortality Crisis." L. King, P. Hamm, D. Stuckler. 2009. "Rapid Large-Scale Privatization and Death Rates in Ex-Communist Countries: An Analysis of Stress-Related and Health System Mechanisms," *International Journal of Health Services* v39(3): 461‒89.

41. L. Pritchett and L. Summers. 1996. "Wealthier Is Healthier," *The Journal of Human Resources* v31(4): 841‒68. Available at: http://www.jstor.org/discover/10. 2307/146149?uid=3739560&uid=2129&uid=2&uid=70&uid=4&uid=3739256&sid =21101670942437. 국민 전체로 본다면, 돈이 많아지면 정부가 사회보장을 위해서 투입할 자원이 낳기 때문에 건강해진다고 말할 수 있다. GDP가 증가하면서 사회보장 혜택이 더 많아지는 효과를 조정하기 위해서 통계 모델을 사용하면, GDP와 건강 증진의 관계는 4분의 3만큼이나 약해진다. 좀더 자세한 사항은 다음을 참조하라. D. Stuckler, S. Basu, M. McKee. 2010. "Budget Crises, Health, and Social Welfare Programmes," *British Medical Journal* v340:c3311.

42. 소득이 두 배로 늘어나면, 기대수명은 2년 길어진다고 한다. 그러나 경제가 매년 4퍼센트 성장하면, 소득이 두 배로 늘어나는 데에는 20년이 걸린다. 따라서 대규모 민영화는 러시아 국민들의 기대수명을 2년이나 낮춤으로써 인간 개발(human development : 사람의 생활주기에 따라서 나타나는 신체적, 정신적, 사회적, 경험적인 변화를 말한다/역주)을 최소한 20년은 되돌려놓았다고 주장할 수 있다. See Hamm, King, Stuckler, "Mass Privatization, State Capacity, and Economic Growth in Post-Communist Countries."

43. 하버드 대학교 충격요법 팀에 동참했던 경제학자들과 공동 연구를 한 적이 있는 엘리자베스 브레이너드(Elizabeth Brainerd)는 나중에 우리의 연구 방법을 재현하고는 우리와 같은 결론을 냈다. "노동자의 삶을 붕괴시키는 지표 중의 하나가 공기업의 민영화 수준이다. 민영화가 대체로 경제를 이롭게 하는 발전이고 개혁을 나타내는 지표라는 데는 의심의 여지가 없지만, 노동자들에게는 스트레스와 불확실성을 가져다줄 수 있다. 민영화에 대한 이런 해석은 민간 부문의 비중과 심혈관 질환으로 인한 사망자 수의 정적 상관관계를 설명할 수 있다." E. Brainerd. 1998. "Market Reform and Mortality in Transition Economies," *World Development* v26(11): 2013‒27. Cited in E. Brainerd. 1998. "Market Reform and Mortality in Transition Economies," *World Development* v26(11): 2013‒27. Available at: http://people.brandeis.edu/~ebrainer/worlddev198. pdf. 충격요법을 지지한 스탠리 피셔는 1990년대 후반에 "당시 민영화를 목표로 개혁을 강도 높게 추진했던 국가의 사망률이 가장 높다"는 사실을 두고 고민했다. 이는 그에게 상당히 당혹스러운 일이었다. Cited in Brainerd, "Market Reform and Mortality in Transition Economies." Friedman cited in M. Hirsh, *Capital Offense: How Washing-*

ton's Wise Men Turned America's Future over to Wall Street (New Jersey, 2010), p. 134.

44. 〈그림 2.4〉의 출처 : Authors. World Bank World Development Indicators 2012 edition.

45. J. Sachs, "'Shock Therapy' Had No Adverse Effect on Life Expectancy in Eastern Europe," *Financial Times*, Jan 19, 2009. Available at: http://www.ft.com/cms/s/0/0b474e44-e5c9-11dd-afe4-0000779fd2ac.html; C. J. Gerry, T. M. Mickiewicz, Z. Nikoloski. 2010. "Did Mass Privatization Really Increase Mortality?" *The Lancet* v375:371. See also our response: Authors' reply. 2010. *The Lancet* v375:372-73.

46. 〈그림 2.5〉의 출처 : "Mass Murder and the Market."

사회학의 창시자 중 한 사람인 에밀 뒤르켐(Émile Durkheim)은 1897년 저서『자살론(Le Suicide)』에서 이렇게 적었다. "갑작스러운 성장이 되었건 예상하지 못했던 재앙이 되었건 사회 질서의 중대한 재조정이 일어날 때마다 남성 자살자가 많아지는 경향이 있다." 바로 급격한 민영화가 적절한 사례이다. 충격요법론자들은 단기적 고통은 예상했지만, 그들의 방법론이 엄청난 피해를 초래할 것이라고는 결코 예상하지 못했다. 우리는 경제를 재조정할 수 있다. 그러나 사람들은 그렇게 신속하게 조정되지 않는다. 러시아의 이행기는 경제 정책이 건강에 미치는 잠재적인 영향을 고려하지 않고 그 정책을 추진할 때에 얼마나 위험할 수 있는지를 보여준다.

47. "Mass Murder and the Market," *The Economist*, Jan 22, 2009. Available at: http://www.economist.com/node/12972677. See D. Huff, *How to Lie with Statistics* (New York, 1993). 이처럼 아주 훌륭한 책은 데이터를 왜곡하는 전형적인 사례들을 보여준다. 이 책은 통계학을 공부하는 학생들에게 데이터를 가지고 해서는 안 되는 일과 데이터 조작을 발견하는 방법을 가르치기에 좋은 교재이다.

48. 우리의 연구는 어떤 국가가 다른 국가보다 더 악화되는 원인을 알기 위해서 민영화를 신속하게 추진하는 국가들을 살펴보는 데에 그 목적이 있었다. 예를 들면, 러시아는 우크라이나보다 사망률이 더 빠르게 증가한다. 이런 차이를 일으키는 한 가지 요인은 민영화의 진행 속도(러시아가 우크라이나보다 더 빠르다)이지만, 또다른 요인은 우크라이나가 사회보장 프로그램을 더 잘 유지했던 데에도 있다. 우크라이나는 사회과학자들이 말하는 "사회적 자본"을 러시아에 비해서 잘 축적하고 있었다. 교회, 노동조합, 스포츠 단체와 같은 사회 조직에 가입한 사람들은 민영화가 신속하게 진행되는 동안에 혼자 지내는 사람보다 사망의 위험이 훨씬 더 낮았다. 마찬가지로 전체 국민의 절반 이상이 지금 말하는 사회 조직에 가입한 체코에서는 민영화가 스트레스와 관련된 사망을 일으킬 위험이 거의 없었다. 그러나 사회 조직에 가입한 국민이 10퍼센트에도 미치지 못한 루마니아에서는 민영화로 인한 사망률이 15퍼센트나 증가했다. 로버트 퍼트넘(Robert

Putnam)이 저서 『나 홀로 볼링(*Bowling Alone*)』에서 지적했듯이, 사회적 자본이 주는 혜택은 상당히 많다. 어려운 시기에는 당신이 의지할 수 있는 대상이 된다. 당신은 혼자서 술을 마시기보다는 교회를 찾거나 친구에게 고민을 털어놓을 수 있다.

49. World Bank World Development Indicators 2013 edition. Available at: http://data.worldbank.org/indicator/SP.DYN.LE00.IN

50. 그러나 신속한 개혁에 사회적, 정치적으로 반대하는 세력이 국가로 하여금 다시 경제를 통제하도록 압박을 가하자, 이행기가 완전히 마무리되었는가에 대해서 의문을 제기하는 사람도 있었다. 동유럽에서 결핵이 유행하는 현상에 대해서 자세히 알고 싶은 독자들은 다음 문헌을 참조하라. World Health Organization, *Global Tuberculosis Report* (Geneva, 2012). Available at: http://www.who.int/tb/publications/global_report/en/; D. Stuckler, S. Basu, L. King. 2008. "International Monetary Fund Programs and Tuberculosis Outcomes in Post-communist Countries," *Public Library of Science Medicine* v5(7):e143.

51. National Bureau of Statistics of China. 2013. Available at: http://www.stats.gov.cn/english/statisticaldata/; World Bank World Development Indicators 2013 edition.

3 _ 기적에서 신기루로

1. W. Bello, S. Cunningham, K. Poh Li, *A Siamese Tragedy: Development and Disintegration in Modern Thailand* (Oakland, 1999).

2. World Bank. May 1996. *Managing Capital Flows in East Asia*. Available at: http://elibrary.worldbank.org/content/book/9780821335291; World Bank, GDP Growth annual %. Available at: http://data.worldbank.org/indicator/NY.GDP.MKTP.KD.ZG?page=3

3. World Bank. 1993. *The East Asian Miracle: Economic Growth and Public Policy*. World Bank Policy Research Reports.

4. M. Brauchli, "Speak No Evil: Why the World Bank Failed to Anticipate Indonesia's Deep Crisis," *Wall Street Journal*, July 14, 1998. Available at: http://www.library.ohiou.edu/indopubs/1998/07/14/0013.html. 동아시아의 금융 위기가 발생하기 불과 몇 달 전인 1997년 9월에 세계은행은 자신의 예측 능력이 얼마나 부족한지를 여실히 보여주었다. 세계은행이 작성한 보고서에는 인도네시아에 대한 찬사로 가득했다. "지난 10년 동안 인도네시아 경제는 엄청나게 발전하여 동아시아 지역에서 가장 뛰어난 성과를 내는 국가 중의 하나가 되었다. 인도네시아는 건전한 거시경제 관리, 규제 완화, 기반 시설에 대한 투자 증진을 통해서 산업을 다각화하고 민간 부문의 경쟁력을 강화하

는 데에 커다란 진전을 이루었다." N. Bullard, W. Bello, K. Malhotra, "Taming the Tigers: The IMF and the Asian Crisis," *Third World Quarterly* 19:505–55. Available at: http://focusweb.org/node/358

5. Paul Krugman. 1994. "The Myth of Asia's Miracle," *Foreign Affairs* v73(6): 62–78. Available at: http://www.ft.com/intl/cms/b8268ffe-7572-11db-aea1-0000779e2340. pdf; Pietro Masina, *Rethinking Development in East Asia: From Illusory Miracle to Economic Crisis* (London, 2001).

6. Brauchli, "Speak No Evil." See also T. Ito, "Asian Currency Crisis and the International Monetary Fund, 10 Years Later: Overview." Available at: http://www. researchgate.net/publication/4720855_Asian_Currency_Crisis_and_the_Internation al_Monetary_Fund_10_Years_Later_Overview. 환율 정보는 다음을 참조하라. Index Mundi: http://www.indexmundi.com/xrates/graph.aspx?c1=IDR&c2=USD&days= 5650; Stephen Radelet and Jeffrey Sachs, "The Onset of the East Asian Financial Crisis," NBER, August 1998. Available at: http://online.sfsu.edu/jgmoss/PDF/635_ pdf/No_29_Radelet_Sachs.pdf; Iskandar Simorangkir, "Determinants of Bank Runs in Indonesia," *Bulletin of Monetary, Economics and Banking*, July 2011. Available at: http://www.bi.go.id/NR/rdonlyres/59B51C7D-140E-405E-A67C-5ADBD2108C AE/25291/IskandarSimorangkir.pdf; Stanley Fischer, "Lessons from East Asia and the Pacific Rim," *Brookings Papers on Economic Activity* 2:1999. Available at: http://www.brookings.edu/~/media/Projects/BPEA/1996%202/1996b_bpea_fischer.P DF; Bello, et al., *A Siamese Tragedy*; Brauchli, "Speak No Evil."

7. I. Fisher, "The Debt-Deflation Theory of Great Depressions." Available at: http:// fraser.stlouisfed.org/docs/meltzer/fisdeb33.pdf. 경제학자 어빙 피셔(Irving Fisher)는 대공황 시기의 부채 디플레이션 악순환(debt deflation spiral)에 대해서 다음과 같이 설명했다. "반작용하는 원인이 발생하여 물가 하락을 중단시키지 않는다면, 1929–1933 년과 같은 공황(채무자들이 부채를 상환하려고 할수록 더 많은 빚을 지게 된다)은 지속 되고 더욱 깊어져서 몇 년 동안 악순환에 빠져드는 경향이 있다. 배는 뒤집히고 나서야 기울어지기를 멈춘다. 물론 마지막에 가서 거의 모두가 파산하고 나면 부채가 급격하게 증가하는 현상이 중단된다. 그러면 회복 국면이 다가오고 새로운 호황과 불황의 과정이 시작된다. 이것이 바로 공황에서 빠져나오는 자연스러운 방식이다. 파산, 실업, 굶주림 이라는 불필요하고 잔인한 과정을 거쳐서 말이다." International Labour Organization, "ILO Meeting Highlights Asia Jobs Challenge," 1999. Available at: http://www. ilo.org/asia/info/public/pr/WCMS_BK_PR_1_EN/lang-en/index.htm. See also Mil- ken Institute, "Indonesia: Current Economic Conditions," Asia and the Pacific Rim,

March 10, 1999. C. Peter Timmer, "Food Security in Indonesia: Current Challenges and the Long-Run Outlook," Center for Global Development, Nov 2004. Available at: http://www.cgdev.org/files/2740_file_WP_48_Food_security_in_Indonesia.pdf; Report from CARE. 1998. El Niño in 1997-1998: Impacts and CARE's Response. Available at: http://reliefweb.int/report/world/el-ni%C3%B1o-1997-1998-impacts-and-cares-response. 빈곤율이 이처럼 증가하면 약 3,300만 명이 빈곤에 빠져든다. See D. Suryadarma and S. Sumarto. 2011. "Survey of Recent Developments." *Bulletin of Indonesian Economic Studies* v47(2): 155-81. Available at: http://www.daniel suryadarma.com/pdf/bies11.pdf

8. Jemma Purdey, *Anti-Chinese Violence in Indonesia, 1996-1999* (Honolulu, 2006). 해비타트 자원 봉사자들은 자카르타, 솔로, 메단, 팔렘방, 수라바야에서 168건의 성폭행 사건이 발생한 것으로 기록했다. 성폭행 피해자들 가운데 최소한 20명이 신체적, 정신적 충격으로 사망했다. Cited in G. Wandita, "The Tears Have Not Stopped, the Violence Has Not Ended: Political Upheaval, Ethnicity and Violence Against Women in Indonesia," *Gender & Development* v6(3): 34-41. 미국 정부는 성폭행 사건 중 확인된 것만 66건으로 추정했다. See US Department of State Report: Indonesia Country Report on Human Rights Practices for 1998. Available at: http://www. state.gov/www/global/human_rights/1998_hrp_report/indonesi.html. 더 자세한 논 의는 다음을 참조하라. J. Purdey, "Problematizing the Place of Victims in Reformasi Indonesia: A Contested Truth About the May 1998 Violence," *Asian Survey* v42(4): 605-22; Purdey, *Anti-Chinese Violence in Indonesia.*

9. 경제학자 로버트 웨이드는 당시 상황을 이렇게 요약했다. "동아시아의 금융 위기에서 유일하게 공급이 부족하지 않았던 것은 그들에게 주는 조언이었다." See also IMF, Articles of Agreement of the International Monetary Fund, 1944. Available at: http://www.imf.org/external/pubs/ft/aa/index.htm

10. John Williamson, "What Washington Means by Policy Reform," in John Williamson (ed.), *Latin American Readjustment: How Much Has Happened* (Washington, DC, 1989). Available at: http://www.iie.com/publications/papers/paper.cfm?resear chid=486. IMF는 동아시아 국가들에 이런 조치들을 권고했지만, 차관에 대해서는 더욱 엄격한 조건을 달았다. 예를 들면, 자본이 외국으로 빠져나가지 못하도록 은행을 즉각적 으로 폐쇄할 것을 요구하고, 은행의 위험 부담을 제한하고 신용을 줄이고 차용을 방지하 기 위해서 지급 준비율에 대한 기준을 정했다.

11. 1998년 7월에 IMF의 수석 부총재 스탠리 피셔는 이렇게 말했다. "진정한 쟁점은 금융 부문과 기업 부문에 숨어 있는 구조적인 문제를 얼마나 신속하게 처리하는가에

있다. 보다 신속하게 처리할수록 고통의 기간이 짧아지고 성장궤도로 진입하는 데에 걸리는 시간도 짧아진다." 이처럼 일률적인 정책이 널리 적용되었기 때문에 IMF 경제학자들은 국가명에 마이크로소프트 워드의 찾기와 바꾸기 기능을 적용하다가 실수를 저지르기도 했다. 스티글리츠의 말이다. "어떤 국가에 관한 보고서에서 많은 부분을 복사하여 다른 국가에 관한 보고서로 통째로 옮기면 불행한 사건을 일으킬 수 있습니다. 물론 그 일을 무난히 해낼 수도 있지요. 찾기와 바꾸기 기능을 제대로 작동시켰다면 말입니다. 하지만 처음의 국가명이 그대로 남아 있는 곳이 몇 군데 있었습니다. 맙소사." "For Sensitive and Sensible Economics," in V. Anantha-Nageswaran (ed.), *Global Financial Markets: Issues and Perspectives* (India: ICFAI Press, 2002), p. 11.

장히준은 반대 주장을 펼친다. 그는 아시아의 호랑이들은 IMF의 권고와는 반대로 움직였기 때문에 부유해졌다고 말한다. 즉 시장 자유화를 추진하기 전에 유치산업을 성장시켜 세계시장에서 경쟁할 수 있도록 시장을 보호했다는 것이다.

12. 전문가들은 IMF가 정확하게 누구를 돕고 있는지에 대해서 우려를 나타낸다. 타이 북동부 콘캔의 가난한 집안에서 태어난 공동체 지도자 쿤 분잔(Khun Bunjan)은 "호황에서 혜택을 보는 사람은 부자들입니다. 그러나 불황의 대가는 우리처럼 가난한 사람들이 치러야 합니다. 그나마 겨우 누릴 수 있었던 교육이나 병원 치료와 같은 혜택도 이제는 남의 이야기가 되었습니다. 우리 아이들의 장래를 생각하면 한숨만 나옵니다." See C. M. Robb, "Can the Poor Influence Policy? Participatory Poverty Assessments in the Developing World," World Bank, 1999.

그러나 불황의 원인이 일시적인 현상임에도 불구하고 정부는 무엇 때문에 구조 조정을 해야 하고 예산을 감축해야 하는가? 이곳에서는 재정 긴축이나 통화 긴축을 추진할 필요가 없었다. 오히려 외국인 투자 감소를 상쇄하기 위해서 정부 지출과 통화 공급을 늘려야 했다. 동아시아 국가들은 금융 위기 이전에는 외채 문제로 심각한 지경에 이르지 않았고 흑자 기조를 유지하고 있었다. 몇몇 경제학자들은 과도한 정부 지출이 금융 위기의 원인이 아니기 때문에 문제를 해결하기 위해서 정부 지출을 줄이는 데에 집중하는 것은 온당하지 않다고 주장한다. 실제로는 당황하여 어쩔 줄 모르는 투기자들의 시장 거래가 금융 위기를 일으킨 주범이기 때문에, 이런 거래에 대한 규제의 철폐가 경제를 안정시키지는 않을 것이다. 조지프 스티글리츠의 말이다. "문제는 라틴 아메리카처럼 정부가 신중하지 못하다는 데에 있지 않았다. 신중하지 못한 쪽은 민간 부문이었다. 예를 들면, 은행업자들과 대출자들은 부동산 시장에 거품을 일으키면서 도박을 벌인 자들이었다."

13. IMF가 제공하는 차관의 대부분이 금융 위기를 일으켰던 외국의 은행업자들에게 돌아가면서, 비난의 목소리가 커졌다. 그러나 동아시아 국가들은 IMF의 요구 조건을 받아들이는 것 말고는 다른 대안이 없었다. 이 지역 국가들은 IMF 차관이 없었다면 당면한

위기에 대처할 충분한 자금을 마련하기가 어려웠을 것이다. IMF는 이 지역 국가들을 유혹하기 위해서 미국을 비롯한 선진 회원국들로부터 사상 최대의 금액인 1,100억 달러를 동원했다. R. P. Buckley, S. M. Fitzgerald. 2004. "An Assessment of Malaysia's Response to the IMF During the Asian Economic Crisis," *Singapore Journal of Legal Studies*, pp. 96-116. Available at: http://papers.ssrn.com/sol3/papers.cfm? abstract_id=1020508

말레이시아가 IMF의 지원을 거부한 또다른 이유는 1980년대에 말레이시아가 은행 위기를 겪었던 역사와도 관련이 있다. 당시 말레이시아는 차관 도입을 제한하기 위한 규제를 시행하고 있었다. 이런 규제는 링깃화의 가치가 떨어져서 외채 부담이 커지는 상황에 덜 노출되도록 했다. J. K. Sundaram. 2006. "Pathways Th rough Financial Crisis: Malaysia," *Global Governance* v12:489-505. Available at: http://www.glo baleconomicgovernance.org/wp-content/uploads/sundaram-pathways_malayisa.pdf

인도네시아 수하르토 대통령 주변의 인사들은 돈을 스위스 은행에만 예치하지 않고 국내에도 많은 금액을 예치했던 것으로 전해지는데, 이것이 인도네시아가 IMF 차관을 도입하는 데에 결정적인 역할을 했다. 반면, 당시 말레이시아의 정치 지도자들은 돈을 외국으로 빼돌렸던 것으로 알려져 있다. N. Jones and H. Marsden, "Assessing the Impacts of and Responses to the 1997-98 Asian Financial Crisis Through a Child Rights Lens," UNICEF Social and Economic Policy Working Paper, 2010. Available at: http://www2.unicef.org/socialpolicy/files/Assessing_the_Impacts_of_the_ 97_98_Asian_Crisis.pdf

14. 1인당 경상 GDP(미국 달러)를 기준으로 계산했다. World Bank World Development Indicators 2013 edition. Sundaram, "Pathways Through Financial Crisis."

15. G. P. Corning, "Managing the Asian Meltdown: The IMF and South Korea. Institute for the Study of Diplomacy." Available at: http://graduateinstitute.ch/web dav/site/political_science/shared/political_science/1849/southkorea&imf.pdf; S. S. Chang, D. Gunnell, J. A. C. Sterne, et al. 2009. "Was the Economic Crisis 1997-1998 Responsible for Rising Suicide Rates in East/Southeast Asia? A Time-Trend Analysis for Japan, Hong Kong, South Korea, Taiwan, Singapore, and Thailand," *Social Science & Medicine* v68:1322-31. Available at: http://www.ncbi.nlm.nih. gov/pubmed/19200631; 한국의 남성 자살률은 금융 위기 직전까지도 증가했지만, 금융 위기와 함께 급격하게 증가했다.

Ministry of Public Health Thailand. Thailand Health profile 1999-2000. Accessed Jan 29, 2004. Available at: www.moph.go.th/ops/thealth44/indexeng.htm. Cited in S. Hopkins. 2006. "Economic Stability and Health Status: Evidence from East

Asia Before and After the 1990s Economic Crisis," *Health Policy* v75:347-57.

16. AusAID, "Impact of the Asian Financial Crisis on Health: Indonesia, Thailand, the Philippines, Vietnam, Lao PDR, 2000." Accessed Feb 12, 2004. Available at: http://www.ausaid.gov.au/publications/pubout.cfm?Id=4105 1515 1662 2276 2647&Type=

J. Knowles, E. Pernia, M. Racelis, *Social Consequences of the Financial Crisis in East Asia* (Manila: Asian Development Bank, 1999); P. Gottret, et al., "Protecting Pro-Poor Health Services During Financial Crises: Lessons from Experience," World Bank, 2009. Health and Nutrition Program. Available at: http://www. google.com/url?sa=t&rct=j&q=&esrc=s&source=web&cd=3&cad=rja&ved=0CEc QFjAC&url=http%3A%2F%2Fsiteresources.worldbank.org%2FINTHSD%2FReso urces%2F376278-1202320704235%2FProtProPoorHealthServFin.doc&ei=MHX4U NHhDaWViAK7hYCICw&usg=AFQjCNFWm3rlVyeIDnoEVERsAfb1CMEvAg& sig2=rPmVK7IIY3Z_Yi1o7s8MWw&bvm=bv.41248874,d.cGE; Child Rights International Network, *Harnessing Globalisation for Children: A Report to UNICEF*, 2002. Available at: http://www.crin.org/resources/infoDetail.asp?ID=2918

17. "Indonesia Unrest Growing Despite IMF Bailout," *Albion Monitor News*, Jakarta, Indonesia. Available at: http://www.monitor.net/monitor/9801a/jakartaunrest.html

18. S. Fischer, "A Year of Upheaval: The IMF Was Right on High Interest Rates and Immediate Restructuring," *AsiaWeek Magazine*. Available at: http://www-cgi. cnn.com/ASIANOW/asiaweek/98/0717/cs_12_fischer.html

19. 폴 크루그먼은 이렇게 설명한다. "동아시아의 금융 위기 이후로 IMF는 자본 규제에 관한 생각을 바꾸었다. 최근에 신흥 시장국가들이 외국으로부터 몰려드는 투기성 자본의 흐름을 통제하려고 했는데, IMF는 이를 수용함으로써 자신의 정책 기조가 변했음을 분명히 보여주었다." In Alan Beattie, "IMF Drops Opposition to Capital Controls," *Financial Times*, Dec 3, 2012.

Hopkins, "Economic Stability and Health Status."

20. Cited in H. Waters, F. Saadah, M. Pradhan. 2003. "The Impact of the 1997-1998 East Asian Economic Crisis on Health and Health Care in Indonesia," *Health Policy and Planning* v18(2): 179.

21. Table 9 in V. Tangcharoensathien, et al. 2000. "Health Impacts of Rapid Economic Changes in Thailand," *Social Science & Medicine* v51:789-807. Available at: http://www.ncbi.nlm.nih.gov/pubmed/10972425

Cited in Waters, Saadah, Pradhan, "The Impact of the 1997-1998 East Asian

Economic Crisis on Health and Health Care in Indonesia," p. 174.

　　C. Simms and M. Rowson. 2003. "Reassessment of Health Effects of the Indonesian Economic Crisis: Donors Versus the Data," *The Lancet* v361:1382–85. Available at: http://mvw.medact.org/content/health/documents/poverty/Simms%20and %20Rowson%20-%20Reassessment%20of%20health%20effects%20Indonesia.pdf

22. Cited as: "1997–1998년의 수세나스(Survei sosial ekonomi nasional, SUSENAS) 조사에 따르면, 10–19세 연령층이 특히 많은 영향을 받아서 의료 서비스를 이용한 인구는 26.8퍼센트나 감소했고, 의료 서비스를 제공하는 기관도 33퍼센트나 감소했다." in Waters, Saadah, Pradhan, "The Impact of the 1997–1998 East Asian Economic Crisis on Health and Health Care in Indonesia."

　　또한 진료소들은 필수 의약품들이 부족해지고 때로 일부 환자들을 의료 서비스 지원 대상에서 제외시키게 되면서, 환자들이 부족한 의료 서비스에 불만을 품고 의사들을 상대로 소송을 제기할까 봐 두려워했다.

　　Asian Development Bank, *Assessing the Social Impact of the Financial Crisis in Asia.* Report RETA 5799. (Manila: Asian Development Bank, 1999); and RAND Corporation, "Effects of the Indonesian Crisis — Evidence from the Indonesian Family Life Survey," Rand Labor and Population Program Research Brief (Santa Monica, CA: RAND, 1999).

23. UNAIDS. Country profile: Thailand. Available at: http://www.unaids.org/en/ regionscountries/countries/thailand/

　　"Thailand's New Condom Crusade." 2010. *Bulletin of the World Health Organization* v88(6):404–5. Available at: http://www.who.int/bulletin/volumes/88/6/10-01 0610/en/index.html

24. http://www.thelancet.com/journals/lancet/article/PIIS0140-6736%2808%2960091-4/fulltext

25. "Thailand's New Condom Crusade."

26. Ibid.

27. AusAid, *Impact of the Asian Financial Crisis on Health: Indonesia, Thailand, The Philippines, Vietnam, Lao PDR*, (AusAid, 2000). See also S. Hopkins, "Economic Stability and Health Status," in *The Impact of the Asian Financial Crisis on the Health Sector in Thailand* (AusAid, 2000), p. 6.

　　UN Office for the Coordination of Humanitarian Affairs, "Thailand: Activists Want Rights of HIV-Positive People Protected," Aug 10, 2006. Available at: http:// www.irinnews.org/printreport.aspx?reportid=60176

28. V. Tangcharoensathien, et al. 2000. "Health Impacts of Rapid Economic Changes in Thailand," *Social Science & Medicine* v51:789-807.

2001년 타이의 HIV/AIDS 대책팀은 태어날 때부터 HIV에 감염된 영아가 4,000명에 달하는 것으로 추정했다. 네비라핀(nevirapine)과 같은 약물을 효과적으로 사용하면 이런 감염은 예방할 수 있다. Hopkins, "Economic Stability and Health Status." March 2001 projection of the Thai working group on HIV/AIDS; cited in UNICEF. Chapter 1. Introduciton and Summary. Long Term Socio-Economic Impact of HIV/AIDS on Children and Policy Response in Thailand.

1999년에 IMF의 권고대로 HIV/AIDS 예방을 위한 예산을 50퍼센트나 감축한 인도네시아에서는 여성 인구 중에서 치료를 받지 못한 성병 환자와 HIV 환자들이 10퍼센트나 증가했다. "사회복지부 자료에 따르면 금융 위기 동안에 5세 전후의 버려진 아이들이 계속 증가하는 추세에 있다." cited in Tangcharoensathien, et al. "Health Impacts of Rapid Economic Changes in Thailand."

29. S. Aungkulanon, M. McCarron, J. Lertiendumrong, S. J. Olsen, K. Bundham-charoen. 2012. "Infectious Disease Mortality Rates, Thailand, 1958-2009," *Emerg Infectious Diseases* v18(11). Available at: http://wwwnc.cdc.gov/eid/article/18/11/12-0637_article.htm

30. 〈그림 3.1〉의 출처 : Adapted from AusAid, *Impact of the Asian Financial Crisis on Health: Indonesia, Thailand, The Philippines, Vietnam, Lao PDR*, (AusAid, 2000).

31. Hopkins, "Economic Stability and Health Status"; "Thailand's New Condom Crusade."

32. Y. J. Han, S. W. Lee, Y. S. Jang, D. J. Kim, S. W. Lee, *Infant and Perinatal Mortality Rates of Korea in 1999 and 2000* (Seoul: Korea Institute for Health and Social Welfare, 2002).

C. Simms and M. Rowson. 2003. "Reassessment of Health Effects if the Indonesian Economic Crisis: Donors Versus the Data," *The Lancet* v361:1382-85. Available at: http://mvw.medact.org/content/health/documents/poverty/Simms%20and%20Rowson%20%20Reassessment%20of%20health%20effects%20Indonesia.pdf; UNDP. Human Development Report 2001 (New York: UNDP). Available at: http://hdr.undp.org/en/reports/global/hdr2001/. 이후로 인도네시아에서는 10개 주가 늘어나서 총 36개 주가 되었다.

33. Mahani Zainal-Abidin, "Malaysian Economic Recovery Measures: A Response to Crisis Management and for Long-term Economic Sustainability." Available at

http://www.siue.edu/EASTASIA/Mahani_020400.htm

34. Joseph Stiglitz, "What I Learned at the World Economic Crisis," *The New Republic*, April 17, 2000.

35. 통화 가치의 하락을 조정한 실질치 기준이다. Waters, Saadah, Pradhan, "The Impact of the 1997-1998 East Asian Economic Crisis on Health and Health Care in Indonesia."

36. D. E. Sanger, "IMF Now Admits Tactics in Indonesia Deepened the Crisis," *New York Times*, Jan 14 1998. Available at: http://www.nytimes.com/1998/01/14/business/international-business-imf-now-admits-tactics-in-indonesia-deepened-the-crisis.html

37. S. Kittiprapas, N. Sanderatne, G. Abeysekera, "Financial Instability and Child Well-Being: A Comparative Analysis of the Impact of the Asian Crisis and Social Policy Response in Indonesia, Malaysia, Thailand, and South Korea," UNICEF Office for Thailand; Ch. 9 in G. A. Cornia (ed.), *Harnessing Globalisation for Children*; Hopkins, "Economic Stability and Health Status."

   Waters, Saadah, Pradhan, "The Impact of the 1997-1998 East Asian Economic Crisis on Health and Health Care in Indonesia."

38. F. Ardiansyah, "Bearing the Consequences of Indonesia's Fuel Subsidy," East Asia Forum, May 4, 2012. Available at: http://www.eastasiaforum.org/2012/05/04/26135/

39. E. Kaiser, S. Knight, "Analysis: Aid Recipients Welcome IMF's Shift on Austerity," Reuter's, Oct 14, 2012. Available at: http://www.reuters.com/article/2012/10/14/us-imf-aid-admission-idUSBRE89D0GQ20121014

II 대불황

4 _ 아이슬란드에 신의 은총이 가득하소서

1. 금융 위기에 관한 아이슬란드의 게이르 하르데 총리의 전체 연설은 다음을 참조하라. *The Telegraph*. Available at: http://www.telegraph.co.uk/news/worldnews/europe/iceland/3147806/Financial-crisis-Full-statement-by-Icelands-prime-minister-Geir-H aarde.html

2. Cited in H. Felixson, *God Bless Iceland(Guðblessiĺsland)*, 2009.

3. "Iceland: Cracks in the Crust," *The Economist*, Dec 11, 2008. Available at: http://www.economist.com/node/12762027?story_id=12762027; IMF Country Report,

Iceland, April 2012. Available at: http://www.imf.org/external/pubs/ft/scr/2012/cr 1291.pdf; H. Stewart, et al., "Five Countries That Crashed and Burned in the Credit Crunch Face a Hard Road to Recovery," *The Guardian*, Jan 3, 2010. Available at: http://www.guardian.co.uk/business/2010/jan/03/credit-crunch-iceland-ireland-greece-dubai-spain; "Fighting Recession the Icelandic Way," Bloomberg, Sept 26, 2012. Available at: http://www.bloomberg.com/news/2012-09-26/is-remedy-for-next-crisis-buried-in-iceland-view-correct-.html

4. 제2차 세계대전 동안에도 독일군은 중립을 견지하는 이 작은 섬에 관심을 두지 않았다. 이 섬이 독일군 기지로 사용되는 것을 막기 위해서 영국군이 아이슬란드에 주둔할 때까 시는 말이다.

5. J. Carlin, "No Wonder Iceland Has the Happiest People on Earth," *The Guardian*, May 18, 2008. Available at: http://www.guardian.co.uk/world/2008/may/18/iceland; Jaime Díez Medrano, "Map of Happiness," Banco de datos. Available at: http://www.jdsurvey.net/jds/jdsurveyMaps.jsp?Idioma=I&SeccionTexto=0404&NOID=103

6. G. Karlsson, *Iceland's 1100 Years: History of a Marginal Society* (London, 2000).

7. Silla Sigurgeirsdóttir and Robert H. Wade, "Iceland's Loud No," *Le Monde Diplomatique*, Aug 8, 2011. Available at http://mondediplo.com/2011/08/02iceland

8. BBC. 2006. Foreign banks offer best buys. Radio 4, Money Box. Available at: http://news.bbc.co.uk/2/hi/programmes/moneybox/6051276.stm; "Customers Face Anxious Wait Over Fate of Icesave Accounts," *The Guardian*, Oct 8, 2008. Available at http://www.guardian.co.uk/money/2008/oct/08/banks.savings; Sigur geirsdóttir and Wade, "Iceland's Loud No."

9. World Bank World Development Indicators.
    "From Capital Flow Bonanza to Financial Crash," *Vox*, Oct 23, 2008. Available at http://www.voxeu.org/article/capital-inflow-bonanza-financial-crash-danger-ahead-emerging-markets
    "Better Life Index," OECD. Available at http://www.oecdbetterlifeindex.org/countries/iceland/

10. H. H. Gissurarson, "Miracle on Iceland," *Wall Street Journal*, Jan 29, 2004. Available at: http://online.wsj.com/article/0,,SB107533182153814498,00.html. Cited in R. H. Wade, and S. Sigurgeirsdottir. 2011. "Iceland's Meltdown: The Rise and Fall of International Banking in the North Atlantic." *Revista de EconomiaPolitica* v31(5). Available at: http://www.scielo.br/scielo.php?pid=S0101-31572011000500 001&script=sci_arttext; see also Arthur Laffer, "Overheating Is Not Dangerous,"

Morgunblaðið, Reykjavik, Nov 17, 2007.

11. Danske Bank, "Iceland: Geyser Crisis," 2006; Robert Wade. 2009. "Iceland as Icarus," *Challenge* v52(3): 5‒33; R. Boyes, *Meltdown Iceland: Lessons on the World Financial Crisis from a Small Bankrupt Island* (New York, 2009); Speech by Geir Haarde to the 2008 annual meeting of the Central Bank of Iceland. Cited in Robert H. Wade and Silla Sigurgeirsdóttir. 2010. "Lessons from Iceland," *New Left Review* v65:5‒29. Available at: http://newleftreview.org/II/65/robert-wade-silla-sigurgeirsdottir-lessons-from-iceland

12. See Felixson, *God Bless Iceland*.

13. EuroStat 2012 edition. Brussels, European Commission. "Hundreds in Iceland Protest Foreclosures," *Agence France Presse*, Oct 1, 2010. Available at: http://www.google.com/hostednews/afp/article/ALeqM5ikamLDTVrWkyqkkLOHx8a89n NPQA?docId=CNG.c41a43301a2a0ba462c063759615c08e.ad1

14. "Iceland: Britain's Unlikely New Enemy," BBC News, Oct 15, 2008. Available at: http://news.bbc.co.uk/1/hi/magazine/7667920.stm

15. 북유럽 국가들은 아이슬란드의 회복을 돕기 위해서 자금을 지원했다. 2004‒2007년까지 아이슬란드의 상위 1퍼센트가 국민총소득의 10퍼센트를 추가적으로 벌어들임으로써 불평등 수준이 갑자기 높아진 현상에 관한 분석으로는 다음 문헌을 참조하라. S. Olafsson and A. S. Kristjansson. 2011. "Income Inequality in a Bubble Economy— The Case of Iceland 1992‒2008." LIS—Luxembourg Income Study Conference, Inequality and the Status of the Middle Class, Luxembourg June 28‒30, 2010. Available at: http://www.lisproject.org/conference/papers/olafsson-kristjansson.pdf; "Iceland Faces Immigrant Exodus," BBC, Oct 21, 2008. Available at: http://news.bbc.co.uk/2/hi/europe/7680087.stm; L. Veal, "Iceland: Recovering Dubiously from the Crash," *Al Jazeera*, Jan 31 2012. Available at: http://www.aljazeera.com/indepth/features/2012/01/2012131144757624586.html

16. T. Gylfason, et al., "From Boom to Bust: The Iceland Story." Ch. 7 in *Nordic Countries in Global Crisis: Vulnerability and Resilience* (2010), p. 157. Available at: http://www.etla.fi/wp-content/uploads/2012/09/B242.pdf

17. Ibid. 아이슬란드의 불평등 수준은 금융 위기 이전에 갑자기 높아졌다. 채무 부담도 불균등하게 지워졌다. 40만 달러가 넘는 자산을 보유한 가구 중에서 440가구가 자신의 자산보다 더 많은 빚을 지게 되었다. 아이슬란드의 18만2,000가구 중에서 8만1,000가구가 4만 달러에도 미치지 못하는 자산을 보유했다. 반면에 1,400가구는 120만 달러가 넘는 자산을 보유했다.

18. 이런 결론은 경제 규모가 커지면서 보건 서비스 지출이 증가하는 경향이 있다는 연구 결과에 바탕을 둔 것이다. J. P. Newhouse. 1977. "Medical-care Expenditure: A Cross-National Survey," *Journal of Human Resources.* 더 최근의 연구 결과가 궁금한 독자들은 다음 문헌을 참조하기 바란다. "The General Finding Has Been That Income Elasticity Estimates Exceed Unity, Implying That Health Care Is a Luxury Good." Cited in J. Costa-Font, et al., "Re-visiting the Healthcare Luxury Good Hypothesis: Aggregation, Precision, and Publication Biases?" HEDG Working Paper 09/02, 2009. Available at: http://www.york.ac.uk/media/economics/documents/herc/wp/09_02.pdf. 보건부 장관은 보건 체계를 강화할 필요성을 아무런 거리낌이 없이 주장했다. 그는 사표를 제출하면서, 아이스세이브의 빚을 갚기 위한 협상을 계속하고 예산을 대규모로 절감하려는 정부의 뜻을 따를 수 없다고 강조했다.

19. Personal communication with D. Stuckler, European Health Forum at Gastein, Austria, 2009.

20. 우리의 추정 결과에 따르면, 유럽 국가들의 국방 재정승수는 마이너스 값이었다. See A. Reeves, S. Basu, M. McKee, C. Meissner, D. Stuckler. In press. "Does Investment in the Health Sector Promote or Inhibit Economic Growth?" *Health Policy.*

21. 아이슬란드에서는 1944년에 덴마크로부터의 독립 여부를 묻는 투표를 실시한 이후로 이번 투표가 처음이었다.

22. Iris Erlingsdottir, "Iceland Is Burning," *Huffington Post*, Jan 20, 2009. Available at: http://www.huffingtonpost.com/iris-lee/iceland-is-burning_b_159552.html

23. Ibid.

24. 모든 유권자들이 투표에 참여한 것은 아니기 때문에, 이 투표 결과를 아이슬란드 국민 모두가 동의한다는 뜻으로 해석해서는 안 된다. 아이슬란드 국민들은 아이스세이브의 빚을 갚고 재정 긴축을 받아들여야 하는가에 대해서 앞서 양편으로 나뉘어 치열한 논쟁을 벌였었다. 이런 과정에서 IMF 경제학자들은 아이슬란드 언론에 상충되는 메시지를 전했다. 민간의 채무를 국가가 해결하라는 주장과 동시에 빚을 갚고 재정 긴축에 나서라는 권고였다.

25. 프리드먼은 이자율과 통화 공급에 관한 경제적 의사결정이 정치적인 논리에 따라서 좌우되지 않도록 중앙은행의 독립성을 주장했다.

26. Wade and Sigurgeirsdóttir, "Lessons from Iceland."

27. Sigurgeirsdóttir and Wade, "Iceland's Loud No."

28. See D. Stuckler, C. Meissner, L. King. 2008. "Can a Bank Crisis Break Your Heart?" *Globalization & Health* v4(1). Available at: http://www.globalizationandhealth.com/content/4/1/1. See G. R. Gudjonsdottir, et al. 2012. "Immediate Surge

in Female Visits to the Cardiac Emergency Department Following the Economic Collapse in Iceland: An Observational Study," *Emerg Med J* v29:694-98.

29. S. Sigurkarlsson, et al. 2011. "Prevalence of Respiratory Symptoms and Use of Asthma Drugs Are Increasing Among Young Adult Icelanders," *Laeknabladid* v97(9): 463-67. H. K. Carlsen, et al. 2012. "A Survey of Early Health Effects of the Eyjafjallajokull 2010 Eruption in Iceland: A Population-based Study," *BMJ Open* v2:e000343.

30. A. Kleinman, *The Illness Narratives: Suffering, Healing, and the Human Condition* (New York, 1988).

31. C. McClure, et al. 2013. "Increase in Female Depressive Symptoms Following the 2008 Financial Crisis in Iceland: A Prospective Cohort Study." Forthcoming.

32. J. Helliwell, R. Layard, J. Sachs. *World Happiness Report* (New York, 2012). GWP 05-11에 근거하여 국가별로 긍정적인 정서를 보여주는 〈그림 2.11〉을 참조하라. 이런 결과를 두고 아이슬란드 국민들이 금융 위기 동안에 정치적으로 상당히 개방적인 모습으로 변했기 때문이라고 설명하는 이들도 있다. 호황기에 억눌렸던 토론과 논쟁 문화가 살아나면서 국민들의 행복과 삶에 대한 만족도가 높아졌다.

33. T. L. Asgeirsdottir, et al. "Are Recessions Good for Your Health Behaviors? Impacts of the Economic Crisis in Iceland." Working Paper 18233. National Bureau of Economic Research, Cambridge, MA, 2012.

34. D. Batty, "McDonald's to Quit Iceland as Big Mac Costs Rise," *The Guardian*, Oct 27 1999. Available at: http://www.guardian.co.uk/world/2009/oct/27/mcdonalds-to-quit-iceland; C. Forelle, "Fishing Industry Aids Iceland's Recovery," *Wall Street Journal*, May 18, 2012. Available at: http://live.wsj.com/video/fishing-industry-aids-iceland-recovery/E1ED2AC5-D98B-4760-844E-67F8BA64A136.html

35. 2009년 초에 독립당 의회 의원 중 한 사람도 주류 판매점의 민영화 계획을 제안했다.

36. EuroStat. Statistics. Available at: http://epp.eurostat.ec.europa.eu/portal/page/portal/statistics/search_database; P. Gobry, "No, the United States Will Not Go into a Debt Crisis, Not Now, Not Ever," Forbes, Oct 19, 2012. Available at: http://www.forbes.com/sites/pascalemmanuelgobry/2012/10/19/no-the-united-states-will-not-go-into-a-debt-crisis-not-now-not-ever/. 아이슬란드가 사회적 지출을 늘린 것은 GDP의 감소를 감안하더라도 상당히 의미가 있었다. 결과적으로 사회보장 체계가 가진 자동안정화 장치가 가동될 수 있었다.

37. OECD. Economic Survey of Iceland, 2011. Available at: https://community.oecd.org/docs/DOC-27221/diff?secondVersionNumber=2

38. EuroStat. Statistics. Available at: http://epp.eurostat.ec.europa.eu/portal/page/por tal/statistics/search_database; "Fighting Recession the Icelandic Way," Bloomberg. 이는 스페인 신문의 헤드라인을 장식하는 자살 소식을 의미한다. See, for example, M. Bennett-Smith, "4th Eviction-Motivated Suicide Rocks Indebted Spain; Protesters Shout Eviction Is 'Murder'," *Huffington Post*, Feb 15, 2013. Available at: http://www.huffingtonpost.com/2013/02/15/4th-eviction-suicide-spain_n_2697192.html; IMF Country Report No. 12/89, April 2012, 2012 Article IV Consultation and First Post-Program Monitoring Discussion. See p. 6, Box 1: Safeguarding Iceland's social welfare system. Available at: http://www.imf.org/external/pubs/ft/scr/2012/cr1289.pdf. 2007/2008년에 사회민주당 정부가 퇴직자 중에서 가장 취약한 집단을 보호하기 위해서 최저소득 보장제(minimum income guarantee)를 제안했는데, 2008/2009년부터 시행되었다. 이 프로그램은 금융 위기 이전에 계획이 수립되었고 금융 위기 동안에 확정되었다. See Welfare Watch, *The Welfare Watch Report to the Althingi.* [English translation]. Ministry of Social Affairs and Social Security, Iceland, Jan 2010. Available at: http://eng.velferdarraduneyti.is/media/velferdarvakt09/29042010 The-Welfare-Watch_Report-to-the-Althingi.pdf

39. 아이슬란드에서 사회적 자본이 어떻게 회복력을 강화시켰는가에 대해서는 다음 문헌을 참조하라. K. Growiecz, "Social Capital During the Financial Crisis. The Case of Iceland." 2011. Available at: https://renewal.hi.is/wp-content/uploads/2011/05/KatarzynaSocial-Capital-during-Financial-Crisis-Growiec.pdf; OECD, Society at a Glance 2011: OECD Social Indicators. Available at: http://www.oecd-ilibrary.org/sites/soc_glance-2011-en/06/01/index.html?contentType=&itemId=/content/chapter/soc_glance-2011-16-en&containerItemId=/content/serial/19991290&accessItemIds=/content/book/soc_glance-2011-en&mimeType=text/html

40. EDA, Oct 12, 2009. Film review. Available at: http://www.economicdisasterarea.com/index.php/features/eda-film-review-god-bless-iceland-not-enough-mustard/

41. S. Lyall, "A Bruised Iceland Heals amid Europe's Malaise," *New York Times*, July 8, 2012. Available at: http://www.nytimes.com/2012/07/08/world/europe/icelands-economy-is-mending-amid-europes-malaise.html?pagewanted=all&_r=0; "Fighting Recession the Icelandic Way," Bloomberg. 피치 레이팅스는 아이슬란드의 신용 등급을 BBB-에서 BB+로 높였다. See also BBC, "Iceland Debt 'Safe to Invest' After Ratings Upgrade," Feb 2012. Available at: http://www.bbc.co.uk/news/business-17075011

42. IMF는 (재정 긴축이 아니라) 재정 조정이란 부자에게 세금을 더 내도록 하고 사회보장

프로그램을 제외한 다른 지출을 줄이는 것이라고 정의하면서 이렇게 설명했다. "아이슬란드 당국이 정한 금융 위기 이후의 주요 목표는 국가 재정을 지속가능한 궤도에 진입시키려면 재정 긴축이 요구됨에도 불구하고 사회보장 체계를 유지하는 것이었다. 아이슬란드 정부는 실업률이 빠른 속도로 높아지고 실질 임금이 아래로 곤두박질치면서, 금융 위기가 사회에 미치는 충격이 심각할 것으로 판단했다. 따라서 재정 긴축을 설계하면서도 누진 소득세율을 더욱 높이고 비싼 제품에만 부가세율을 높이며 효율성을 증진시킬 수 있는 부문에는 지출을 줄여서(이런 방식으로 사회보장 혜택을 계속 제공하기 위한 재원을 마련할 수 있다) 궁극적으로는 취약 계층을 보호하려고 했다." IMF, "Iceland: Ex Post Evaluation of Exceptional Access Under the 2008 Stand-By Arrangement," IMF Country Report No 12/91, 2012. Available at: http://www.imf.org/external/pubs/ft/scr/2012/cr1291.pdf. 또한 IMF는 "금융 위기 이후의 재정 긴축에도 불구하고 복지 혜택을 줄이지 않고 다른 지출을 줄임으로써 사회적 충격을 완화시킬 수 있다"고 설명했다.

43. Sigurgeirsdóttir and Wade, "Iceland's Loud No"; R. Milne and J. Cumbo, "Ex-Iceland Bank Chief Convicted of Fraud," *Financial Times*, Dec 30, 2012. Available at: http://www.ft.com/intl/cms/s/0/76ff5a36-525e-11e2-aff0-00144feab49a.html#axzz2IT1E9eU8. 심지어 그들은 숨어다니는 은행업자들을 잡기 위해서 현상금을 노리고 쫓는 사람들을 고용했다(아이슬란드인들은 이들을 "네오 바이킹[neo-viking]"이라고 불렀다). See Charlotte Chabas, "Comment l'Islande traque ses 'néo-vikings' de la finance, responsables de la crise," *Le Monde*, July 11, 2012. Available at: abonnes.lemonde.fr/europe/article/2012/07/11/l-islande-traque-ses-neo-vikings-de-la-finance-responsables-de-la-crise_1728783_3214.html?xtmc=islande&xtcr=2#reactions

44. R. Robertsson, "Voters in Iceland Back New Constitution, More Resource Control," Reuters, Oct 21, 2012. Available at: http://www.reuters.com/article/2012/10/21/us-iceland-referendum-idUSBRE89K09C20121021. 개헌안을 만드는 데에 사용된 혁신적인 크라우드소싱 모델에 대해서는 다음을 참조하라. Philippa Warr, "Iceland Vites for Crowdsourced Constitution," *Wired*, Oct 23, 2012. Available at: http://www.wired.co.uk/news/archive/2012-10/23/iceland-crowdsourced-constitution

45. Felixson, *God Bless Iceland*.

46. 〈그림 4.1〉의 출처 : EuroStat 2013 Statistics. 계절과 실노동일을 조정한 GDP를 가지고 전년도 GDP와 비교했다. 그리스 자료는 이 글을 쓰고 있는 가장 최근에야 입수할 수 있었다.

5 _ 그리스의 비극

1. "회원국이 난민의 지위를 부여하거나 취소하는 절차(Law 326/13.12.2005)에 관한 최소

한의 기준에 의거하여 위원회 훈령(2005/85/EC)에 따라서 난민의 지위 혹은 외국인 혹은 국적이 없는 사람으로서 부가적인 보호를 받아야 할 사람의 지위를 부여하는 절차의 수립"에 관한 대통령령(114/2010)의 수정조항 13(Law 4075/11.04.2012). Cited in Human Rights Watch, Joint letter to UN Special Rapporteur on Health, May 2012. Available at: http://www.hrw.org/news/2012/05/09/joint-letter-un-special-rapporteur-health

A. Kentikelenis, M. Karanikolos, I. Papanicolas, S. Basu, M. McKee, D. Stuckler. 2011. "Health Effects of Financial Crisis: Omens of a Greek Tragedy," *The Lancet* v378(9801): 1457-58; D. Paraskevis and A. Hatzakis, "An Ongoing HIV Outbreak Among Intravenous Drug Users in Greece: Preliminary Summary of Surveillance and Molecular Epidemiology Data," EMCDDA Early Warning System, 2011.

See also "Shocking Rise in HIV Infections, Health Ministry Reports," *Athens News*, Nov 21, 2011. Available at: http://www.athensnews.gr/portal/9/50680

2. 2008년 소요 사태 이후로 그리스는 "유럽의 병자"로 불렸다. See EurActive, 2008. Available at: http://www.euractiv.com/socialeurope/greece-appear-sick-man-eu-su mmit-news-220919; A. Carassava, "Euro Crisis: Why Greece Is the Sick Man of Europe," *BBC News Europe*, 2011. Available at: http://www.bbc.co.uk/news/world-europe-16256235

3. 5월 1일 아침 로베르도스와 그의 무리들은 홍등가를 뒤지기 시작했다. 모두 합쳐 315개 소에서 잡혀 있는 매춘부들(일부는 떠돌이 이민자들)은 275명이었다. 당시 로베르도스는 매춘부들을 공개적인 모욕의 대상으로 만들었다. 그들의 사진과 신원을 공개하고 혈액을 채취했다. 로베르도스는 이 여성들 중 29명이 HIV 양성 반응을 보이자 그들을 "고의적인 상해 혐의"로 대중들에게 기소했다.

Charlotte McDonald-Gibson, "The Women Greece Blames for Its HIV Crisis," *The Independent*, July 25, 2012. Available at: http://www.independent.co.uk/news/world/europe/the-women-greece-blames-for-its-hiv-crisis-7973313.html; Rights Equality & Diversity Europe an Network, 2012. 보건부 장관은 외국에서 온 매춘 여성 때문에 아테네 중심가에 "비위생적인 폭탄"이 득실거리고 있다고 말했다. 2012년 4월 5일 피렐레프테로스(Fileleftheros) 경찰이 매춘부들의 사진을 게시했다. Στη δημοσιότ ητα τα στοιχεία άλλων πέντε ιερόδουλων, αντιτιδράσεις για το μέτρο(매춘 부 5명에 관한 자세한 인적 사항과 함께 이런 조치에 대해서 그들이 보인 반응도 게시되 었다). Available at: http://www.philenews.com/el-gr/Eidiseis-Ellada/23/103185/sti-dimosiotita-ta-stoicheia-allon-pente-ierodoulon-antidraseis-gia-to-metro. Accessed April 5, 2012; D. Gatopoulos, "Greece Arrests 17 HIV-Positive Women in Brothels,"

The Guardian, May 2, 2012. Available at: http://www.guardian.co.uk/ world/feed article/10224544. 전체 매춘부들 중 29명이 양성 반응을 보였다. See "Five of First 100 Men Checked After Unprotected Sex with HIV+ Prostitutes Test Positive," Athens New Agency, May 9, 2012. Available at http://www.accessmylibrary.com/ article-1G1-289305377/five-first-100-men.html; McDonald-Gibson, "The Women Greece Blames for Its HIV Crisis."

4. Embassy Athens, 2006. "2006 Investment Climate Statement Greece." Available at: http://www.cablegatesearch.net/cable.php?id=06ATHENS131; A. Carassava, "In Athens, Museum Is an Olympian Feat," *New York Times*, June 20, 2009. Available at: http://www.nytimes.com/2009/06/20/arts/design/20acropolis.html?_r=0. 19세기 초에 엘긴(Elgin) 경이 아테네의 아크로폴리스에서 파르테논 대리석 조각 작품을 불법으로 반출하고는 런던의 영국 박물관에 보관했다. 이후 그리스 외교관들과 역사가들은 지속적으로 반환을 요구해왔다.

5. D. Decloet, "As Greece Has Found, Foreign Investors Are No Cure," *Global and Mail*, Sept 6, 2012. Available at: http://m.theglobeandmail.com/report-on-business/ rob-commentary/as-greece-has-found-foreign-investors-are-no-cure/article4318255/ ?service=mobile

6. On May 2, 2008, the Athens Stock Exchange was at 4,214, falling to 1,507 on March 3, 2009. Bloomberg. Athens Stock Exchange General Index. Available at: http://www.bloomberg.com/quote/ASE:IND/chart/

7. See B. Rauch, et al. 2011. "Fact and Fiction in EU-Governmental Economic Data," *German Economic Review* v12(3): 243-55.

8. 2013년 1월, 그리스 검찰은 재정 긴축을 촉진하려는 이해관계자들에 의해서 그리스 부채가 인위적으로 부풀려졌는지에 대한 수사를 시작했다. N. Kitsantonis, "Prosecutors Call for Investigation on Greek Deficit," *New York Times*, Jan 22, 2013. Available at: http://www.nytimes.com/2013/01/23/world/europe/greek-prosecutors-seek-inquiry-over-deficit-claims.html?src=recg

9. "Greek Bonds Rated 'Junk' by Standard & Poor's," BBC, April 27, 2010. Available at: http://news.bbc.co.uk/1/hi/business/8647441.stm.

10. M. Boesler, "The Controversial 'Lagarde List' Has Leaked, and It's Bad News for the Greek Prime Minister," *Business Insider*, Oct 27, 2012. Available at: http:// www.businessinsider.com/lagarde-list-of-swiss-bank-accounts-leaked-2012-10

11. 유럽 국가들의 총부채에서 그리스 부채가 차지하는 비중은 겨우 4퍼센트이기 때문에 그리스 부채의 일부를 탕감하고, 그리스가 부채를 갚을 수 있도록 자금을 지원하는

"유로본드(Eurobond)"를 창설하자는 제안도 나왔다. 그러나 이런 배려는 그리스의 경제 주권에는 적용되지 않았다. 그리스의 운명은 그리스가 처한 곤경에 동정적이지 않은 유럽과 국제금융 공동체의 손에 달려 있었다.

12. H. Smith, "Greece's George Papandreou Announced €140bn Bailout Deal," *The Guardian*, May 2, 2010. Available at: http://www.guardian.co.uk/world/2010/may/02/greece-economy-bailout-euro-eu-imf

13. G. Thesing and F. Krause-Jackson, "Greece Gets $146 Billion Rescue in EU, IMF Package," Bloomberg, 2010. Available at: http://www.bloomberg.com/apps/news?pid=2065100&sid=aqUKEXajkSzk. 국제사면위원회(Amnesty International)는 경찰의 무자비한 진압에 관한 보고서를 제출했다. 당시에 경찰은 최루탄과 함께 암을 유발하는 화학물질까지도 사용했던 것으로 알려졌다. See N. Kosmatopoulos, "Europe's Last Sick Man. Greek Austerity Measures Result in Cuts of Public Sectors Services with One Exception — The Police Force," *Al Jazeera*, 2011. Available at: http://www.aljazeera.com/indepth/opinion/2011/09/201192699544386 17.html. 그리스에서 살고 있는 미국 시인 얼리샤 스톨링스(Alicia Stallings)는 2012년 12월 PBS 뉴스 아워(PBS News Hour)와의 인터뷰에서 어떤 시의 한 부분을 낭독했다. "울어라, 페리클레스여. 그렇지 아니하면 술에 흠뻑 취하여라./우리는 빵을 얻기 위해서 파르테논 신전을 팔 것이다./당신이 아는 바와 같이 우리는 절망으로 빠져들었다./이제 그리스는 깊은 나락으로 빠져들게 되었다.

베네치아 비엔날레에서 그리스 예술가 디오한디(Diohandi)는 "덧없는 것은 영원하리라 : 개혁을 뛰어넘어(The Ephemeral Is Eternal: Beyond Reform)"라는 제목의 작품을 출품했다. 그리스 전시관을 찾은 관람객들은 물웅덩이를 제외하고는 아무것도 없는 방에 들어서서는 어리둥절했다. 예술비평가 마리아 마랑우(Maria Marangou)는 그리스 문화관광부를 위해서 그 작품에 관해서 이렇게 썼다. "그리스 전시관에 출품된 디오한디 특유의 작품은 어느 정도는 지금 유럽의 정치 상황, 더욱 넓게는 세계의 정치 상황을 반영한다. 또한 불황을 겪고 IMF의 감독을 받는 그리스가 이 시대에 처한 상황의 단면이기도 하다. (거의 무질서하게 보이지만) 어둠 속에서 정신적, 사회적, 정치적 재건을 향한 희망의 빛을 볼 수 있다. 다시 말하면, 한 줄기 빛은 마음을 맑게 해주고 궁극적으로 카타르시스를 가져다준다." "Greek Pavilion at the Venice Biennale," Greek Ministry of Tourism and Culture, June 2, 2011. http://www.e-flux.com/announcements/greek-pavilion-at-the-54th-venice-biennale/

14. L. Alderman, "Greek Unemployed Cut Off from Medical Treatment," *New York Times*, Oct 24, 2012. Available at: http://www.nytimes.com/2012/10/25/world/europe/greek-unemployed-cut-off-from-medical-treatment.html?pagewanted=all&_r=0

15. E. Mossialos. 1997. "Citizens' Views on Health Care Systems in the 15 Member States of the European Union," *Health Econ* v6:109-16.

16. C. Boyle, "What's the Solution to Chronic Greek Corruption?" CNBC, June 16, 2012. Available at: http://www.cnbc.com/id/47830137/Whatrsquos_the_Solution_to_Chronic_Greek_Corruption

17. "Insulin Giant Pulls Medicine from Greece Over Price Cut," BBC, May 29, 2010. Available at: http://www.bbc.co.uk/news/10189367. 우리는 이처럼 놀라운 상황이 전개되는 모습을 보고, 그리스의 국립 보건대학원 관계자들에게 상황을 신속하게 인식하고 의료 재앙을 막기 위한 전략을 수립할 것을 요청했다. 우리는 취약한 집단을 확인하고 가장 위험한 사람들에게 보건 서비스 예산을 집행하기를 원했다. 대학원 측은 처음에는 관심을 나타내고 우리와 함께 분석할 조사 자료의 목록을 작성하기도 했다. 그러나 우리가 『더 랜싯』에서 그리스 보건부와 논쟁을 벌이고 나서는 우리가 보내는 이메일에 답장을 하지 않았다. 대학원 측은 자료를 제공하지 않을 것임이 분명해졌다. 그후로 우리는 노벨 평화상을 수상한 국경 없는 의사회에 이 문제를 조사해줄 것을 요청했다. 2010년 국경 없는 의사회 측이 보인 반응은 그리스는 공중보건 문제를 해결할 의지는 없으나 능력은 있다는 것이었다. 제약회사들은 의약품 가격이 떨어지자 200개가 넘는 의약품에 대해서 판매를 중단했다. "Over 200 Medicines Taken Off Greek Market Because of Low Prices," *Ekathimerini*, March 8, 2013. Available at: http://ekathimerini.com/4dcgi/_w_articles_wsite1_1_07/03/2013_486155

18. 2007년과 2009년에 1만 명이 넘는 그리스 국민들을 상대로 조사한 결과이다.

19. 2010년 그리스는 의료비 중에서 자기 부담의 비율이 가장 높은 국가 중 하나였다(38퍼센트) : OECD Health at a Glance in Europe 2012, OECD. Available at: http://ec.europa.eu/health/reports/docs/health_glance_2012_en.pdf. 러시아의 사례에서 알 수 있듯이, "배고픈 의사는 당신의 건강을 해칠 수 있다."

20. World Health Organization, European Health for All Database, Copenhagen, Denmark, 2012.

21. S. Bonovas and G. Nikolopoulos. 2012. "High-Burden Epidemics in Greece in the Era of Economic Crisis. Early Signs of a Public Health Tragedy," *J Prev Med Hyg* v53:169-71.

P. Andriopoulos, A. Economopoulou, G. Spanakos, G. Assimakopoulos. 2012. "A Local Outbreak of Autochthonous Plasmodium Vivax Malaria in Laconia, Greece — A Re-Emerging Infection in the Southern Borders of Europe?" *Int J Infect Dis* v17(2): e125-28.

22. 그리스와 함께 루마니아에서도 HIV 감염자가 증가했다. 그 이유는 마약 주사와 HIV

치료의 중단에 있었다.

23. 두 사람의 전염병학자들이 "신속한 공중보건 조치"를 촉구했다. D. Paraskevis and A. Hatzakis, "An Ongoing HIV Outbreak Among Intravenous Drug Users in Greece: Preliminary Summary of Surveillance and Molecular Epidemiology Data." EMCDDA Early Warning System, 2011. See also D. Paraskevis, G. Nikolopoulos, C. Tsiara, et al. 2011. "HIV-1 Outbreak Among Injecting Drug Users in Greece, 2011: A Preliminary Report," *EuroSurveillance* 16:19962; A. Fotiou, et al., *HIV Outbreak Among Injecting Drug Users in Greece: An Updated Report for the EMCDDA on the Recent Outbreak of HIV Infections Among Drug Injectors in Greece* (Athens: European Monitoring Centre for Drugs and Drug Addiction, 2012).

24. CDC Fact Sheets. 2005. *Syringe Exchange Programs.* Available at: http://www.cdc.gov/idu/facts/aed_idu_syr.pdf; UCSF Fact Sheet. 1998. "Does HIV Needle Exchange Work?" Available at: http://caps.ucsf.edu/factsheets/needle-exchange-programs-nep/EKTEPN. Annual Report on the State of the Drugs and Alcohol Problem. Athens: Greek Documentation and Monitoring Centre for Drugs, 2010.

25. Kentikelenis, et al., "Health Effects of Financial Crisis: Omens of a Greek Tragedy."

26. 이런 고통을 겪는 동안에 그리스 경제는 침체를 거듭했다. 2011년 그리스의 GDP는 6.9퍼센트나 하락했고 청년 실업률은 50퍼센트에 달했다. 그러나 비평가들은 파판드레우 총리의 인기가 떨어지고 있었고, 그는 긴축에 관한 국민 투표와는 상관없이 대중들의 시위가 확대되면서 자리에서 물러나야 할 처지였다고 말한다.

27. See full report in N. Polyzos. 2012. "Health and the Financial Crisis in Greece," *The Lancet* v379(9820): 1000. 그리스의 정신과 의사들과 아테네 대학교의 사회과학자들은 전국적으로 그리스인의 정신건강 상태에 대해서 조사했다. 그들은 그리스 인구를 대표할 만한 2,820명을 대상으로 지속적으로 관찰하여 불황 이전과 이후를 비교했고, 주요 우울증 증세가 있는 사람이 불황 이전에는 3퍼센트였다가 2011년에는 8퍼센트로 증가한 것으로 파악했다. 물론 우울증 증세는 경제적인 어려움이 매우 컸을 뿐만 아니라 정부로부터 아무런 지원을 받지 못했던 사람들에게 가장 심하게 나타났다.

28. L. Liaropoulos. 2012. "Greek Economic Crisis: Not a Tragedy for Health," *British Medical Journal* v345:e7988.

29. K. Kelland, "Basic Hygiene at Risk in Debt-Stricken Greek Hospitals," Reuters, Dec 4, 2012. Available at: http://newsle.com/article/0/48972507/; K. Kelland, "Health Officials Tell Greece to Act Fast to Control HIV," Reuters, Nov 29, 2012. Available at: http://www.reuters.com/article/2012/11/29/greece-health-hiv-idUSL5

30. Polyzos, "Health and the Financial Crisis in Greece."

31. "Health Scourge Hits Greece: Malaria, Once Mostly Eradicated, Returns as Crisis Erodes Government Safety Net," *Wall Street Journal*, Nov 14, 2012. Available at: http://online.wsj.com/article/SB10001424052970204789304578089463387817162.html

32. Ibid. 이는 그리스의 전염병학자들이 파악한 사실과 일치했다. "위원회가 고려해야 할 또다른 요소는 근거가 충분한 의혹이다. 문제가 있는 마약 중독자들이 매달 700유로씩 지급되는 보조금을 타기 위해서 고의적으로 HIV에 감염되려고 한다. 이들은 대체 프로그램에서도 "특별 자격"이 수어진다. 그리고 많은 사람들이 알다시피, 대체 프로그램의 혜택을 받으려면 대기자가 많기 때문에 3−4년은 기다려야 한다." I. Gregoriadi, et al. Report of the ad hoc expert group of the Greek focal point on the outbreak of HIV/AIDS in 2011. University Mental Health Research Institute. Available at: http://ewsd.wiv-isp.be/Rapid%20communications%20%20extra%20information/Report%20of%20the%20Greek%20FP%20expert%20group%20-%20AIDS.pdf

　2012년 1월에 BBC 월드 서비스(BBC World Service)는 이렇게 보도했다. "크리스마스 몇 주일 전 어느 날 아침, 아테네의 한 유치원 교사가 네 살짜리 원생에게서 쪽지를 받았다. 그 쪽지에는 "오늘 애나를 데려오지 않으려고 합니다. 저는 애나를 더 이상 보살필 수가 없습니다. 죄송합니다. 우리 애나를 잘 보살펴주시기 바랍니다. 애나의 엄마가"라고 적혀 있었다." C. Hadjimatheou, "The Greek Parents Too Poor to Care for Their Children," BBC, Jan 10, 2012.

　"Shocking Rise in HIV Infections, Health Ministry Reports," *Athens News*, Nov 21, 2011. Available at: http://www.athensnews.gr/portal/9/50680

33. "Shocking Rise in HIV Infections."

　IMF, *IMF Staff Country Report, Greece: Fourth Review Under the Stand-by Arrangement and Request for Modification and Waiver of Applicability of Performance Criteria* (Washington, DC, July 2011). Available at: http://www.imf.org/external/pubs/ft/scr/2011/cr11175.pdf; Andrew Jack and Kerin Hope, "Greek Crisis Gets Under Skin of Vulnerable," *Financial Times*, May 12, 2012. Available at: http://www.ft.com/intl/cms/s/0/d1cc3256-78c3-11e1-9f49-00144feab49a.html#axzz2KBJ3FFxp

34. H. Smith, "IMF Official Admits Austerity Is Harming Greece," *The Guardian*, Feb 1, 2012. Available at: http://www.guardian.co.uk/business/2012/feb/01/imf-austerity-harming-greeve

　O. Blanchard, and D. Leigh, "Growth Forecast Errors and Fiscal Multipliers."

Available at: http://www.imf.org/external/pubs/cat/longres.aspx?sk=40200.0. See also B. Scoble, "The IMF Admits That Austerity Was a Miscalculation," *L'Humanité*, Jan 11, 2013. Available at: http://www.humaniteinenglish.com/spip.php?article2212

35. 이는 상당히 당혹스러운 논리이다. "그들이 망하게 내버려두라"라는 주장은 아이슬란드가 국민이 아니라 은행업자에게 적용했던 것이었다. BBC. "Eurozone Approves Massive Greece Bail-out," 2010. Available at: http://news.bbc.co.uk/2/hi/europe/8656649.stm

36. "Iceland: Cracks in the Crust," *The Economist*, Dec 11, 2008.

   K. Connolly, "Germany Approves 50 Billion Euro Stimulus Package," *The Guardian*, Jan 27, 2009. Available at: http://www.guardian.co.uk/world/2009/jan/27/germany-europe

   2012 세계보건 정상회의에서 다니엘 바르 장관은 "사회보장 체계가 없다면, 독일의 경제 성장은 불가능했을 것입니다"라고 말했다. UHC Forward. Nov 11, 2012. Available at: http://uhcforward.org/headline/german-federal-minister-health-daniel-bahrs-opening-remarks-world-health-summit-focus-stron

37. Cited in D. Stuckler and M. McKee, "There Is an Alternative: Public Health Professionals Must Not Remain Silent at a Time of Financial Crisis," *European Journal of Public Health* v22(1): 2–3. 크루그먼도 긴축을 "집단적 처벌"이라고 했다. Cited in D. Aitkenhead and Paul Krugman, "I'm Sick of Being Cassandra. I'd Like to Win for Once," *The Guardian*, June 3, 2012. Available at: http://www.guardian.co.uk/business/2012/jun/03/paul-krugman-cassandra-economist-crisis

38. 영국에서 노동당 출신 의회 의원을 지냈던 사람은 이런 말까지 했다. "제2차 세계대전을 일으켜서 유럽을 파괴했던 독일이 지금 또다시 유럽을 파괴하려고 한다." See "Athens Police Fire Tear Gas in Crackdown Clashes at Anti-Merkel Protest," RT, Oct 8, 2012. Available at: http://rt.com/news/greece-protests-germany-merkel-946/

III 회복력

6_ 치료를 할 것인가 말 것인가

1. 신상 보호를 위해서 가명을 사용했다.

2. J. Steinhauer, "California Budget Deal Closes $26 Billion Gap," *New York Times*, July 25, 2009. Available at: http://www.nytimes.com/2009/07/25/us/25calif.html? hpIRS, Administrative, Procedural and Miscellaneous. http://www.irs.gov/pub/irs-drop/rp-09-29.pdf

일상적인 치료는 대개 보장되었다. 그러나 미국인 모두가 무엇이 보장되고 무엇이 보장되지 않는지에 대해서 잘 알고 있지는 않았다. See C. Fleming, "New Health Affairs: High-Deductible Health Plan Enrollees Avoid Preventive Care Unnecessarily." Health Affairs Blog, Dec 3, 2012. Available at: http://healthaffairs.org/blog/2012/12/03/new-health-affairs-high-deductible-health-plan-enrollees-avoid-preventive-care-unnecessarily/

3. A. Wilper, et al. 2009. "Health Insurance and Mortality in US Adults," *American Journal of Public Health* v99(12): 2289-95.

4. Ibid. 의료보험이 없는 사람들은 파산을 면하기 위해서 응급실을 단 한번만 찾았다. 대불황 기간 동안에 무보험자들 가운데 약 4분의 1이 의료비 지출로 저축한 돈을 전부 날렸다. 현재도 미국인 4명 중 3명이 의료비 마련에 어려움을 겪거나 보건 서비스와 관련된 빚에 시달리고 있다. 이는 주택담보 대출금 상환에 어려움을 겪는 사람들보다 많다. New Hampshire Medicaid Enrollment Forecast, SFY 2011-2013 Update. Available at: http://www.dhhs.nh.gov/ombp/documents/forecast.pdf. K. Carollo, 2010. American Medical Association condemns insurance "purging." Available at: http://abcnews.go.com/Health/HealthCare/american-medical-association-condemns-insurance-purging/story?id=10920504

5. 의료보험 의무가입법이 시행되기 전에 메디케이드를 신청하려면 우선 빈곤층이어야 했다. 그리고 다음과 같은 자격 조건이 갖추어져야 했다. (1) 자격 조건을 충족하는 자녀(예를 들면, 장애 아동)가 있는 가정 (2) 노인 혹은 장애인이 있는 가정 (3) 6세 이하의 자녀 혹은 임산부가 있는 가정 (4) 취약 연령(6-18세)의 자녀가 있는 가정.

6. Kaiser Commission of Medicaid and the Uninsured, State Fiscal Conditions and Medicaid Program Changes, FY 2012-2013, Nov 28, 2012. Available at: http://www.kff.org/medicaid/7580.cfm; Erica Williams, Michael Leachman, and Nicholas Johnson, "State Budget Cuts in the New Fiscal Year Are Unnecessarily Harmful—Cuts Are Hitting Hard at Education, Health Care, and State Economies," Center for Budget and Policy Priorities, updated July 28, 2011. Available at: http://www.cbpp.org/cms/index.cfm?fa=view&id=3550

7. A. Haviland, et al. "High-Deductible Health Plans Cut Spending but Also Reduce Preventive Care." RAND Health Fact Sheet, 2011. Available at: http://www.rand.org/pubs/research_briefs/RB9588.html; M. Buntin, et al. 2011. "Healthcare Spending and Preventive Care in High-Deductible and Consumer-Directed Health Plans," *The American Journal of Managed Care* v17(3): 222-30.

8. The Commonwealth Fund, "Help on the Horizon," March 2011. Available at: http://

www.commonwealthfund.org/~/media/Files/Publications/Fund%20Report/2011/Ma
r/1486_Collins_help_on_the_horizon_2010_biennial_survey_report_FINAL_v2.
pdf; S. Dorn, et al. 2012. "Impact of the 2008–2009 Economic Recession on
Screening Colonoscopy Utilization Among the Insured," *Clinical Gastroenterology
and Hepatology* v10(3): 278–84. Available at: http://www.sciencedirect.com/scien
ce/article/pii/S154235651101278X; J. D. Piette, et al. 2011. "Medication Cost
Problems Among Chronically Ill Adults in the US: Did the Financial Crisis Make
a Bad Situation Even Worse?" *Patient Preference and Adherence* v5:187.

9. 2008년 이후로 미국 전역에서 4만9,000개에 달하는 공중보건 관련 일자리가 사라졌다.
   "Kaiser Commission on Medicaid and the Uninsured. Emergency Departments
   Under Growing Pressures," 2009. Available at: http://www.kff.org/uninsured/up
   load/7960.pdf

10. Emily Walker, "Health Insurers Post Record Profits," ABC News, Feb 12, 2010.
    Available at: http://abcnews.go.com/Health/HealthCare/health-insurers-post-record-
    profits/story?id=9818699

    See, for example, Emily Berry, "Health Plans Say They'll Risk Losing Members
    to Protect Profit Margins," *American Medical News*, May 19, 2008. Available at:
    http://www.ama-assn.org/amednews/2008/05/19/bil10519.htm

기업	2010년 이윤 (1–9월까지의 이윤)	2009년 이윤 (1–9월까지의 이윤)	이윤의 변화 (1–9월까지의 이윤)	이윤의 퍼센트 변화
유나이티드 헬스케어	35억9,000만 달러	28억8,000만 달러	+7억1,300만 달러	+24.8퍼센트
웰포인트	23억4,000만 달러	20억 달러	+3억3,400만 달러	+16.7퍼센트
애트나	15억5,000만 달러	11억1,000만 달러	+4억4,100만 달러	+39.7퍼센트
휴매나	9억9,200만 달러	7억8,900만 달러	+2억300만 달러	+25.7퍼센트
코벤트리	2억8,800만 달러	1억3,300만 달러	+1억5,500만 달러	+116.4퍼센트
아메리그룹	1억9,400만 달러	1억900만 달러	+8,460만 달러	+77.5퍼센트
헬스스프링	1억4,300만 달러	9,480만 달러	+4,860만 달러	+51.3퍼센트
헬스넷	1억2,400만 달러	-380만 달러	+1억2,760만 달러	—
센테네	6,940만 달러	6,000만 달러	940만 달러	+15.7퍼센트
몰리나	3,730만 달러	3,530만 달러	200만 달러	+5.7퍼센트

〈그림 6.1〉 이윤만을 추구하는 의료보험 회사 : 표에서 이윤은 2010년 1–9월까지의 이윤을
표시한 것이다. (출처 : 피트 스타크[Pete Stark] 의원 사무실에서 파악한 의료보험 회사의
이윤 보고서)

11. Kenneth J. Arrow, "Uncertainty and the Welfare Economics of Medical Care," *The American Economic Review*, Dec 1963; P. Krugman, "Why Markets Can't Cure Healthcare," *New York Times*, 2009. Available at: http://krugman.blogs. nytimes.com/2009/07/25/why-markets-cant-cure-healthcare/

12. J. Hart. 1971. "The Inverse Care Law," *The Lancet* v297(7696): 405-12. 이 논문이 지적하듯이, "이런 반비례 법칙은 보건 서비스가 시장의 힘에 가장 많이 노출되었을 때 제대로 작동한다. 그리고 덜 노출되었을 때는 제대로 작동하지 않는다."

13. 일반적인 통념과는 다르게 미국인들은 의사를 덜 찾아가고 첨단 의료기술도 덜 이용한 다. 예를 들면, 미국인 1인당 MRI 촬영 건수는 일본보다 적고, 고가의 고관절 수술노 유럽보다 덜 받는다. 그러나 같은 MRI 촬영을 하더라도 의료비를 더 많이 낸다. 인구 비례로 살펴보면, 요양원 거주 인구도 적은 편이다. Institute of Medicine. "U.S. Health in International Perspective: Shorter Lives, Poorer Health," 2013. Available at: http://www.iom.edu/Reports/2013/US-Health-in-International-Perspective-Shorter-Lives-Poorer-Health.aspx. 미국의 보건 서비스 지출이 높은 이유에 관해서는 커먼웰스 재단(Commonwealth fund)의 보고서를 참조하라. http://www.commonwealthfund.org/ Publications/Issue-Briefs/2012/May/High-Health-Care-Spending.aspx. 의약품 연 구 개발 지출과 관련된 데이터는 다음 문헌을 참조하라. Families USA. "Profiting from Pain: Where Prescription Drug Dollars Go," 2009. Available at: http://www. policyarchive.org/handle/10207/6305

14. Institute of Medicine, "U.S. Health In International Perspective: Shorter Lives, Poorer Health," 2013. Available at: http://www.iom.edu/Reports/2013/US-Health-in-International-Perspective-Shorter-Lives-Poorer-Health.aspx. 지금 미국은 선진국 중에서 남성의 기대수명이 가장 짧다(미국에서 예외적으로 높은 총기 관련 사망률을 고려하더라도 그렇다).

15. A. Lusardi, D. Schneider, P. Tufano, "The Economic Crisis and Medical Care Usage," Dartmouth College. Available at: http://www.dartmouth.edu/~alusardi/Pa pers/healthcare_031610.pdf

16. NHS 설립에는 여러 가지 요인이 작용했다. NHS 설립은 제2차 세계대전 이후 복지국 가 건설을 표방하는 영국식 개혁 프로그램의 일환으로 추진되었다. See D. Stuckler, A. Feigl, S. Basu, M. McKee, "The Political Economy of Universal Health Coverage. First Global Symposium on Health Systems Research," Nov 2009. Available at: http://www.pacifichealthsummit.org/downloads/UHC/the%20political %20economy%20of%20uhc.PDF

17. Jeremy Laurance, "NHS Watchdog Is Winning the Price War with Drug Com-

panies," *The Independent*, Dec 21, 2009. Available at: http://www.independent. co.uk/life-style/health-and-families/health-news/nhs-watchdog-is-winning-the-price -war-with-drug-companies-1846352.html. See NHS core principles, 2013. Available at: http://www.nhs.uk/NHSEngland/thenhs/about/Pages/nhscoreprinciples. aspx

18. 커먼웰스 재단과 OECD는 이미 예전에 NHS를 세계에서 가장 효율적이고 효과적으로 반응하는 체계라고 평가했다. 그러나 지금 보수당 정부는 이런 NHS를 미국처럼 시장 원리에 기반을 둔 냉담한 보건 서비스 체계로 변질시키려고 한다.

19. Sunny Hundal, "Revealed: The Pamphlet Underpinning Tory Plans to Privatise the NHS," *Liberal Conspiracy*, June 3, 2011. Available at: http://liberalconspiracy. org/2011/06/03/revealed-the-pamphlet-underpinning-tory-plans-to-privatise-the-nhs/ Andy McSmith, "Letwin: 'NHS Will Not Exist Under Tories'," *The Independent*, June 6, 2004. Available at: http://www.independent.co.uk/life-style/health-and-families/health-news/letwin-nhs-will-not-exist-under-tories-6168295.html. 긴축론 자들은 한 걸음 더 나아가서 이렇게 주장한다. "무릇 있는 자는 받아서 풍족하게 되고, 없는 자는 그 있는 것까지 빼앗기리라."

20. 지출에서 나타나는 커다란 차이는 민간 의료 서비스 부문에서 비롯되었다. 이 부문에서 영국은 1.6퍼센트, 프랑스는 2.6퍼센트, 독일은 2.7퍼센트, 미국은 9.1퍼센트를 차지했 다. The Commonwealth Fund 2010 International Health Policy Survey. See also Rita O'Brien, "Kent, Keep Our NHS Public." Available at: http://www.keepournhs public.com/pdf/howdoestheNHScompare.pdf

21. 영국 의학협회(British Medical Association)는 20년 만에 처음으로 긴급회의를 열고, 정부에 그 법안을 철회할 것을 요청했다.

Helen Duffett, "Nick Clegg's Speech on NHS Reform," *Liberal Democratic Voice*, May 26, 2011. Available at: http://www.libdemvoice.org/nick-cleggs-speech-on-nhs-reform-24260.html

22. Tom Jennings, "Action to Turn Round Health Centre Wins Praise," *Oxford Times*, Jan 16, 2013. Available at: http://www.oxfordtimes.co.uk/news/yourtown/witney/ 10162757.print/

23. "Further Privatisation Is Inevitable Under the Proposed NHS Reforms," *British Medical Journal*, May 17, 12012. Available at: http://www.bmj.com/content/342/ bmj.d2996

24. Randeep Ramsh, "Public Satisfaction with NHS Slumped During Reforms Debate, Thinktank Finds," *The Guardian*, June 11, 2012. Available at: http://www.guardian. co.uk/society/2012/jun/12/public-satisfaction-nhs-thinktank. 이런 패턴은 이탈리아

의 NHS를 대상으로 했던 자연적 실험의 결과와 일치한다. 이 실험에서는 두 나라에서 보건 서비스 체계의 민영화는 의료 서비스의 질을 악화시키는 것으로 나타났다. C. Quercioli, G. Messina, S. Basu, M. McKee, N. Nante, D. Stuckler. 2013. "The Effect of Health Care Delivery Privatization on Avoidable Mortality: Longitudinal Cross-Regional Results from Italy, 1993–2003," *Journal of Epidemiology & Community Health* v67(2): 132–38.

25. "A&E Waits Highest for a Decade," BBC News, Feb 13, 2012. Available at: http://www.bbc.co.uk/news/health-21444444

26. "NHS Shakeup Spells 'Unprecedented Chaos,' Warns Lancet Editor," *The Guardian*, March 24, 2012. Available at: http://www.guardian.co.uk/society/2012/mar/24/nhs-shakeup-chaos-lancet

27. 현재 EU 경쟁법에 따르면, NHS는 경쟁 시장에 완전 개방되어야 할 의무가 있고, 민간 기업은 NHS와 똑같이 정부 지원금을 받을 자격이 있다.

28. F. Ponsar, K. Tayler-Smith, M. Philips, S. Gerard, M. Van Herp, T. Reid, R. Zachariah, "No Cash, No Care: How User Fees Endanger Health — Lessons Learnt Regarding Financial Barriers to Healthcare Services in Burundi, Sierra Leone, Democratic Republic of Congo, Chad, Haiti and Mali," *International Health*, 2011. Available at: http://fieldresearch.msf.org/msf/bitstream/10144/203642/1/Ponsar%20No%20cash,%20No%20care.pdf

29. D. Stuckler, A. Feigl, S. Basu, M. McKee. "The Political Economy of Universal Health Coverage." First Global Symposium on Heath Systems Research, 2009. Available at: http://www.pacifichealthsummit.org/downloads/UHC/the%20political%20economy%20of%20uhc.PDF

7 _ 일터로 복귀하다

1. B. Wedeman, "Death and Taxes in Italy," CNN, Sept 9, 2010. Available at: http://edition.cnn.com/2012/09/10/business/italy-economy-suicide/index.html; A. Vogt, "Widows of Italian Suicide Victims Make Protest March Against Economic Strife," *The Guardian*, 2012. Available at: http://www.guardian.co.uk/world/2012/may/04/widows-italian-businessmen-march

2. "May Day: Italy's 'White Widows' Give Private Pain a Public Face." Available at: http://thefreelancedesk.com/?p=543; A. Vogt, "Italian Women Whose Husbands Killed Themselves in Recession Stage March," *The Guardian*, April 30, 2012. Available at: http://www.guardian.co.uk/world/2012/apr/30/italian-women-husbands-

recession-march

3. K. N. Fountoulakis, et al., "Economic Crisis-Related Increased Suicidality in Greece and Italy: A Premature Overinterpretation," *Journal of Epidemiology and Community Health*, March 12, 2012. Available at: http://jech.bmj.com/content/early/2012/12/03/jech-2012-201902.full.pdf+html; 이에 대해서 우리가 보였던 반응으로는 다음 문헌을 참조하라. R. De Vogli, M. Marmot, D. Stuckler. 2012. "Strong Evidence That the Economic Crisis Caused a Rise in Suicides in Europe: The Need for Social Protection." *Journal of Epidemiology and Community Health*. Available at: http://jech.bmj.com/content/early/2013/01/14/jech-2012-202112

4. 〈그림 7.1〉의 출처 : Authors'. Adapted from R. De Vogli, M. Marmot, D. Stuckler. 2012. "Excess Suicides and Attempted Suicides in Italy Attributable to the Great Recession," *Journal of Epidemiology & Community Health*. doi: 10.1136/jech-2012-201607.

5. "In Debt or Jobless, Many Italians Choose Suicide," NBC News, May 9, 2012. Available at: http://worldblog.nbcnews.com/_news/2012/05/09/11621840-in-debt-or-jobless-many-italians-choose-suicide?lite

6. 〈그림 7.2〉의 출처 : Adapted from A. Reeves, D. Stuckler, M. McKee, D. Gunnell, S. Chang, S. Basu. November 2012. "Increase in State Suicide Rates in the USA During Economic Recession," *The Lancet* v380(9856): 1813–14.

7. 우리는 미국 질병관리본부가 각 주별로 분류해놓은 자료를 살펴보면서, 자살률이 증가한 주는 비슷한 시기에 실업률이 급격하게 상승한 주라는 사실을 확인할 수 있었다.

8. G. Lewis and A. Sloggett. 1998. "Suicide, Deprivation, and Unemployment: Record Linkage Study," *British Medical Journal* v317:1283. Available at: http://www.bmj.com/content/317/7168/1283

9. 이런 이론을 주창하는 사람으로는 휴 그라벨(Hugh Gravelle) 교수가 있다. 그는 사람들이 실업 상태에 처했기 때문에 아픈 것이 아니라 아프기 때문에 실업 상태에 처한다고 주장한다. 전염병학자 멜 바틀리(Mel Bartley) 교수는 『브리티시 메디컬 저널』에서 그라벨 교수의 논리에 문제를 제기한다. 그는 "전염병이 갑자기 유행하고 나서 실업자가 300만 명씩이나 나타난 곳이 도대체 어디인가? 우리는 정신질환자 혹은 알코올 중독자가 늘어나서 실업자들이 많아진다는 말을 자신 있게 할 수는 없다"고 말한다.

    K. Moser, P. Goldblatt, A. Fox, et al. 1987. "Unemployment and Mortality: Comparison of the 1971 and 1981 Longitudinal Study Census Samples," *British Medical Journal* v294:86–90.

    자살의 위험에 관해서는 다음 문헌을 참조하라. Lewis and Sloggett, "Suicide, Deprivation, and Unemployment: Record Linkage Study"; T. Blakely, S. C. D. Collings, J. Atkinson, "Unemployment and Suicide: Evidence for a Causal Association?" *Journal of Epidemiology & Community Health* v57(8): 594-600.

몽고메리와 그의 동료들은 실업이 우울증과 불안 증세에 선행한다는 사실을 확인했다. See S. Montgomery, D. Cook, M. Bartley, et al. 1999. "Unemployment Predates Symptoms of Depression and Anxiety Resulting in Medical Consultation in Young Men," *Int J Epidemiol* v28:95-100.

10. 1994년에 멜 바틀리 교수는 『역학과 지역사회 보건 저널(*Journal of Epidemiology and Community Health*)』에서 다음과 같이 주장했다. "이제는 실업과 질병 간에 아무런 관계가 없다는 주장을 할 수 없다. 실업자들을 비교하는 모든 연구에서 그들은 남녀노소를 불문하고 모두가 정신적으로 불안한 상태에 있는 것으로 나타난다. 더욱 설득력 있게 말하면, 학창 시절에는 정신건강에 아무런 차이가 없던 젊은이들이 노동시장에 진입하고 나면 차이가 발생한다. 실업 상태의 젊은이들이 일자리를 찾고 나면 정신건강이 개선된다." Available at: http://jech.bmj.com/content/48/4/333.full.pdf. 여성이 남성보다 우울증에 더 많이 시달린다. 그러나 남성은 자살을 결심하게 될 가능성이 여성보다 세 배나 더 높다. 그 이유는 다양하지만, 어느 정도는 여성이 타인에게 도움을 요청할 가능성이 더 많기 때문이다.

R. Davis, "Antidepressant Use Rises as Recession Feeds Wave of Worry," *The Guardian*, June 11, 2010. Available at: http://www.guardian.co.uk/society/2010/jun/11/antidepressant-prescriptions-rise-nhs-recession

11. "Workers Turn to Antidepressants as Recession Takes Its Toll," *Mind*, May 17, 2010. Available at: http://www.mind.orgvuk/news/3372_workers_turn_to_antidepressants_as_recession_takes_its_toll

「더 텔레그래프(*The Telegraph*)」는 대불황 기간 동안에 항우울제 처방이 700만 건이나 더 많아졌다고 보도했다. See Martin Evans, "Recession Linked to Huge Rise in Use of Antidepressants," *Telegraph*, April 7, 2011. Available at: http://www.telegraph.co.uk/health/8434106/Recession-linked-to-huge-rise-in-use-of-antidepressants.html

12. 실업은 진통제와 위궤양 치료제 처방의 증가와도 관련이 있다. F. Jespersen and M. Tirrell, "Stress-Medication Sales Hold Up as Economy Gives Heartburn to U.S. Jobless," *Bloomberg*, Dec 27, 2011. Available at: http://www.bloomberg.com/news/2011-12-27/stress-medications-holding-up-through-economic-doldrums-study-suggests.html

13. 우리는 실업의 두려움(즉 경제적 불안감)이 실제로 겪는 실업만큼이나 정신건강에 해로울 수 있다는 사실도 확인했는데, 이는 기존의 연구 결과와도 일치한다.

14. 우리는 이런 사실이 직장을 잃은 당사자뿐만 아니라 최근 가장이 직장을 잃은 가정의 가족 구성원에게도 적용된다는 사실을 확인했다. M. Gili, M. Roca, S. Basu, M. McKee, D. Stuckler. 2012. "The Mental Health Risks of Economic Crisis in Spain: Evidence from Primary Care Centres, 2006 and 2010," *European Journal of Public Health* v23(1): 103-8. Available at: http://eurpub.oxfordjournals.org/content/23/1/103. 또한 우리는 집에서 쫓겨날 수 있다는 두려움이 정신건강을 진단하는 주요 위험 요소라는 사실도 확인했다.

15. OECD는 ALMP를 다음과 같이 정의한다. "첫째, 실업자들은 적극적인 구직 활동을 하고 있거나 고용 가능성을 높이기 위한 방법을 적극적으로 찾고 있음을 입증하여 실업 수당을 받는다. 둘째, 프로그램 담당자는 실업자들에게 다양한 서비스를 제공하고 그들이 일자리를 찾거나 찾을 준비를 할 수 있도록 지원한다." 소극적 노동시장 정책과 적극적 노동시장 정책의 차이에 관해서는 다음 문헌을 참조하라. J. P. Martin, "What Works Among Active Labour Market Policies: Evidence from OECD Countries' Experiences." Available at: http://www.rba.gov.au/publications/confs/1998/martin.pdf

16. J. Vuori and J. Silvonen, et al. 2002. "The Tyohon Job Search Program in Finland: Benefits for the Unemployed with Risk of Depression or Discouragement," *J Occup Health Psychol* v7(1): 5-19; J. Vuori and J Silvonen. 2005. "The Benefits of a Preventive Job Search Program on Re-employment and Mental Health at 2-year Follow-up," *Journal of Occupational and Organization al Psychology* v78(1): 43-52. 툐혼 프로그램은 다음과 같은 요소들로 구성되어 있다. 새로운 실업자에게 툐혼 트레이너를 배정한다. 툐혼 트레이너는 배정받은 실업자를 구직자 데이터베이스에 등록하고, 하루 4시간씩 5일에 걸쳐 취업 기술(면접 요령, 사회적 네트워크를 활용한 취업, 이력서 작성 요령 등)을 향상시키기 위한 교육을 실시한다. 툐혼 프로그램을 통해서 실업자는 좌절감을 극복하고 실업 기간이 길어지더라도 침체되지 않는다. 또한 툐혼 프로그램은 시간제 일자리를 찾거나 다른 직업을 구하기 위해서 직업 교육을 받도록 장려한다. 이 프로그램에 참여하는 사람에게는 재정적인 지원도 제공한다. 지난 수년 동안의 데이터는 일자리를 잃고 툐혼 프로그램에 참여했던 사람들은 커다란 혜택을 누리면서 좋은 직장으로 복귀했음을 말해준다. 미국에서 진행된 한 연구 결과에 따르면 툐혼 프로그램이 우울증 예방에도 도움이 되는 것으로 나타났다.

A. Vinokur, R. Price, and Y. Schul. 1995. "Impact of the JOBS Intervention on Unemployed Workers Varying in Risk for Depression," *American Journal of Community Psychology* v23(1): 39-74; A. Vinokur, et al. 2000. "Two Years After a Job Loss: Long-term Impact of the JOBS Program on Reemployment and Mental

Health," *J Occup Health Psychol* v5(1): 32-47. 미시간 예방연구 센터(Michigan's Prevention Research Center)는 ALMP의 효과를 실험해보았다. 연구자들은 일자리 연구회(JOBS workshop)를 조직하여 1,801명의 실험 참가자를 모집했다. 실험 참가자에게는 무작위로 구직 활동을 지원하거나 대조군이 되도록 했다. 이 실험은 실험실에서의 연구 방법과 동일하지만, 현실 세계에서 시행된 것이었다. 구직 활동을 지원받은 사람들이 2년 이내에 직장을 찾을 가능성이 더 높고 임금도 더 많이 받으며 우울증에 빠져들 위험도 더 낮다는 사실이 확인되었다. 결론적으로 ALMP는 구직자의 대열에서 남들보다 더 빨리 빠져나오도록 했을 뿐만 아니라 경제 전체의 고용 수준을 높이는 데에도 기여했다.

17. ALMP는 완전 고용에도 기여했다. 일부 ALMP는 기업과의 협력 사업도 추진하여 기업이 남아도는 인력을 발생시키지 않도록 했다. 이는 불황으로 기업이 근로자를 해고하는 일이 발생하지 않도록 하여, 궁극적으로 실업의 공포를 경험하지 않도록 했다. 세계은행은 ALMP를 다음과 같이 정의한다. "ALMP는 두 가지 목적을 가지고 있다. 첫째는 경제적 목적으로, 구직자가 일자리를 찾을 가능성을 높여서 경제 전체의 생산성과 구매력을 상승시킨다. 둘째는 사회적 목적으로, 생산 활동을 통해서 사회참여의 기회를 얻게 된다." 따라서 ALMP는 고용을 증진하고 실업에 따르는 사회 문제를 해결하는 데에 기여한다.

18. 사회복지 지출에 관한 OECD의 자료이다. Available at: http://www.google.co.uk/url?sa=t&rct=j&q=&esrc=s&source=web&cd=2&cad=rja&ved=0CDoQFjAB&url=http%3A%2F%2Fstats.oecd.org%2Ffileview2.aspx%3FIDFile%3D91c26892-ed0b-41f6-bf61-fd46e39a40e8&ei=gZMOUc2JJqnD0QX75oCgDA&usg=AFQjCNGfaugVqOyVi1uaA1OX_9ZlYwMQ&sig2=qOCNRgH_F7x2unphGfzd8w&bvm=bv.41867550,d.d2k; http://www.oecd.org/els/employmentpoliciesanddata/36780874.pdf

19. L. Jonung and T. Hagberg, "How Costly Was the Crisis of the 1990s? A Comparative Analysis of the Deepest Crises in Finland and Sweden over the Last 130 Years," *European Commission. Economic Papers*, 2005. Available at: http://ec.europa.eu/economy_finance/publications/publication692_en.pdf

See also L. Jonung, "The Swedish Model for Resolving the Banking Crisis of 1991-93. Seven Reasons Why It Was Successful." Available at: http://ec.europa.eu/economy_finance/publications/publication14098_en.pdf

20. 〈그림 7.3〉의 출처 : D. Stuckler S. Basu M. Suhrcke, A. Coutts, M. McKee. 2009. "The Public Health Impact of Economic Crises and Alternative Policy Responses in Europe," *The Lancet* v374:315-23.

21. OECD Social Expenditure Database 2008 edition.

22. 〈그림 7.4〉의 출처 : Stuckler, et al. "The Public Health Impact of Economic Crises and Alternative Policy Responses in Europe."

23. Jonung and Haberg, "How Costly Was the Crisis of the 1990s?

24. 우리의 동료이자 의사인 마이클 마멋(Michael Marmot)은 2011년에 이미 영국의 정책 담당자들에게 "청년 실업이 공중보건을 위태롭게 한다"고 경고했다. See Michael Marmot. 2011. "Scale of Youth Unemployment Is a Public Health Emergency, Marmot Says," *British Medical Journal*. Available at: http://www.bmj.com/content/343/bmj.d7608?tab=related

25. 이 글을 쓰고 있을 당시의 버전은 인터넷에서 다운로드를 받을 수 있다. "Recession and Unemployment Could Be Blamed for 1,000 More Suicides," *London Evening Standard*, 2012. Available at: http://www.standard.co.uk/news/health/recession-and-unemployment-could-be-blamed-for-1000-more-suicides-8049459.html

26. Cited in B. Barr, D. Taylor-Robinson, A. Scott-Samuel, M. McKee, D. Stuckler. 2012. "Suicides Associated With the 2008-10 Economic Recession in England: A Time-Trend Analysis," *British Medical Journal* v345:e5142. Available at: http://www.ncbi.nlm.nih.gov/pmc/articles/PMC3419273/

27. H. Stewart, "Osborne's Austerity Drive Cut 270,000 Public Sector Jobs Last Year," *The Guardian*, March 14, 2012. Available at: http://www.guardian.co.uk/business/2012/mar/14/osborne-austerity-270000-public-sector-jobs

유럽에서는 정책 토론이 사태를 부정하는 분위기로 흘러갔다. EU 의회가 열리는 동안 의원들은 자살률의 증가에 대한 우려를 아홉 번씩이나 표명했다. 이런 우려에 EU 보건담당 집행위원 존 달리(John Dalli)는 "위원회는 데이비드 스터클러를 비롯한 연구자들의 논문에 대해서 잘 인식하고 있습니다. 그러나 경제, 사회, 보건과 관련된 여러 가지 다른 요인들을 고려할 필요가 있습니다"라고 말했다. 다시 말하면, 문제를 일으킨 원인이 다양하기 때문에 긴축 프로그램과 자살과는 직접적인 관계가 없다는 뜻이다. 결국 문제는 관료주의자들의 언어 속에 묻혀버린다. 진취적인 성향의 안도르 (Andor)는 위원회가 무엇을 했는지를 따져물으면서 이렇게 말했다. "회원국들은 실업 으로 발생하는 정신건강 문제를 해결하기 위해서 다양한 지원 체계를 구축해놓고 있습니다. 그런데 위원회는 이에 대해서 잘 모르고 있습니다. 정부의 고용지원 서비스는 위원회가 권장하는 개인별 맞춤식 지원을 할 수 있습니다."

28. ALMP와 자살률의 관계를 확인하기 위한 또다른 방법이 있다. 과거의 상관관계를 통해서 미래에 벌어지는 상황을 예상할 수 있는지를 확인하면 된다. 우리는 영국, 미국, 스페인에서는 경제적 이유로 자살을 선택한 사람들이 크게 늘어났지만, 스웨덴에서는 대불황을 겪고도 국민들의 정신건강이 나빠지지 않았다는 사실을 확인했다. 스웨덴은

불황 기간 동안에 GDP가 미국과 비슷하게 떨어졌지만, 실업률은 ALMP 덕분에 2007년 6.1퍼센트에서 2010년 9.1퍼센트로 크게 증가하지는 않았다. 불황은 자살률에 거의 영향을 미치지 않았다. 2007년에 65세 이하 인구 10만 명당 스웨덴 사람들의 자살률은 11.4명이었고, 2010년에는 이보다 조금 낮아져서 11.1명을 기록했다.

29. D. Wasserman, *Mental Health and Suicidal Behaviour in Times of Economic Crisis: Impact and Prevention*. Mental Health and Suicidal Behaviour in Times of Economic Crisis: Impact and Prevention, Stockholm, Sweden, 2009.

8 _ 당신의 집에서 발생한 전염병

1. 침례교회의 설교가 끝나자 마을 주민들 가운데 한 사람이 새들의 죽음은 "종말을 알리는 징후"라고 외쳤다. "Local Men Suffer State's First West Nile Deaths," *Bakersfield Californian*, Oct 3, 2011. Available at: http://www.bakersfieldcalifornian.com/local/x651158822/Two-local-men-suffer-states-first-West-Nile-deaths

2. CDC. Symptoms of West Nile Virus. Available at: http://www.cdc.gov/ncidod/dvbid/westnile/qa/symptoms.htm

3. "Heat Death in Kern Country," *Bakersfield Californian*, June 21, 2007. Available at: http://www.bakersfieldcalifornian.com/local/x1756813242/Heat-death-in-Kern-County

4. M. Engel, "Virus Linked to Foreclosures," *Los Angeles Times*, Oct 31, 2008. Available at: http://articles.latimes.com/2008/oct/31/science/sci-westnile31

5. "Governor Declares State of Emergency for Kern County over West Nile," *Bakersfield Californian*, Aug 2, 2007. Available at: http://www.bakersfieldcalifornian.com/local/x1018063026/Governor-declares-state-of-emergency-for-Kern-County-over-West-Nile-virus

   W. K. Reisen, R. M. Takahashi, B. D. Carroll, R. Quiring. 2008. "Delinquent Mortgages, Neglected Swimming Pools, and West Nile Virus, California," *Emerging Infectious Diseases* v14(11): 1747‒49. Available at: http://www.ncbi.nlm.nih.gov/pmc/articles/PMC2630753/

6. "Fight the Bite! City Gets Sprayed for West Nile Virus." Available at: http://fightthebite.blogspot.com/2007/08/bakersfield-prepare-to-be-sprayed.html

7. S. Russell, "West Nile Virus Upturn Traced to Dry Climate," *SFGate*, July 21, 2007. Available at: http://www.sfgate.com/health/article/CALIFORNIA-West-Nile-virus-upturn-traced-to-dry-2551675.php

8. 리얼티트랙(RealtyTrac)에 따르면, 2008년부터 2009년까지 주택 압류 업무가 81퍼센트나 증가한 것으로 나타났다. Available at: http://www.realtytrac.com/ContentManage

ment/pressrelease.aspx?ChannelID=9&ItemID=5681. Accessed May 5, 2009.

"Foreclosure Statistics for US, Mass., During Recession," *Boston Globe*, Dec 2, 2012. Available at: http://www.bostonglobe.com/business/2012/12/02/foreclosure-statistics-for-mass-during-recession/GUf8zjEWw0xM3DQjhuYarN/story.html

L. Christie, "California Cities Fill Top 10 Foreclosure List," *CNN Money*, July 14, 2007. Available at: http://money.cnn.com/2007/08/14/real_estate/California_cities_lead_foreclosure/index.htm; Reisen, Takashi, Carroll, Quiring, "Delinquent Mortgages, Neglected Swimming Pools, and West Nile Virus."

희생자 중에는 아흔여섯 살의 노인 마거리트 윌슨(Marguerite Wilson)도 포함되었다. 베이커스필드 동북부에 위치한 그녀의 집 주변에는 모기가 서식할 만한 물웅덩이는 없었다. 그러나 집 주변에서 모기에 물려 사망했다. 윌슨의 부고에는 이런 내용이 적혀 있었다. "40대에 대학교를 졸업하고, 70대에 의회 인턴으로 일하고, 90대에 세계 여행가가 되었다." 선거운동 당시에 윌슨의 도움을 받았던 상원의원 로이 애슈번(Roy Ashburn)은 "그녀는 나이에 도전했습니다"고 말했다. 윌슨의 손녀는 "96년을 살았던 분이 모기에 물려 죽었다는 사실이 믿기지 않아요"라고 말했다. 윌슨의 여행 파트너 다이앤 플린(Diane Flynn)은 "저는 진심으로 그녀의 죽음이 모기 퇴치에 관심을 가지게 만드는 계기가 되었으면 합니다"라고 말했다.

9. 모기만이 유일한 위협이 아니었다. 2008년 7월 인디애나 주 에이번에 사는 다섯 살 소녀 샤이엔 젠킨스(Sheyenne Jenkins)는 이웃집 뒷마당에서 놀고 있었다. 할아버지와 할머니가 샤이엔을 돌보았다. 이웃집은 압류 상태였고, 아무도 신경쓰지 않는 뒷마당 못에는 물이 가득 고여 있었다. 못에 씌워놓은 덮개가 축 늘어져서 수면 아래로 처지기 시작했다. 어찌어찌하여 샤이엔은 못에 빠졌고, 발견되었을 때는 너무 늦어버렸다. 샤이엔의 어머니는 "저는 제 딸아이에게 아무런 도움이 되지 못해서 몹시 화가 나요. 이렇게 보내게 되어서 너무 화가 납니다"라고 말했다. 은행이 압류한 주택은 아무도 돌보지 않은 채 버려져 있었다. NBC 기자 케리 샌더스(Kerry Sanders)가 말했듯이, 샤이엔의 비극은 주택 압류를 방치해서 나타나는 최악의 경우였다. M. Celizic, "Foreclosed Homes' Pools Can Be Death Traps," NBC News, 2009. Available at: http://today.msnbc.msn.com/id/31795988/ns/today-money/t/foreclosed-homes-pools-can-be-death-traps/

10. 주택의 소유뿐만 아니라 주택의 상태와 주변 여건이 건강에 영향을 미친다. 주택의 상태가 나쁘면 습기, 곰팡이, 냉기 때문에 고생해야 한다. 아이들은 천식에 시달리고, 심지어는 가족 중에 얼어 죽는 이도 발생한다. 환기가 잘 되지 않는 곳에서 따닥따닥 붙어 지내게 되면, 결핵과 같은 공기 전염병이 유행하기 쉽다. 1990년대 랜드(RAND) 연구소는 똑같은 빈곤 지역이더라도 주택의 상태가 나쁘면 조기 사망의 위험이 훨씬

더 커진다는 연구 결과를 발표했다. 주택의 상태와 주변 여건이 나쁘면 유아 사망률, HIV를 비롯한 성병 발병률, 당뇨병과 심장병 발병률이 높고 무엇보다도 사고로 죽음을 맞이할 가능성이 높은 것으로 알려져 있다. 한 비평가는 오랜 고민 끝에 다음과 같이 논리적이고도 체계적인 결론을 제시했다. "주택에 대한 투자는 벽돌과 모르타르에 대한 투자보다 훨씬 더 중요한 측면이 있다. 이는 미래의 건강과 안녕을 위한 기반을 제공한다." 자세한 내용은 다음 문헌을 참조하라. p. 11, Department of Health, 2010. Available at: http://www.dh.gov.uk/prod_consum_dh/groups/dh_digitalassets/@dh/@en/@ps/documents/digitalasset/dh_114369.pdf

11. G. G. Bennett, M. Scharoun-Lee, R. Tucker-Seeley, "Will the Public's Health Fall Victim to the Home Foreclosure Epidemic?" *PLoS Medicine*, 2009. Available at: http://www.plosmedicine.org/article/info%3Adoi%2F10.1371%2Fjournal.pmed.1000087; D. Alley, et al. 2011. "Mortgage Delinquency and Changes in Access to Health Resources and Depressive Symptoms in a Nationally Representative Cohort of Americans Older Than 50 Years," *American Journal of Public Health* v101(12): 2293‒98. Available at: http://ajph.aphapublications.org/doi/abs/10.2105/AJPH.2011.300245

연구자들은 기존의 증세와 행동을 통제했다(이런 효과가 주택담보 대출금을 제대로 납부하지 못하는 것과 관련이 있기 때문이다).

12. C. E. Pollack, et al. 2011. "A Case-Control Study of Home Foreclosure, Health Conditions, and Health Care Utilization," *Journal of Urban Health* v88(3): 469‒78. Available at: http://link.springer.com/article/10.1007%2Fs11524-011-9564-7?LI=true

13. J. Currie and E. Tekin, "Is There a Link Between Foreclosure and Health?" NBER Working Paper No. 17310, 2012. Available at: http://www.nber.org/papers/w17310.pdf; S. M. Kalita, "Tying Health Problems to Rise in Home Foreclosures," Wall Street Journal, 2011. Available at: http://online.wsj.com/article/SB10001424053111904199404576538293771870006.html

마찬가지로 영국에서도 미국보다 정도는 덜하지만 응급실을 찾는 사람들이 많아져서, 같은 기간 동안에 1,230만 건에서 1,380만 건으로 늘어났다. http://www.hesonline.nhs.uk/Ease/servlet/ContentServer?siteID=1937&categoryID=1834

14. J. Nye, "How Foreclosures Ate America," *Daily Mail*, Oct 2, 2012. Available at: http://www.dailymail.co.uk/news/article-2212071/How-foreclosures-ate-America-Incredible-interactive-map-shows-wave-property-repossession-past-years.html#axzz2KA5qnpGS. 오바마 대통령이 취임한 2009년 1월에는 주택 압류가 전국적으로 27만 4,399건에 달했다. 이후로도 주택 압류는 계속 증가하여 2010년 3월에는 34만1,180건

에 달했다.

15. US Conference of Mayors, *A Hunger and Homelessness Survey, 2007.* Available at: http://usmayors.org/uscm/home.asp; see also http://www.nationalhomeless.org/factsheets/How_Many.html; quoted in P. Markee, "The Unfathomable Cuts in Housing Aid," *The Nation,* Dec 4, 2011. Available at: http://www.thenation.com/article/165161/unfathomable-cuts-housing-aid

16. 실업, 빈곤, 주택 압류는 불황으로 노숙자가 된 사람의 건강에 3대 위험 요인이다. 또다른 요인으로는 술, 마약, 정신질환, 가정 폭력이 있다. See National Alliance to End Homelessness. Foreclosure and Homelessness, 2013. 2009년 노숙자 지원 기관들이 실시한 조사 결과에 따르면 노숙자들 가운데 5퍼센트(노숙자 긴급 거주지에서 일하는 직원의 추정)에서 20퍼센트(자원 봉사자들의 추정)가 주택 압류 때문에 노숙자가 된 것으로 나타났다. Available at: http://www.endhomelessness.org/pages/foreclosure. Foreclosures and Homelessness: Understanding the Connection. Institute for Children, Poverty, and Homelessness, 2013. Available at: http://www.icphusa.org/filelibrary/ICPH_policybrief_ForeclosuresandHomelessness.pdf

"Hunger and Homelessness Survey: A Status Report on Hunger and Homelessness in America's Cities: A 25-City Survey," The United States Conference of Mayors, 2008, p. 22.

US Department of Housing and Urban Development. *The Third Annual Homeless Assessment Report to Congress* (Washington, DC: US Department of Housing and Urban Development, 2007). 2006년부터 2007년까지 노숙자는 11퍼센트 감소했지만, 이후로 주택 압류가 증가하면서 노숙자도 함께 증가하여 2009년에는 최고치를 기록했다. 한 조사에서는 25개 시의 시장에게 주택 압류로 노숙자가 발생하는 문제를 예방하기 위한 정책을 추진하고 있는지를 물어보았는데, 응답자 중 13명이 이런 정책을 추진한다고 대답했고, 10명은 추진하지 않는다고 대답했고, 2명은 모른다고 대답했다.

M. W. Sermons and P. Witte, "State of Homelessness in America," National Alliance to End Homelessness. Available at: http://b.3cdn.net/naeh/4813d7680e45 80020f_ ky2m6ocx1.pdf. 이 보고서에서 노숙자 통계가 조금 차이가 나는 이유는 '노숙자 예방 긴급 재주택 프로그램'의 혜택을 볼 수 있는 노숙자들을 분류하면서 긴급 거주지에 입소하지 못한 노숙자들을 새롭게 파악했기 때문이다. 노숙자 통계로는 특정 시점의 노숙자 수(Point-in-time)와 노숙자 발생률(prevalence)이 많이 사용된다. 특정 시점의 노숙자 수는 긴급 거주지를 찾는 "일시적인 노숙자"를 과소 추정하는 경향이 있다. 노숙자 문제를 제대로 인식하려면, 특정 연도에 노숙자가 된 적이 있는 사람에 관한 데이터를 자세히 살펴보아야 한다. 우리는 여기서 두 통계의 출처를 밝히고자 한다.

노숙자 발생률의 추정에 관해서는 다음 문헌을 참조하라. HUD, The Annual Homeless Assessment Report to Congress. Available at: http://www.huduser.org/Publications/pdf/ahar.pdf

P. S. Goodman, "Foreclosures Force Ex-Homeowners to Turn to Shelters," *New York Times*, 2009. Available at: http://www.nytimes.com/2009/10/19/business/economy/19foreclosed.html?pagewanted=all&_r=0

17. "Homeless Children: The Hard Times Generation," CBS News, March 6, 2011. Available at: http://www.cbsnews.com/8301-18560_162-20038927.html

18. J. J. O'Connell, *Premature Mortality in Homeless Populations: A Review of the Literature* (Nashville, 2005). 영국에서도 비슷한 위험을 관찰할 수 있었다. 독신 노숙자들에 대해서 연구하는 이들은 1995년 9월부터 1996년 8월까지의 런던, 맨체스터, 브리스틀 지역의 노숙자에 관한 데이터를 얻기 위해서 검시 기록을 자세히 살펴보았다. 이런 기록을 통해서 노숙자 365명의 연령, 성별, 사망 장소, 사망 원인에 관한 데이터를 얻을 수 있었다. 또한 노숙자에 관한 정보는 병원에서 주거 부정으로 분류한 환자들의 진료 기록과도 연계되어 있는데, 그들에게는 우편번호 대신에 "ZZ993VZ"라는 특별 코드가 할당된다.

영국 정부는 노숙자 문제를 조사하면서 그들 가운데 약 5분의 4는 신체적 질환을, 약 4분의 3은 정신적 질환을 가지고 있음을 확인했다. 미국의 노숙자와 비슷한 결과였다.

19. "Hunger and Homelessness Survey," p. 45; Institute for Children, Poverty and Homelessness, "Foreclosures and Homelessness: Understanding the Connection," 2013. Available at: http://www.icphusa.org/filelibrary/ICPH_policybrief_ForeclosuresandHomelessness.pdf. 우리는 이를 미국 전역에 걸쳐서도 추정했는데, 주택 압류신청 1,000건당 노숙자는 25명이 발생하는 것으로 나타났다.

20. Homeless Assistance, US Department of Housing and Urban Development. Available at: http://portal.hud.gov/hudportal/HUD?src=/program_offices/comm_planning/homeless

A. Lowrey, "Homeless Rates in the U.S. Held Level Amid Recession, Study Says, but Big Gains Are Elusive," *New York Times*, Dec 10, 2012. Available at: http://www.nytimes.com/2012/12/10/us/homeless-rates-steady-despite-recession-hud-says.html?_r=0

21. 그러나 이런 프로그램이 많다고 하더라도 신청 자격이 되려면 정신이 멀쩡해야 한다. 따라서 알코올 중독자, 정신질환자, 마약 중독자처럼 위험이 큰 집단은 신청을 할 수가 없었다.

시애틀에서 2005년 12월에 처음 시행된 주택 우선 프로그램은 항상 술에 취한 채로

도심을 떠돌아다니는 노숙자 500명에게 주거를 지원했다. 이 프로그램은 주택 75호가 건설된 거리의 이름을 따서 '1811 이스트레이크'로도 알려져 있다. 연구자들은 이처럼 위험이 큰 집단에게 신청 자격을 부여했을 때에 어떤 일이 발생하는지를 확인하기 위해서 신청자들에게 음주를 허용해보았다. 그랬더니 두말할 필요도 없이 1811 이스트레이크에는 집이 없는 신청자들로 넘쳐났다.

이런 상황은 연구자들에게 자연적 실험을 할 수 있는 특별한 기회를 제공했다. 연구자들은 주택 우선 프로그램에 참여하는 노숙자 중에서 일반 노숙자와 알코올 중독에 시달리는 노숙자를 비교할 수 있었다.

이 프로그램 참여자들은 병원, 교도소, 시와 주 정부에 1인당 매월 4,066달러의 비용을 발생시켰다. 그러나 영구 주택이 제공되면 6개월 뒤에는 1,492달러 1년 뒤에는 958달러로 줄어들었다. 이런 이점은 주로 참여자들이 노숙자로 남아 있는 다른 사람에 비해서 술을 덜 마시는 데에서 비롯되었다.

주택을 마련하면 건강상의 위험에서 벗어날 수 있지만, 건강에 미치는 효과는 근본적으로 주변 환경에 달려 있다. 2011년 『뉴잉글랜드 의학 저널(The New England Journal of Medicine)』에 실린 한 논문에서는 공영 주택에 거주하면서 자녀를 양육하는 여성 4,498명을 무작위로 뽑아서 다음 세 집단 중의 하나에 포함시키고 이후에 나타나는 결과를 분석했다. 여기서 공영 주택은 주로 도시 빈민들이 거주하는 곳이다. 1,788명에게는 주택 할인권을 제공했는데, 상대적으로 부유한 지역(거주자 중 빈곤자가 10퍼센트 미만인 지역)으로 이사를 갈 경우에는 이 할인권을 반환해야 했다. 1,312명에게는 이런 조건이 없는 할인권을 제공했다. 그리고 1,398명에게는 주택 할인권을 제공하지 않고 대조군의 역할을 하도록 했다. 연구자들은 2008년부터 2010년까지 장기적 후속 연구의 일환으로 실험대상자들의 건강 상태에 관한 데이터를 입수했다. 그들은 상대적으로 더 부유한 지역으로 이사를 가면 비만과 당뇨병 발병률이 감소하는 현상을 확인했다. 이처럼 주목할 만한 결과는 부유한 환경에서 지내면 몸에 좋은 음식을 먹게 되고 범죄의 위협을 느끼지 않으면서 주변을 산책할 수 있기 때문에 나타난다.

22. Fairmount Ventures Inc. *Evaluation of Pathways to Housing Philadelphia*, 2011. Available at: https://www.pathwaystohousing.org/uploads/PTHPA-ProgramEvaluation

23. J. Eng, "Homeless Numbers Down, but Risks Rise," NBC News, Jan 18, 2012. Available at: http://usnews.nbcnews.com/_news/2012/01/18/10177017-homeless-numbers-down-but-risks-rise?lite

HPRP 프로그램의 예산으로 2008년에는 19만5,724개의 침상을 노숙자들에게 장기적으로 제공했고 2012년에는 27만4,786개를 제공했다. Available at: https://www.onecpd.info/resources/documents/2012AHAR_PITestimates.pdf

24. V. Busch-Geertsema and S. Fitzpatrick. 2009. "Effective Homelessness Preven-

tion? Explaining Reductions in Homelessness in Germany and England," *European Journal of Homelessness* v2:69−96. UK Housing benefit fact sheet. Available at: https://www.gov.uk/housing-benefit/what-youll-get; 이런 지원으로도 월세를 감당할 수 없다면 그 차액을 지원받기 위해서 임시 주택 보조금을 신청할 수 있었다.

주택 지원은 공중보건 정책의 주요 목표가 되었다. 예일 대학교 보건대학원 설립자 찰스-에드워드 윈슬로(Charles-Edward Amory Winslow)는 1937년 미국 공중보건협회에서 다음과 같은 유명한 말을 남겼다. "주택은 공중보건의 기본적인 목표가 되어야 합니다. 오늘 우리는 여러분들에게 새롭게 분발할 것을 촉구합니다. 미국인들에게 품위 있고 위생적인 주택을 제공하기 위한 노력은 과거에 비해서 훨씬 더 치열하게 전개되어야 할 것입니다." 당시 그는 영국의 사례를 지적하면서 이렇게 말했다. "영국의 공중보건 공직자들은 주택 관련 섹션에 긍정적인 의미가 담겨 있지 않으면 연간보고서를 작성하지 않았습니다. 영국에서 적용되는 사회 발전을 향한 피할 수 없는 법칙이 지금 이 나라에서도 적용되어야 합니다."

25. R. Ramesh, "Warning on Benefit Cuts amid Rise in Homelessness," *The Guardian*, Dec 4, 2012. Available at: http://www.guardian.co.uk/society/2012/dec/04/benefit-cuts-rise-homelessness

긴축 정책은 2014−2015년 회계 연도에도 반영되어 6월에 책정된 정부 예산이 810억 파운드 감축되었다. 여기에는 복지 예산을 110억 파운드 축소하고 공공 부문의 임금을 2년 동안 동결해서 33억 파운드를 절약한다는 내용이 담겨 있다. HM Treasury Spending Review 2010. Cm 7942. UK Treasury, Oct 2010.

R. Bury, "Social Housing to Be Hit With £8bn Cuts," *Inside Housing*, 2010. Available at: http://www.insidehousing.co.uk/social-housing-%E2%80%98to-be-hit-with-%C2%A38bn-cuts%E2%80%99/6512119.article

"Housing Benefit Cuts," *Crisis UK*, 2012. Available at: http://www.crisis.org. uk/data/files/publications/Crisis%20Briefing%20-%20Housing%20Benefit%20 cuts.pdf. 스코틀랜드 정부도 영국을 따라서 주택 보급 예산을 31퍼센트나 감축했다.

"Social Housing Budget 'To Be Cut In Half'," BBC, Oct 19, 2010. Available at: http://www.bbc.co.uk/news/uk-politics-11570923

26. US Department of Housing and Urban Development, *Point-in-Time Estimates of Homelessness: Volume I of the 2012 Annual Homeless Assessment Report* (AHAR), 2012. Available at: https://www.onecpd.info/resource/2753/2012-pit-estimates-of-homelessness-volume-1-2012-ahar/; UK Government, "Live Tables on Homelessness." Available at: https://www.gov.uk/government/statistical-data-sets/live-tables-on-homelessness. 런던에서 집을 잃은 가구는 2010−2011년 사이에 9,700

가구에서 1만1,680가구로 증가했다(지역사회과 자료). 노숙자는 8퍼센트 증가했는데, 특히 25세 이하 청년층에서 많이 증가하여 33퍼센트 증가했다.

27. SSAC (November 2010) Report on S.I. No 2010/2835 and S.I. No. 2010/2836. Cited on p. 19 in http://www.crisis.org.uk/data/files/publications/Crisis%20Briefing%20-%20Housing%20Benefit%20cuts.pdf

28. "Homelessness: A Silent Killer," *Crisis UK*, 2011. Available at: http://www.crisis.org.uk/data/files/publications/Homelessness%20-%20a%20silent%20killer.pdf

전염병학자들은 일반인의 건강 상태를 장기간 관찰하여 노숙자라는 요인을 기존의 건강 상태로부터 따로 떼어내서 분석하려고 했다. 그들은 노숙자 6,323명을 5년 동안 관찰하여 연령대와 성별이 같은 일반인 1만2,451명과 비교했고, 노숙자의 사망 가능성이 집이 있는 일반인에 비해서 4.4배가 더 높다는 사실을 확인했다. 그러나 더욱 흥미롭게도 과거의 병력과 현재의 건강 상태와 관련된 위험을 조정해도 노숙자라는 사실이 조기 사망의 가능성을 크게 높이는 것으로 나타났다. 다시 말하면, 건강한 상태에서 노숙자가 된 사람도 결국 시간이 지나면 환자가 된다는 뜻이다.

2010년 영국 보건부는 노숙자를 위한 보건 서비스 비용을 1인당 연간 2,115파운드로 추정했다. Department of Health. March 2010. Healthcare for single homeless people. March 2010. 노숙자가 1만 명 증가한다면, 연간 2,000만 파운드의 예산이 추가되어야 한다. Unison Briefing on the Coalition Government's Housing Policies, Unison, London. Available at: http://www.unison.org.uk/acrobat/B5199.pdf

S. Salman, "How Have the Cuts Affected Housing?" *The Guardian*, Mar 30, 2011. Available at: http://www.guardian.co.uk/society/2011/mar/30/cuts-housing

29. "Tuberculosis Rises 8% in London — HPA Figures," BBC News, 2012. Available at: http://www.bbc.co.uk/news/uk-england-london-17485728

A. Gerlin, "Ancient Killer Bug Thrives in Shadow of London's Canary Wharf," Bloomberg, Feb 23, 2012. Available at: http://www.bloomberg.com/news/2012-02-23/ancient-killer-bug-thrives-in-shadow-of-london-s-canary-wharf-skyscrapers.html

30. "Homeless Crisis as 400 Youths a Day Face Life on the Streets of Britain," *Mirror*, 2011. Available at: http://www.mirror.co.uk/news/uk-news/homeless-crisis-as-400-youths-a-day-95173

L. Moran, "Is Greece Becoming a Third World Country? HIV, Malaria, and TB Rates Soar as Health Services Are Slashed by Savage Cuts," *The Mail*, 2012. Available at: http://www.dailymail.co.uk/news/article-2115992/Is-Greece-world-country-HIV-Malaria-TB-rates-soar-health-services-slashed-savage-cuts.html

31. ECDC, "West Nile Virus Infection Outbreak in Humans in Central Macedonia,

Greece," ECDC Mission Report, July–August 2010. Available at: http://www.ecdc. europa.eu/en/publications/publications/1001_mir_west_nile_virus_infection_outbre ak_humans_central_macedonia_greece.pdf

32. 2011년 그리스 정부는 노숙자가 2만 명 증가한 것으로 추정했다. 이는 2009년부터 2011년까지 노숙자가 25퍼센트 증가한 것이었다. 아일랜드에서 집을 잃은 가구는 2008 년 1,394가구에서 2011년 2,348가구로 증가했다. See "Major Increase in Homeless-ness," *Irish Times*, Dec 19, 2012. Available at: http://www.irishtimes.com/news paper/breaking/2012/1219/breaking53.html. See also "On the Way Home?" FEANTA Monitoring report on homelessness and homeless policies in Europe. The European Federation of National Organisations Working with the Homeless, 2012. Available at: http://www.feantsa.org/IMG/pdf/on_the_way_home.pdf

33. See "On the Way Home?"

34. Markee, "Unfathomable Cuts in Housing Aid."

35. "Stampede Chaos as Thousands of Dallas Residents Apply for Housing Vouchers," *Above Top Secret*, July 16, 2011. Available at: http://www.abovetopsecret.com/ forum/thread729362/pg1

"Oakland Opens Waiting List for Section 8 Vouchers," *SFGate*, Jan 26, 2011. Available at: http://www.sfgate.com/bayarea/article/Oakland-opens-waiting-list-for-Section-8-vouchers-2478260.php

"City's Homeless Count Tops 40,000," *Wall Street Journal*, Nov 9, 2011. Available at: http://online.wsj.com/article/SB10001424052970204190704577026511791881118.html?mod=googlenews_wsj

36. RealtyTrac, January 2013 Foreclosure Rate Heat Map, 2013. Available at: http:// www.realtytrac.com/trendcenter/default.aspx?address=Duval%20county%2C%20F L&parsed=1&cn=duval%20county&stc=fl

Council on Homelessness. 2011 Report. Submitted June 2011 to Governor Rick Scott, p. E-2. Available at: https://docs.google.com/viewer?a=v&q=cache:lQVqD by8TywJ:www.dcf.state.fl.us/programs/homelessness/docs/2011CouncilReport. pdf+&hl=en&gl=uk&pid=bl&srcid=ADGEESjrwRb_ph_xCzTBGQ4vRvnrVQvXI AnreSVi3MrT6xlXE6f_5aJ9k_iJW1ZegjE0Wt3IxIbP2ENvqMUzgI-HD0CdbLwcg e14wysl9dDI6FAp_lHqqjTxoSGwOyc3jkZf9dsuR6b5&sig=AHIEtbTSHKozwOFJ ZyewSqHKbsh-xJFoIA

37. CDC 보고서에는 "1990년대 초반 이후로 CDC가 추진했던 결핵 퇴치 사업 중에서 이번 결핵이 가장 돈이 많이 들었으며, 규모나 전파 속도의 면에서도 가장 크고 빨랐다"

는 내용이 나온다.

　플로리다 주에서 어떤 이들은 결핵의 전파를 이민자 탓으로 돌렸지만, CDC가 조사한 바에 따르면 결핵환자 99명 가운데 3명을 제외하고는 모두 미국인에게서 전염된 것으로 나타났다.

38. K. Q. Seelye, "Public Health Departments Shrinking, Survey Finds," *New York Times*, March 1, 2010. Available at: http://prescriptions.blogs.nytimes.com/2010/03/01/public-health-departments-shrinking-survey-finds/

결론

1. *Merriam Webster Collegiate Dictionary*.

2. Naomi Klein, *The Shock Doctrine* (New York, 2007).

3. 〈그림 1〉의 출처 : EuroStat 2013 Statistics. 1인당 GDP는 2005년 미국 달러 기준 불변 가격 구매력을 나타낸다. 에스토니아, 라트비아, 리투아니아, 헝가리의 경우에는 긴축 정책이 시작된 시점을 반영하기 위해서 긴축으로 경기 침체가 지속된 2008-2010년 데이터를 사용했다. 예산의 변화와 GDP의 변화는 얼마 전에 나타났던 불황의 깊이를 조정하고 나서도 통계적으로 의미가 있었다.

4. Laura Tiehan, Dean Jolliffe, Craig Gundersen, "Alleviating Poverty in the United States: The Critical Role of SNAP Benefits," US Department of Agriculture, ERR-132, April 2012. Available at: http://www.ers.usda.gov/publications/err-economic-research-report/err132.aspx; Parke E. Wilde, "Measuring the Effect of Food Stamps on Food Insecurity and Hunger: Research and Policy Considerations," *Journal of Nutrition*, Feb 2007. Available at: http://jn.nutrition.org/content/137/2/307.full

5. 보수당이 집권한 2010년 이전에 노동당 정부가 공중보건 영향 평가를 추진했던 적이 있다. 우리는 건강담당국의 설립을 제안한 클림 맥퍼슨(Klim McPherson)에게 감사의 마음을 전하고 싶다.

6. A. Reeves, S. Basu, M. Mckee, C. Meissner, D. Stuckler. "Does Investment in the Health Sector Promote or Inhibit Economic Growth?" *Health Policy*, forthcoming.

연구 논문

B. Barr, D. Taylor-Robinson, A. Scott-Samuel, M. McKee, D. Stuckler. "Suicides associated with the 2008-2010 recession in the UK: a time-trend analysis." *British Medical Journal*. August 2012, v345: e5142.

A. Bessudnov, M. McKee, and D. Stuckler. "Inequalities in male mortality by occupational class, perceived social status, and education in Russia, 1994-2006." *European Journal of Public Health*. June 2012, v22(3): 332-37.

J. Bor, S. Basu, A. Coutts, M. McKee, D. Stuckler. "Alcohol use during the Great Recession of 2008-2009." *Alcohol and Alcoholism*. January 2013. In press.

M. Bordo, C. Meissner, and D. Stuckler. "Foreign currency debt, financial crises and economic growth: A long run view." *Journal of International Money and Finance*. May 2010, v29: 642-65.

R. De Vogli, M. Marmot, and D. Stuckler. "Excess suicides and attempted suicides in Italy attributable to the Great Recession." *Journal of Epidemiology and Community Health*. August 2012. In press.

R. De Vogli, M. Marmot, and D. Stuckler. "Strong evidence that the economic crisis caused a rise in suicides in Europe: the need for social protection." *Journal of Epidemiology and Community Health*. January 2013. In press.

M. Gili, M. Roca, S. Basu, M. McKee, D. Stuckler. "The mental health risks of unemployment, housing payment difficulties, and evictions in Spain: evidence from primary care centres, 2006 and 2010." *European Journal of Public Health*. February 2013, v23(1): 103-8.

P. Hamm, L. King, and D. Stuckler. "Mass privatization, state capacity, and economic growth in post-communist countries: firm- and country-level evidence." *American Sociological Review*. April 2012, v77(2): 295-324.

M. Karanikolos, P. Mladovsky, J. Cylus, S. Th omson, S. Basu, D. Stuckler, J. P. Mackenbach, M. McKee. "Financial crisis, austerity, and health in Europe." *The Lancet*. In press.

A. Kentikelenis, M. Karanikolos, I. Papanicolas, S. Basu, M. Mckee, D. Stuckler. "Effects of Greek economic crisis on health are real." *British Medical Journal*. December 2012, v345: e8602.

A. Kentikelenis, M. Karanikolos, I. Papanicolas, S. Basu, M. Mckee, D. Stuckler. "Health effects of financial crisis: omens of a Greek tragedy." *The Lancet*. October 2011, v378(9801): 1457–58.

A. Kentikelenis, M. Karanikolos, I. Papanicolas, S. Basu, M. Mckee, D. Stuckler. "Reply to Polyzos." *The Lancet*. March 2012, v379: 1002.

L. King, P. Hamm, and D. Stuckler. "Rapid large- scale privatization and death rates in ex-communist countries: an analysis of stress-related and health system mechanisms." *International Journal of Health Services*. July 2009, 39(3): 461–89.

M. McKee and D. Stuckler. "The assault on universalism: How to destroy the welfare state." *British Medical Journal*. December 2011, v343: d7973.

M. McKee and D. Stuckler. "The consequences for health and health care of the financial crisis: a new Dark Age?" In Finnish. *Sosiaalilääketieteellinen Aikakauslehti*. March 2012, v49: 69–74.

M. McKee and D. Stuckler. "Older people in the United Kingdom: under attack from all directions." *Age and Ageing*. January 2013, v42(1): 11–13.

M. McKee, S. Basu, and D. Stuckler. "Health systems, health and wealth: the argument for investment applies now more than ever." *Social Science & Medicine*. March 2012, v74(5): 684–87.

M. McKee, M. Karanikolos, P. Belcher, D. Stuckler. "Austerity: a failed experiment on the people of Europe." *Clinical Medicine*. August 2012, v12(4): 346–50.

M. McKee, D. Stuckler, J. M. Martin-Moreno. "Protecting health in hard times." *British Medical Journal*. September 2010. v341: c5308.

C. Quercioli, G. Messina, S. Basu, M. McKee, N. Nante, D. Stuckler. "The effect of health care delivery privatization on avoidable mortality: longitudinal cross-regional results from Italy, 1993–2003." *Journal of Epidemiology & Community Health*. 2013, v67(2): 132–38.

B. Rechel, M. Suhrcke, S. Tsolova, J. Suk, M. Desai, M. McKee, D. Stuckler, I. Abubakar, P. Hunter, M. Senek, J. Semenza. "Economic crisis and communicable disease control in Europe: A scoping study among national experts." *Health Policy*. December 2011, v103(2–3): 168–75.

A. Reeves, D. Stuckler, M. McKee, D. Gunnell, S. Chang, S. Basu. "Increase in state suicide rates in the USA during economic recession." *The Lancet*. November 2012, v380(9856): 1813-14.

D. Stuckler and S. Basu. "International Monetary Fund's effects on global health: before and after the 2008 financial crisis." *International Journal of Health Services.* September 2009, 39(4): 771-81.

D. Stuckler, S. Basu, P. Fishback, C. Meissner, M. McKee. "Banking crises and mortality during the Great Depression: Evidence from U.S. urban populations, 1929-1937." *Journal of Epidemiology and Community Health.* June 2012, 66(5): 410-19.

D. Stuckler, S. Basu, P. Fishback, C. Meissner, M. McKee. "Was the Great Depression a cause or correlate of falling mortality?" *Journal of Epidemiology and Community Health.* November 2012. In press.

D. Stuckler, S. Basu, and M. McKee. "Bud get crises, health, and social welfare." *British Medical Journal.* July 2010, 340: c3311.

D. Stuckler, S. Basu, and M. McKee. "Effects of the 2008 financial crisis on health: A first look at European data." *The Lancet.* July 2011, v378(9876): 124-25.

D. Stuckler, S. Basu, and M. McKee. "How government spending cuts put lives at risk." *Nature.* May 2010, v465: 289.

D. Stuckler, S. Basu, and M. McKee. "Public health in Europe: Power, politics, and where next?" *Public Health Reviews.* July 2010, v1: 214-42.

D. Stuckler, S. Basu, M. McKee, M. Suhrcke. "Responding to the economic crisis: A primer for public health professionals." *Journal of Public Health.* August 2010, v32(3): 298-306.

D. Stuckler, S. Basu, M. McKee, et al. "An evaluation of the International Monetary Fund's claims about public health." *International Journal of Health Services.* March 2010, v40(2): 327-32.

D. Stuckler, S. Basu, M. Suhrcke, A. Coutts, M. McKee. "Financial crisis and health policy." *Medicine & Health.* September 2009, pp. 194-95.

D. Stuckler, S. Basu, M. Suhrcke, A. Coutts, M. McKee. "The public health effect of economic crises and alternative policy responses in Europe: an empirical analysis." *The Lancet.* July 2009, 374(9686): 315-32.

D. Stuckler, S. Basu, M. Suhrcke, M. McKee. "The health implications of financial crisis: A review of the evidence" *Ulster Medical Journal.* September 2009, 78(3): 142-45.

D. Stuckler, S. Basu, S. Wang, M. McKee. "Does recession reduce global health aid? Evidence from 15 countries, 1975-2007." *Bulletin of the World Health Organization.* April 2011, v89: 252-57.

D. Stuckler, L. King and S. Basu. "International Monetary Fund programs and tuberculosis outcomes in post-communist countries." *PLoS Medicine*. July 2008, 5(7): e143.

D. Stuckler, L. King, and S. Basu. "Reply to Murray and King." *PLoS Medicine*. July 2008, 5(7): e143.

D. Stuckler, L. King, and A. Coutts. "Understanding privatisation's impacts on health: Lessons from the Soviet Experience." *Journal of Epidemiology and Community Health*. July 2008, 62(7): 664.

D. Stuckler, L. King, and M. McKee. "The disappearing health effects of rapid privatization: a case of statistical obscurantism?" *Social Science & Medicine*, March 2012, 75: 23-31.

D. Stuckler, L. King, and M. McKee. "Mass privatisation and mortality." *The Lancet*. April 2009, 373(9671): 1247-48.

D. Stuckler, L. King, and M. McKee. "Mass privatisation and the post-communist mortality crisis: a cross-national analysis." *The Lancet*. January 2009, 373(9661): 399-407.

D. Stuckler, L. King, and M. McKee. "Reply to Earle and Gerry." *The Lancet*. January 2010, v375(9712): 372-4.

D. Stuckler, L. King, and M. McKee. "Response to Gentile: Mass privatization, unemployment, and mortality." *Europe-Asia Studies*. June 2012, v64(5): 949-53.

D. Stuckler and M. McKee. "There is an alternative: public health professionals must not remain silent at a time of financial crisis." *European Journal of Public Health*. February 2012, v22(1): 2-3.

D. Stuckler, C. Meissner, and L. King. "Can a bank crisis break your heart?" *Globalization and Health*, January 2008, 4(1): 1-12.

M. Suhrcke, M. McKee, D. Stuckler, et al. "Contribution of health to the economy of the European Union." *Public Health*. October 2006, 120: 994-1001.

M. Suhrcke, M. McKee, D. Stuckler, et al. "The economic crisis and infectious disease control." *Euro Surveillance*. November 2009, v14(45).

M. Suhrcke and D. Stuckler. "Will the recession be bad for our health? It depends." *Social Science & Medicine*. March 2012, v74(5): 647-53.

M. Suhrcke, D. Stuckler, J. Suk, et al. "The impact of economic crises on communicable disease transmission and control: a systematic review of the evidence." *PLoS One*. June 2011, v6(6): e20724.

감사의 글

우리는 지난 수년 동안 어느 누구보다도 많은 지원을 해준 여러 동료들에게 커다란 은혜를 입었다. 그들은 우리 원고를 자세히 검토하고 뛰어난 직관을 전해주었다. 먼저 우리의 소중한 친구이자 가까운 동료 마틴 맥키에게 감사의 마음을 전한다. 그는 우리와 함께 연구하면서 공중보건을 위한 헌신과 뛰어난 역량을 유감없이 보여주었다. 또한 우리는 많은 동료 연구자들에게도 감사의 마음을 전한다. 그들의 지원이 없었더라면 이 책을 쓰기 위한 연구는 제대로 진행되지 못했을 것이다. 특히 애덤 쿠츠, 크리스토퍼 마이스너, 마크 수르케, 프라이스 피시백, 데이비드 테일러-로빈슨, 벤저민 바, 알렉산더 켄티켈레니스, 아이린 파파니콜라스, 마이클 마멋, 로베르토 데 보글리, 마리나 카라니콜로스, 알렉시 베수드노프, 요한 마켄바흐, 로런스 킹, 호세 마르틴-모레노, 비센테 나바로, 마이클 하헤이, 제이컵 보, 캐런 시겔, 크리스 매클루어, 마갈리다 길리, 미켈 로카, 데이비드 맥데이드, 데이비드 거널, 창수썬, 얀 세멘자, 고든 갈레아, 애런 리브스, 패트릭 햄, 그리고 벤 케이브에게 이 자리를 빌려서 고마운 마음을 전한다. 또한 이 책을 쓰는 여러 단계에서 많은 시간을 내서 발전적인 충고와 비판을 해준 블라디미르 시콜니코프, 시규어 시규어게이르스도티르, 샤 에브라힘, 론 라본테, 존 톰프슨, 마거릿 화이트헤드, 보 버그스트롬을 포함하여 여러 동료들의 열정에 감사의 마음을 전한다. 사실 우리는 우리의 연구 결과를 읽고 발전적인 조언을 해준 익명의 전문가들을 모두 밝히면서 일일이 감사의 마음을 전할 수가 없다. 동료 평가란 생색이 나지 않는 일이지만, 우리는 항상 그들에게 고마운 마음을 잊지 않고 있다.

우리의 원고를 꼼꼼하게 읽고 수정 작업을 해준 뛰어난 편집자 몰리 크로켓에게도 특별히 감사의 마음을 전한다. 또한 우리 두 사람을 출판사에 소개하고 출간 기획서 작성을 도왔던 미셸 스프링에게도 고마운 마음을 전한다. 이 책의 원고 작업을 마무리하는 동안 우리가 델리에서 머물 수 있도록 여러 가지 편의를 봐준 샤 에브라힘과 피오나 테일러에게도 감사의 뜻을 표한다.

데이비드는 변함없는 지원을 해준 부모님 데니와 마지, 여동생 미셸에게도 감사의 마음을 전하려고 한다. 그의 연구는 메리 리지웨이, 로웰 레빈, 마크 슐레진저, 래리 킹, 폴 슐츠, 크리스토퍼 마이스너, 그리고 특히 마틴 맥키의 통찰력과 지도에 힘입은 바가 컸다. 크리스 로커미, 엘리자베스 러시, 루이스 카롱의 꾸준한 협력과 우정에도 감사의 마음을 전한다.

산제이도 항상 책을 가까이하도록 가르쳐주신 부모님께 고마운 마음을 표한다. 그리고 글쓰기를 가르쳐준 크리스틴 발로네, 과학적 재능이 뛰어난 리 마렉, 실험 정신이 투철한 루돌프 탄지, 대중적 지식인의 가장 순수한 모습을 가진 노암 촘스키와 같은 멘토에게도 고마움을 전한다. 폴 파머는 사회 정의에 대해서 항상 겸허한 자세로 가르쳐주었다. 김용(Jim Yong Kim)은 중요한 맥락을 짚어내는 능력을 가지고 있다. 조지프 두밋은 학문적으로 뛰어난 통찰력을 가지고 있고, 아니타 데사이, 앨런 라이트맨, 진 잭슨은 대단한 필력을 가지고 있다. 의학과 전염병학을 가르쳐주신 스승 알티스, R. 더글러스 브루스, 제럴드 프리드랜드, 에드워드 캐플런, 샤라드 자인, 스탠턴 글란츠, 로버트 러스티그, 잭 파쿼에게도 감사의 마음을 전한다. 비판적인 과학자의 역할 모델이 되어준 존 이오아니디스, 지금도 스탠퍼드 대학교 예방연구 센터에서 공중보건에 대한 열정을 잃지 않고 연구에 몰두하고 있을 가족과도 같은 동료 연구원들에게도 고마움을 표한다. 제이슨 앤드루스, C. 브랜던 오그버나가포, 제이 배렐러스, 러셀 비더-테리, 산디프 키쇼어, 에이미 캅진스키, 그레그 곤살베스, 덩컨 스미스-로버그

마루, 나야 헬스(Nyaya Health) 팀의 지속적인 후원과 우정에도 감사한 마음을 전한다. 또한 집필 과정에서 격려와 발전적인 비판을 아끼지 않은 샌디 클로스, 비지 순다람, 리처드 로드리게스와 뉴 아메리카 미디어(New America Media) 직원들에게도 고마움을 전한다. 그리고 누구보다도 사랑하는 아내 파라브 바바리아에게 감사의 마음을 전한다. 파라브는 밤늦도록 연구와 집필에 전념하는 산제이가 현실감을 잊지 않도록 도와주는 협조자이다.

이 책은 아주 대단한 능력을 가진 편집팀의 헌신적인 노력이 없이는 불가능했다. 베이직 북스(Basic Books)의 라라 헤이머트는 우리 원고에 애착을 가지고 꼼꼼하게 글을 다듬어주었다. 원래 붙임성이 좋은 노먼 매커피와는 최종적으로 편집에 관한 마라톤 회의를 가졌다. 펭귄(Penguin)의 토머스 펜은 역사에 조예가 깊어서 세세한 사건에 관해서도 예리한 안목을 보여주었다. 베이직 북스의 케이티 오도널은 이 책의 기획에서 발간까지 모든 단계에서 많은 도움을 주었다. 이 책이 발간되기까지 지원을 아끼지 않았던 펭귄의 캐런 브라우닝, 하퍼콜린스(HarperCollins)의 아이리스 투프홈에게도 감사의 뜻을 표한다. 마지막으로 새로운 저자들에게 여러모로 많은 도움이 되어준 콘빌&월시(Conville&Walsh)의 패트릭 월시에게도 감사의 뜻을 표한다.

역자 후기

　

　

어떤 경제학자들은 불황이 닥치면 사람들이 술을 덜 마시고 담배를 덜 피고 자동차를 이용하기보다는 걸어다니기 때문에 건강이 더 좋아진다고 말한다. 심지어는 불황에서 벗어나면서 사람들의 건강이 더 나빠진다고 주장하는 경제학자도 있다. 이 책 『긴축은 죽음의 처방전인가(*The Body Economic: Why Austerity Kills*)』의 저자들은 이런 경제학자들의 주장에 맞서서 대불황이 한창이던 때에는 스스로 목숨을 끊거나 알코올 중독으로 사망했다는 소식이 끊이지 않았다고 주장하면서 반론을 제기한다.

　사람들은 직장을 잃거나 빚에 쪼들리면, 최악의 경우까지 생각한다. 이런 사실은 불황 시기에 자살률이 높아지는 것을 보면 금방 알 수 있다. 그러나 국가마다 이런 데이터가 악화되는 정도는 다르며, 심지어는 개선되는 곳도 있다. 저자들은 이처럼 개선되는 국가에 관심을 가지고 그 이유를 찾으려고 했다. 이를 위해서 저자들은 경제 불황이 인간의 건강에 어떤 영향을 미쳐왔는지를 대공황에서 최근의 금융 위기에 이르기까지 역사적으로 살펴본다.

　역사적 사례는 정부와 사회가 올바른 선택을 한다면 불황이 국민의 건강에 반드시 부정적인 영향을 미치지는 않는다는 사실을 입증한다. 그리고 궁극적으로는 올바른 선택이 국민들의 귀중한 생명을 구할 뿐만 아니라 보다 건강하고 행복한 삶을 누릴 수 있도록 해준다는 사실을 보여준다.

　결국 이런 사례들을 바탕으로 저자들이 펼치는 주장은 경제적 효율성보다는 공동체를 소중하게 생각하는 마음에서 비롯된다. 의사는 환자의 건강을 위해서 생활 방식을 바꾸라고 설득하지만, 저자들은 환자의 건강에 영향을 미치는 가장 중요한 요소는 보건 정책, 경제 정책이라고 생각한다. 건강한 삶은 병원의 진료실이 아니라 사회 공동체에서 시작된다고 생각하기 때문이다.

이런 생각에 바탕을 두고 저자들은 긴축 정책이 작은 정부와 자유시장을 옹호하는 이들의 경제 이데올로기에서 비롯되었다고 주장한다. 특히 불황 시기에는 긴축 정책이 경제뿐만 아니라 국민의 생명을 위태롭게 만들기 때문에 결코 추진해서는 안 된다고 일관되게 주장한다. 오히려 불황을 맞이할수록 공중보건 정책을 활발하게 추진하여 경제를 살리고 건강도 개선시킬 수 있었다는 역사적 사례를 제시하면서 말이다.

지금 우리 사회는 점점 고령 사회가 되어가고 양극화 현상이 나타나면서, 복지 문제가 중요한 정치적, 사회적 쟁점으로 떠오르고 있다. 불황에 맞서서 긴축 정책을 펼칠 것인가? 아니면 경기 부양 정책을 펼칠 것인가? 부자 증세가 옳은가? 아니면 부자 감세가 옳은가? 가난한 사람들을 위한 복지를 늘려야 하는가? 아니면 재정 문제 때문에 줄여야 하는가? 저자들은 로버트 케네디가 1968년 대통령 선거 출마 연설 중에 했던 '국민들의 건강을 위태롭게 한다면 성장률을 높여봐야 아무런 소용이 없다'는 말을 인용하면서, 이런 문제들을 성장률 혹은 적자 해소를 기준으로 판단해서는 안 된다고 주장한다. 대신에 사회에서 취약한 계층을 얼마나 잘 돌볼 수 있는가, 사회 구성원들의 가장 기본적인 요구인 건강, 주택, 실업 문제를 제대로 해결할 수 있는가를 기준으로 판단해야 한다고 주장한다.

이 책의 저자들이 다양한 사례와 광범위한 데이터를 바탕으로 들려주는 이야기를 통해서, 한국 사회의 경제, 보건, 복지, 빈곤, 노인 문제의 본질을 심층적으로 바라보고 해결 방안을 찾아낼 안목을 가질 수 있으리라고 생각한다.

2013년 10월

안세민

인명 색인